# 把话说进孩子心里

刘　杰◎编著

中国纺织出版社

## 内 容 提 要

现代社会人们的生存压力越来越大，父母对孩子的期望也越来越高。要想实现美好的愿景，亲子之间首先应该实现顺畅的沟通。

本书以孩子的心理为基础，从教育孩子、批评孩子、赞赏孩子等诸多角度分析孩子心理，也给父母切实可行的参考意见，再辅以生动的案例，让父母更加理性地面对孩子，把话说到孩子心里。

**图书在版编目（CIP）数据**

把话说进孩子心里 / 刘杰编著 . —北京：中国纺织出版社，2017.5（2024.1重印）

ISBN 978-7-5180-3329-4

Ⅰ . ①把…　Ⅱ . ①刘…　Ⅲ . ①家庭教育　Ⅳ . ① G78

中国版本图书馆 CIP 数据核字（2017）第 025449 号

---

责任编辑：闫　星　　　　责任印制：储志伟

---

中国纺织出版社出版发行

地址：北京市朝阳区百子湾东里 A407 号楼　邮政编码：100124

销售电话：010 — 67004422　传真：010 — 87155801

http：//www.c-textilep.com

E-mail：faxing@c-textilep.com

中国纺织出版社天猫旗舰店

官方微博 http://weibo.com/2119887771

北京兰星球彩色印刷有限公司　　各地新华书店经销

2017 年 5 月第 1 版　2024 年 1 月第 8 次印刷

开本：710 × 1000　1/16　印张：17

字数：190 千字　定价：49.80元

---

# 前言

养育孩子，无疑是这个世界上耗时最长、耗费心力最多且充满极大不确定性的一项工作，而且是为人父母者毕生需要做的事情。在养育孩子的过程中，几乎每个父母都有很多与众不同的感悟，也遇到了千篇一律的难题。诸如，如何把话说进孩子心里去，这个问题就很让父母们头疼。即使孩子已经成家立业，也有些父母依然与孩子一说话就吵架，甚至到了针锋相对、水火不容的地步。在这样的情况下，父母不应该再依靠权威震慑孩子，而应学会了解孩子，走进孩子的心里。父母只有真正了解孩子心里想什么，做事情有怎样的初衷，才不会误解孩子，才不会导致亲子关系日益紧张。父母只有时刻关心孩子的身体成长和心理发育情况，才能帮助孩子度过各个时期，让孩子茁壮成长。

每个人都有父母，在我们小的时候，也曾经因为父母的命令、颐指气使而对父母心生抱怨。也许到若干年后，自己也成为父母，才恍然大悟：哦，原来当时爹妈说的都是对的！然而，已为人父母的你却在重复当年爹妈的作为，强迫孩子对自己言听计从。殊不知，一代代人都是这么过来的，你既然能想到当年爹妈说的是对的，也就应该能理解你的孩子和当年的你一样奋不顾身地与父母对抗。这也许就是人类发展进化过程中的螺旋式上升吧！

父母们，别再抱怨孩子不听话了，因为你小时候也曾经这么不听话！既然如此，为什么还要和孩子较真呢？与其和孩子因为鸡毛蒜皮的事反目成仇，不如更多地体谅孩子，站在孩子的角度考虑问题，这样才能走进孩子心里，进而说到孩子心里。不管时代如何发展，亲子关系始终都与夫妻关系一样，占据家庭生活中的重要地位。这与整个时代背景也是相符合的。

“慈母手中线，游子身上衣。临行密密缝，意恐迟迟归。”很多时候，孩子只有自己成为父母，才算真正长大成人，才能体会到父母当初的良苦用心。不要抱怨孩子辜负了你的用心，因为你也曾辜负自己的父母！也许成长终究需要时间的沉淀，才能从清水变成浓香的茶，品一口，浸润心灵！

编著者

2016年5月

# 目录

# 第一章

## 你的孩子听话吗

### ——学会把话说进孩子心里

让孩子听话，这几乎是每个为人父母者都万分头疼并且为之不懈努力的命题。然而，孩子似乎天生就有超强的能力，他们从呱呱坠地开始就把一家人搞得人仰马翻。尤其是在会说话和走路之后，他（她）简直摇身一变成了小小探险家，只能他（她）能够涉足的地方，都会毫无畏惧地走过去，捣乱一番。随着孩子渐渐长大，他（她）会自己吃饭穿衣了，但是父母却丝毫不觉得轻松，因为他（她）变得更加独立、自主、有想法，更不愿意对父母言听计从了。由此一来，父母必须学会把话说到孩子心里去，才能给予孩子更好的引导，帮助孩子健康成长。

# 有时一句话影响孩子的一生

在孩子的成长过程中，从一张纯洁无瑕的白纸，到一张绚烂多彩的蓝图，再到把这些蓝图都变成实际的生活，需要漫长而又艰辛的过程。有人说命运是注定好的，任由谁也无法改变。然而，作为现代人，我们更愿意坚信命运掌握在自己手中，自己才是命运的主宰者。既然如此，拥有怎样的人生，也就是可以争取和努力的了。孩子的成长看似漫长平淡，实则暗流涌动。很多时候，父母不经意间的一句话，就会改变孩子的人生。因此，说当父母是每个人一生之中最伟大和最艰难的事业，真是丝毫不为过啊！想想看，你轻描淡写的一句话就会改变孩子的一生，那么你岂不是变成金口玉言了吗？这句话说到点子上了。对于十分信赖和依赖父母的孩子而言，父母的话就是金口玉言。在进入学校之前，孩子就是通过父母去了解和感受生活的。在染黄则黄的年代里，父母树立了孩子对于这个世界最初的感受和想法。如果父母总是愁眉苦脸地生活，孩子长大之后也不会积极乐观。与此相反，如果父母不管在生活中遭受多少磨难始终信心满满，那么孩子日后也不会动辄就灰心丧气，万念俱灰。这也就是我们平日里所说的家庭环境对人的影响。

很多父母看似对孩子的教育特别重视，不但花费重金买好的学区房，送孩子上名校等等，却丝毫不注意自身对孩子的重要影响。毫不夸张地说，良好的家庭教育和家庭氛围，比让孩子上名校重要得多。有的时候，父母的一句话对于孩子的一生都会产生难以抹除的影响。与其把教育孩子的希望都寄托在学校和各种水平参差不齐的培训班，父母不如多多提升自己。

很久以前，有个牧羊人家境特别贫困。他有两个活泼可爱的儿子，他们都很聪明。有一次，牧羊人带着孩子们去山坡上放羊。羊儿找到水草肥美的地方吃草，牧羊人带着孩子们躺在草地上晒太阳。突然，天上有一群大雁飞过。这时，一个孩子说："爸爸，人能飞起来吗？要是我也能像鸟儿一样飞到天空中，那该多好啊！"牧羊人笑着说："当然可以啊！人类也是有翅膀的，你可以试试看。"孩子们欢呼雀跃地尝试着想要飞起来，不想，他们努力好几次都没有成功。爸爸也在尝试，当然，他也失败了。看着孩子们沮丧的样子，爸爸毫不气馁，鼓励孩子们说："你们还小，翅膀还没长好呢！爸爸又太老了，飞不动了。等你们再长大一些，就一定能飞起来。"后来，牧羊人用辛苦挣到的钱给孩子们买了个玩具。这个玩具很简单，有一个橡皮筋，只需要把小木块借助橡皮筋的力量弹一下，小木块就会飞到空中。孩子们特别喜欢这个玩具，在他们幼小的心里，小木块都能飞到天上，更何况是他们呢！长大之后，他们始终不忘飞天的梦想，最后居然梦想成真，造出了世界上第一架飞机。他们就是莱特兄弟。正是因为父亲的一句话，他们的一生都变得与众不同了。

美国登上月球的第一个人阿姆斯特朗，他的登月行为也绝非偶然。他出生于1930年8月5日，在很小的时候，他就喜欢在夜晚仰望星空。在一个晴朗的夜晚，他看着天空中的星星，不停地纵身往上跳跃。妈妈正在洗碗，听到他蹦蹦跳跳的声音，不由得问："宝贝，你在干什么呢？"他大声地告诉妈妈："妈妈，我想跳起来，跳到月球上看一看。"这时，妈妈丝毫没有感到惊讶，而是笑着对他说："真的啊，那可太好了。你去月球上看完之后，一定要记得回来啊！"

在第一个实例中，听了爸爸的话，莱特兄弟在心中种下了飞天的梦想。正因为如此，他们长大之后在创造飞机的路上虽然受到了很多磨难，经历了无数次失败，却从未放弃过。至于阿姆斯特朗的妈妈，回答则更加机智和巧妙。如果这个问题放在大多数妈妈身上，也许马上就会毫不留情地打击孩子："你还是先好好学习吧！""你真是白日做梦啊，人怎么可能到月球呢？""你真是奇思妙想啊！”这些回答，都远远不及“记得回来”给予阿姆斯特朗的信心、希望和勇气。

爸爸妈妈们，在和孩子交流的时候，一定要多多注意，不要折断孩子的翅膀啊！

## 赞美孩子要讲究艺术性

每个孩子都希望得到他人的赞美，尤其是父母和老师的赞美。对于学龄前的孩子来说，家庭生活几乎是他们的全部，因此父母的赞美也显得至关重要。语言，是一种非常神奇的东西。民间俗语常常说，会说说得人笑，不会说说得人跳。这也就显示了语言在生活中的重要作用，以及对人际关系的影响。人们在因为各种复杂的关系头疼的时候，对于亲子关系并没有给予足够的重视。其实，亲子关系也和普通关系一样，需要用心维护和经营。近些年来，随着赏识教育越来越受到重视，父母们也更加不吝啬赞美。然而，赞美也是要讲究艺术性的。并非跟着孩子一味地说好就是赞美。赞美，不但要具体、生动，而且要讲究艺术性。好的赞美，既能达到预期的效果，也不会让孩子因为骄傲而翘尾巴。

常常听到有些父母说，孩子太小，没有什么值得赞美的。恰恰是因为孩子还小，所以才更加需要赞美，也有更多的进步需要得到赞美。例如，孩子从呱呱坠地开始，几乎每天都有莫大的进步。对于他们来说，生活中的每个方面都是那么新鲜，需要他们精神振奋地去了解和接触。在探索世界的过程中，他们不断完善自身的技能。从只会哭，到会笑，到会走，到自己吃饭，到会扔垃圾，等等，这些琐碎的微不足道的进步，对于孩子来说都是值得赞美的。尤其是当孩子开始合着音乐的节拍跳舞时，则更加可爱。他们扭动娇小的身体，或者肉嘟嘟，或者柔软灵活，笨拙地合着节拍跳舞，这个时候，身边的人看着他们简直会心花怒放。那么如何赞美呢？对于年幼的孩子来说，赞美他们的技能多么高超，他们并不能准确体会。用艺术性的语言让孩子感受到你对他的欣赏和喜爱，就足够了。例如，对于一个跳舞的两岁女孩，你说“很有节奏感啊”，她根本不知你所云何物。相反，假如你说“宝贝，你就像花儿一样美丽”，那么她一定能感受到你是喜欢她的。再如，夸赞一个小男孩的时候，你与其说他“强壮”，不如说他就像“一头小老虎”。这样的语言和赞美，才是更容易被幼儿接受和感受的。

两岁半的恬恬很内向，总是躲在爸爸妈妈身后。有一次，爸爸妈妈带她去朋友家做客，朋友家的囡囡就像是一个落落大方的小主人，张罗着给恬恬找玩具和零食。看到囡囡，恬恬却很害怕，一直待在爸爸妈妈怀里，不愿意出来。几个小时之后，渐渐和囡囡熟悉的恬恬终于不再害怕，和囡囡玩了起来。然而，没多会儿，爸爸妈妈就要带着她告辞回家了。

当天晚上，妈妈正在给恬恬讲睡前故事，恬恬突然问妈妈：“妈妈，囡囡姐姐说她是一朵花。”妈妈疑惑地问：“一朵花？”“嗯！”恬恬使劲点点头，说，“囡囡姐姐漂亮，她是一朵花。”看着恬恬羡慕的样子，妈妈决定第二天问个究竟。原来，是她的妈妈经常夸囡囡是朵“花”。囡囡妈妈说：“你知道吗，女孩子真是天生爱臭美。我试过很多夸囡囡的办法，但是效果都不好。直到我说她是一朵花，她马上就觉得自己真的变成花了。以前，囡囡也是很害羞、很内向的，我就问她，花儿不是要把自己的美丽展示给别人看吗？她一下子就明白了，变得落落大方。”真是听君一席话，胜读十年书啊，恬恬妈妈豁然开朗。虽然她也从来不吝啬赞美恬恬，但是她总说恬恬懂事乖巧，但恬恬去根本不知道她说的是什么意思。后来，妈妈也试着用艺术的方法赞美恬恬，说她是一朵花，说她跑得比兔子还快，说她比老虎更有好胃口，屡试不爽。

渐渐地，恬恬在爸爸妈妈的赞美下变得越来越自信，她觉得自己不管做什么都是最棒的，都表现得特别好。有了自信之后，虽然小小年纪，她也展示出了与众不同的气质。

孩子们虽然年纪很小，但是他们有着敏锐的感受力和理解力。只要爸爸妈妈夸赞的方式恰当，让他们理解其中的深意，他们就会接收到爸爸妈妈的期望，让自己变得越来越优秀。每个孩子在降临人世之前都是天使，我们只有给予他们诗意，他们才能实现在生活中诗意地栖居。

也许有些父母会说，我们工作那么忙碌，还要兼顾家庭，照顾孩子，哪里有时间诗情画意呢？其实，语言是一种习惯。只要我们心中充满爱，给予孩子足够的耐心和欣赏，我们就会妙语如珠，自然而然地给予孩子足够的艺术性赞美。

## 不要吝啬给予孩子鼓励

和孩子们的表现和成就相比，父母望子成龙、望女成凤的心理总是那么迫切，期望也那么高。人类有很多不可调和的矛盾，父母的期望和孩子的现状之间就是这样一种不可调和的矛盾。曾经有人说过，对于妈妈来说，最痛苦的事情莫过于在孩子成长的过程中接受孩子平庸的事实。的确，经历了十月怀胎的痛苦和憧憬，几乎每个妈妈都觉得自己的孩子是真命天子。然而，随着孩子渐渐长大，他学会的走路说话、吃饭穿衣，其他孩子也都学会了。孩子们之间的差距越来越小，妈妈们曾经的优越感也渐渐消失殆尽。甚至当孩子越长越大，父母发现他其实很平凡，根本不像他们这么多年来想得那样与众不同，鹤立鸡群。因此，父母们都开始铆足了劲给孩子报名上名校，不惜一切代价也要让孩子赢在起跑线上。

每个孩子的天赋都不相同，很多时候，他们的成功既有后天的因素，也有先天的成分。世界上有这么多人，有几个是出人头地、举世瞩目的？大多数人都是普通人。如此想来，当孩子与你想象中完美的样子渐行渐远时，不要再一味地抱怨孩子，给他们施加压力了。最好的方式是鼓励，即使他在你心里不尽如人意，你也要多多鼓励他。一味地否定和批评，一味地吹毛求疵，只会让孩子最终选择放弃。曾经有一位名人说过，你想让孩子成为怎样的人，你就按照那个样子表扬他，他最终就会成为那样的人。反之，如果你因为不满意而不断地否定他，那么他一定会往反方向越走越远。既然如此，为什么不试试多鼓励呢？

在幼儿园的第一次家长会上，她和所有家长一样都兴致勃勃的，想知道老师如何表扬孩子。然而，家长会结束了，老师留下她说："你家孩子肯定是有多动症，根本坐不住。我建议你带他到专科门诊看看，对症治疗。"回家之后，儿子高兴地问："妈妈，老师表扬我了吗？"她心里难受极了，眼泪却只能咽进肚子里。她笑着对儿子说："老师真的表扬你了。她说你以前只能坐在板凳上一分钟，现在居然能坐到五分钟了。全班同学里，只有你进步这么大，其他妈妈都很羡慕我呢！"那天晚上，儿子居然自己吃了两碗饭，没用妈妈喂饭。

上小学之后，她依然勇敢地去参加家长会，勇敢地面对一切问题。在儿子进入小学的第一次家长会，老师依然没有当着全班家长的面提起她的儿子。会后，她主动留了下来，老师对她说："全班几十名学生，你儿子几乎次次都是倒数第一。你是不是考虑带他去医院检查下智力，根据我们的经验判断，他应该智力上有些欠缺。"这一次，她伤心地流下了眼泪，一路哭着走回家。然而，在进家门之前，她擦干眼泪，带着笑脸。进屋之后，她对正在书桌旁看书的儿子说："宝贝，你一直都在进步。这次家长会，老师都特意表扬了你。她说，你现在上课听讲很认真。如果你能更加细心，下次考试有可能赶超你的同桌。这次考试，你同桌是第26名。"原本惴惴不安的儿子，听了她的话之后眼睛闪闪发光，兴奋地说："妈妈，我一定会努力的。"第二天，她惊讶地发现，儿子早早就起床了，说要早点去学校读书、背诵。

日子一天天过去，孩子升入初中。在初三的一次家长会上，她打心眼里有些发憷，她生怕老师再次说出什么不好的消息。然而，这次家长会，老师真的当着全班家长的面点名了。老师说："李振妈妈需要注意，按照孩子现在的成绩，考上重点高中有点儿难度。不过，如果这半年更加努力，还是有可能考上重点高中的。"听到老师的这句话，她简直心花怒放。因为兴奋，她简直觉得两脚轻飘飘的。她就这样飘飘忽忽地走出校门，对守候在门口的儿子说："儿子，你是妈妈的骄傲。老师说了，你只要再努力半年，就很有希望考上重点高中。"

就这样，在妈妈的鼓励中，儿子顺利考上了重点高中，高中毕业后以优异的成绩被清华大学录取了。因为，在儿子报考的时候她坚定不移地对儿子说："你一定能考上清华！"在儿子把录取通知书拿给妈妈看之后，儿子哭了。他泪流满面地说："妈妈，我知道我很笨，是你一直相信我！"她也哭了，这是喜悦的泪水。

一个被老师们宣判为多动症、智障的孩子，就这样在妈妈的鼓励中，一点一滴地进步，最终考入了清华大学。对于这样的孩子，鼓励都能让他脱胎换骨，更何况是活泼健康的孩子呢？重要的是妈妈的信念。

很多亲子教育类的书籍都说好妈妈胜过好老师，的确，好妈妈胜过好老师。一个孩子成才的背后，是妈妈呕心沥血的良苦用心。在上述例子中，如果妈妈的处理方式改变，在老师说出诸多难听话之后埋怨孩子，对生活失去希望，那么孩子别说是清华大学，只怕连正常的义务教育都无法坚持下去。鼓励的力量就是如此巨大，为人父母者，一定要有足够的耐心和毅力，等待孩子渐渐成长和成熟起来！

# 批评孩子是一门艺术

曾经有一位名人说，人的一生就是不断犯错的过程。的确，从降临人世到不断成长，每个人的一生都是在错误中渐渐变得茁壮。在呱呱坠地的时候，我们并不知道何为错误。正是在探索世界的过程中，我们不停地尝试，在不知不觉中犯了错误。在这个阶段，我们的错误是很容易被原谅的。究其原因，我们只有在错误中才能得到正确的经验。既然如此，为人父母者当然能够接受孩子的错误，甚至还因为孩子总是不断了解和探索世界而感到骄傲。然而，随着孩子年纪渐渐增长，父母们不再希望看到孩子犯错。几乎每个父母都苛求自己的孩子变得完美，变得从来不会犯错。这当然只是一种美好的且不切实际的愿望。孩子们怎么可能不犯错呢？错误，是人类进步的阶梯，人们正是踩着错误一步步发展到现在的文明社会。既然犯错如此理所当然，理由这么冠冕堂皇，那么为人父母者必须改变自己的态度和思路。对于犯错的孩子，掌握正确的批评方法，就显得尤为重要。

和表扬相比，批评是更加需要艺术的。好的批评，不动声色，也不伤害孩子的自尊，却能起到良好的效果。相反不好的批评不但会伤害孩子的自尊心，也会导致孩子失去前进的动力，甚至会让孩子变得不思进取，破罐子破摔。这样的批评听起来就很可怕，还不如不批评，任由孩子按照本性自由发展呢！现在的孩子不论是生理方面，还是心理方面，都更加早熟。在批评孩子的时候，千万不要揭露孩子的短处。要知道，孩子是非常脆弱的，他们的自尊心也特别强。常言道，人活一张脸，树活一张皮。一旦让孩子颜面尽失，批评就不再具有任何效率。说白了，约束人们的除了法律和规章制度之外，更多的是人们的自尊和爱面子的心理。没有人喜欢丢面子，反之，一旦没有面子可丢，人就变得非常可怕。因此，在批评孩子的时候，首先要遵守的原则就是保护孩子的自尊。批评不一定要声色俱厉，也不一定要歇斯底里。很多孩子的理解能力都远远超过父母的想象。在父母心里，一直觉得他们是不谙世事的小孩子，其实，他们已经懂得很多道理了。既然如此，为什么不能像和朋友一样开诚布公、坦诚相待呢？总而言之，在批评孩子之前，一定要认真而慎重地思考，权衡利弊，千万不要因为一时冲动就对孩子大喊大叫，不管不顾，这样一定会留下遗憾。

著名教育学家陶行知先生一生致力于教育事业，年轻时曾经在某小学担任教师。有一天，他在校园里看到学生之间发生的一幕：一个学生正在用小石子扔另外一个学生。看到这样的情形，他当即上前制止，并且让那个用小石子打人的同学放学后去办公室找他。放学铃刚刚响了没多久，那个孩子就来到了办公室门口等待他。看到这个男孩做好了挨训准备的样子，陶行知不由得暗暗好笑。他站在男孩面前，什么也没有说，反而从口袋里拿出一块糖给男孩，说：“你放学之后按时来这里等我，这块糖是奖励你的。我迟到了，对不起。”看着陶行知先生和颜悦色的样子，男孩完全摸不着头脑，满脸都是惊讶。

正当男孩不知所措的时候，陶行知先生又拿出一块糖给他，说：“这也是给你的奖励。我制止你之后，你马上就改变了自己的行为，这说明你很尊敬师长。”男孩的眼睛瞪得大大的，完全不知道应该说什么。看着他惊讶的样子，陶行知先生笑了起来。这时，陶行知先生又拿出一块糖，男孩吓得使劲把手往后缩，他却把糖硬塞在男孩手中。他语重心长地说：“事情的经过我已经知道了。你之所以用小石子扔那个男孩，是因为他欺负弱小的同学。你很有正义感啊，路见不平就拔刀相助。你的勇气可嘉，所以我还得奖励你！”事到如今，小男孩羞愧不已。他含着眼泪说：“老师，我错了。我不应该用小石子扔同学，我应该和他讲道理。”听着他的话，陶行知发自内心地笑了，居然又掏出了一块糖给男孩，他说：“你很聪明，我还没有和你讲道理，你就正确认识到自己的错误。我只有四块糖，最后一块也奖励给你吧。这件事情到此为止，我相信你知道自己以后应该怎么做。”

陶行知老先生不愧为教育大家，对于孩子的一个小小错误，他的教育和批评的方式是这么美好，而又充满艺术的气息。这就是教育的艺术，诲人无声。那个男孩，不管走到世界的哪个角落，也不管日后的人生是平凡还是伟大，一定会牢牢记住陶行知先生给他上的这一课。

也许有的父母会说，我们可不是教育学家啊！问题恰恰在这里，每一对父母都应该成为教育学家。因为，父母是需要我们穷尽一生扮演的角色和事业。要想把毕生最伟大的事业做好，我们不但要对孩子倾注深沉的爱，还要学会在人生的道路上引导他，教诲他。

## 孩子需要善意的谎言

关于谎言，历年来人们就分成两大派，一派认为任何情况下都不可以撒谎，另一派认为谎言也有善意的。其实，这个世界上没有绝对不撒谎的人，只不过，要看撒谎的内容和初衷。很多时候，理性的人们宁愿让自己痛苦，也要接受残酷的真相。很多人呢，愿意自欺欺人，宁愿被欺骗，也不愿意知道真相。谎言真的那么可怕吗？事实是，我们常常迫不得已撒谎。有的时候，我们为了不让父母担心撒谎；有的时候，我们为了让爱人开心撒谎；有的时候，我们为了保护孩子稚嫩的心灵撒谎；有的时候，我们因为无法面对现实而撒谎……撒谎的原因多种多样，然而，谎言就是谎言。曾经有人说过，一旦撒了一个谎，就需要再撒一百个谎去继续遮掩真相。由此可以想象，那么迫不得已撒谎的人们是有多么无奈啊！

孩子很小，心理发育完全不成熟。很多时候，我们无法把真相告诉孩子，就要用善意的谎言来欺骗他，给予他时间慢慢成长。例如，很多抱养的或者是被遗弃的孩子，养父母都不会告诉他身世。对于孩子稚嫩的心灵来说，无忧无虑地健康成长更加重要。等到孩子渐渐长大，有了一定的心理承受能力，再把这件事情告诉孩子，会让孩子有一个快乐的童年。没有人愿意被遗弃，如果在孩子很小的时候就得知自己是被遗弃的，那么对孩子的心理创伤是难以磨灭的。当然，生活中不仅仅有这样的情况需要对孩子撒谎。有些夫妻因为感情破裂，不得不选择终止婚姻。在这场错误的婚姻里，受到伤害最大的就是孩子。对于孩子而言，不管是选择爸爸还是妈妈，都意味着家的破碎和残缺。当孩子还小的时候，不要让他面临如此残忍的选择。何不延长一段时间再告诉孩子真相呢？给他一点儿时间成长。有一个很微妙的社会现象，即每年高考之后，离婚率都会急速攀升。这是因为当孩子面临高考的时候，爸爸妈妈都不愿意因为自己的感情生活而影响孩子的一生。总而言之，孩子稚嫩的心灵需要善意的谎言，只有这样，他们才会更加快乐地成长。

保罗开了一家收容所，专门收养那些被遗弃的孩子。这些孩子或者是智力有障碍，或者是身体不健全，也有的是健康的孩子。对于这些孩子，保罗就像是仁慈的父亲。他从社会上的各个渠道募集善款，帮助这些孩子进行治疗。他用自己的胳膊，为几十个孩子撑起了一片天空。然而，最让保罗伤心的时候，是这些孩子问他：“保罗爸爸，我们的爸爸和妈妈呢？难道我们没有爸爸妈妈吗？”保罗不能残忍地告诉孩子们他们被遗弃了，为此，他想出了一个善意的谎言：“孩子们，你们在降临人世之前都是最可爱的天使。不过呢，天使总是要遭受磨难的，为了培养你们独自生活的能力，爸爸妈妈在你们很小的时候，就决定要和你们做一个游戏。这个游戏中，他们躲起来了，只有聪明的天使才会找到爸爸妈妈。所以，你们一定要健康快乐，这样才能尽早长大，才能去找爸爸妈妈啊！”这些可怜而又幸运的孩子相信了保罗的话，他们非常快乐，从未觉得自己是被抛弃的。他们努力地长大，期望有一天能够去找爸爸和妈妈。

保罗最早收养的孩子中，有个小女孩已经16岁了。她当然知道保罗说的是个谎言，但是她从不恨爸爸妈妈。她不但对和比自己小的弟弟妹妹们说要健康长大，也这么告诉自己。她总是对保罗说：“保罗爸爸，我要好好学习，长大以后去找爸爸妈妈，就像你爱我一样爱他们，照顾他们。他们一定是非常难，才选择和我做互相寻找的游戏。”保罗笑了，他知道，他善意的谎言达到了目的，这些孩子心中没有憎恨，只有爱。他们是心中有爱的天使。

人生归根结底还是需要真相的，虽然真相使我们刺痛，也真实得近乎残忍。然而，很多话题对于孩子来说并不合适，诸如被遗弃，诸如死亡。人拥有怎样的人生其实大多数情况下取决于心态，只有让孩子更好地面对未来，孩子才能拥有幸福的人生。不管孩子的命运如何多舛，我们都要用心守护他们的心灵，让他充满爱和希望地对待人生。

为人父母者，除了要照顾孩子的吃喝拉撒之外，最重要的其实是守护孩子的心灵。心中有爱，人生就会豁然开朗。如果让孩子生活在仇恨、恐惧等负面情绪中，孩子的人生一定会被乌云遮蔽。

## 倾听，是打开孩子心门的钥匙

很多父母都抱怨孩子从来不告诉自己心里话，也不会把自己的快乐和不快与父母分享。总而言之，他们和孩子之间似乎隔着厚厚的一堵墙，很难超越。在孩子小的时候，这种情况还相对好一些。随着孩子渐渐长大，尤其是进入叛逆期的孩子，几乎就把父母视为仇人，严加防备。为此，很多父母都发自内心地感慨，为自己打抱不平：我辛苦了一辈子，难道就养了个冤家？其实，与其抱怨孩子对你关闭了心门，不如反省自己是否能够担当孩子知心人的角色。也许是因为传统观念的影响，大多数父母都觉得孩子是自己的私有财产，既然自己花费诸多的财力、精力和心力养育了孩子，孩子就应该凡事都听自己的。这种观念完全是错误的。孩子的确依附于父母成长，然而，孩子并非是父母的私有财产。他们有自己的想法，有自己的主见，也有自己的生活。随着年岁渐渐增长，他们最终会脱离父母，拥有完全属于自己的世界。这个过程恰恰是很多

父母最不愿意接受的。当初那个呱呱坠地的婴儿，把毛茸茸的脑袋乖巧地蜷缩在母亲的怀抱中，如今，他（她）为什么就不再愿意让母亲牵着他（她）的手，让父亲接他（她）下晚自习了呢？更有甚者，他们希望完全把父母屏蔽在生活之外，甚至剥夺了父母对他的生活发表看法和指手画脚的权利。这就是问题的症结所在。孩子是独立的个体，随着渐渐长大，他也渐渐脱离父母，独自生活。那么，他还愿意父母对他的各种决定实行否决权吗？当父母一次又一次地否定他，他就向父母关闭了心门。

有几个父母是真正地在倾听孩子呢？更多时候，他们是在打探孩子的内心世界，从而做出应对和干扰。他们以关心孩子的名义，捆绑了孩子的独立生活。孩子，最渴望的就是自由。他们并不想永远在父母的翼护下生活，哪怕外面的世界充满疾风暴雨，他们也更加愿意独自去闯荡。从最初的和父母倾诉却受到控制，他们渐渐想明白了一个道理：只有凡事都不让父母知晓，他们才能获得真正的自由。那么，聪明的父母们看到这里一定知道如何才能打开孩子的心门了吧？那就是，绝不干扰孩子，也不干涉孩子，做到真正把他们当成朋友对待。可以平等地给出建议，但是不要强制他们做任何事情。对父母来说，这简直太难了。这个小生命从降临人世开始，就在他们二十四小时监控下长大，如今怎么就要带着父母的牵肠挂肚去独自闯荡世界了呢？当孩子第一次独自出门，最受煎熬的必然是父母。尤其是妈妈，简直可以用得上六神无主、心神不宁来形容。当孩子独自做出人生之中的重大决定，有多少父母能够在知情并且不是很赞同孩子决定的情形下，淡定地让孩子做出自己的选择，哪怕碰壁呢？一切的根源，就在于父母的心态。只有父母摆正心态，孩子才能更加轻松，也才能给予父母足够的信任，愿意向父母倾诉。遗憾的是，大多数父母宁愿被孩子完全隔绝，也坚决要让孩子按照他们的意愿生活。虽然他们口口声声抱怨孩子不够独立自主，却恨不得像监护一个小婴儿一样监护已经长大成人的孩子。倾听，父母一定要做到真正地倾听和纯粹地倾听。

今天放学，妞妞显得闷闷不乐。一进家门，她就对妈妈说：“妈妈，今天壮壮打我了！”不等妞妞说完，妈妈马上说道：“你这个丫头，在家就爱欺负人，到了学校，跟你说了多少遍了要谦让礼让，你为什么就是不听呢！壮壮那么老实，能打你嘛，肯定是你先招惹他的！”听了妈妈的话，妞妞突然大哭起来，她一边哭一边喊道：“你为什么不相信我？！明明是壮壮先抢了我的作业本，还把我的书包给弄到地上了。他一点儿都不懂得礼貌，不但不跟我道歉，还说我是活该。明天上学，我还要打他！”在妞妞的哭诉中，妈妈意识到自己错怪妞妞了，而且这种错怪带来的气愤还被妞妞转移到了壮壮身上。妈妈赶紧停下手里的活计，把妞妞抱在怀里，安慰妞妞：“宝贝，到底是怎么回事啊！你讲给妈妈听吧，妈妈知道你是好孩子！”在妈妈的安抚下，妞妞的情绪渐渐恢复平静。她哽咽着说：“今天，老师发作业本的时候，壮壮抢走了我的作业本。我追着他要，他不给我，还把我的书包给弄到地上了。我自己把书包捡起来了，让他道歉，他还说我活该，还推我。我就打了他。”听到妞妞的讲述之后，妈妈确定自己错怪妞妞了。妈妈赶紧向妞妞道歉：“对不起，宝贝，妈妈错怪你了。都是壮壮不对，不过，我觉得你可以把这件事情告诉老师，让老师批评他。你看看，我的宝贝长得这么漂亮，万一和壮壮打闹的时候磕碰到了，那爸爸妈妈多么心疼啊！我相信，如果当时你把这件事情告诉老师，老师会很好地解决的。”妞妞点点头，说：“恩，我会好好保护自己的。其实，壮壮就是调皮，他有的时候还是我的好朋友呢！”经过倾诉，妞妞的情绪恢复了平静。当天晚上睡觉的时候，她悄悄告诉妈妈：“妈妈，我决定不和壮壮计较了。他是我的好朋友，我应该和他团结友爱。”

上述例子中如果妈妈不给妞妞倾诉的机会，像刚开始那样误解妞妞，妞妞一定会把自己的委屈转嫁到毫不知情的壮壮身上。对于父母来说，最重要的就是学会平心静气地倾听孩子诉说。哪怕真的是孩子的错误，也不要急于批评和纠正。很多时候，孩子和成人一样，情绪也需要得到发泄。倾诉，就是一种很好的发泄方式。事例中的妞妞和妈妈倾诉之后，尤其是在得到妈妈的认可和理解之后，情绪很快就恢复了平静。

真正的、纯粹的倾诉，虽然说起来很容易，但是想要真正做到却很难。为人父母者，在照顾孩子吃喝拉撒、灌输知识的同时，更要关注孩子的情绪，合理疏导孩子的情绪。永远不要向孩子关闭耳朵，一双静静倾听的耳朵和一颗宽容理解的心，就是给孩子的最好礼物。

# 礼貌用语使亲子关系更融洽

在日常生活中，很多人都陷入了一个误区，觉得与自己亲近的人之间不需要使用礼貌用语。其实，越是亲近的人之间，越是需要使用礼貌用语。因为亲人之间的伤害，就像是一把锋利的刀，会给彼此的心灵留下难以磨灭的伤害。那么对孩子呢？更多的父母觉得孩子是自己辛辛苦苦养大的，即使言谈之间有些不那么客气，也无关紧要。殊不知，孩子的心灵稚嫩而又脆弱，正处于染黄则黄的时期。如果父母言语恶劣，不但会给孩子的心灵带来伤害，也会让孩子养成不好的语言习惯。尽管有些人觉得亲近的人之间使用礼貌用语显得非常生疏，不够亲密，但是事实却证明，亲子之间使用礼貌用语，能使亲子关系变得更加融洽。

生活中的礼貌用语有很多，例如“谢谢”“对不起”等等。其中，最重要的就是“谢谢”和“对不起”。当孩子三四岁的时候，就会很愿意力所能及地帮助妈妈干些家务。再加上进入幼儿园接受系统教育，他们非常热衷于说这些对他们而言很新鲜的词汇。当妈妈让孩子帮忙洗手帕或者择菜的时候，应该及时对孩子说“谢谢”。这样一来，孩子就会产生巨大的自豪感，觉得自己的存在很有价值和意义。然而，事实恰恰相反。很多孩子帮助妈妈做家务之后，如果妈妈没表示感谢，他们会要求妈妈说“谢谢”。有些妈妈是怎么说的呢？她们会不假思索地说：“你都是给妈妈帮倒忙了，还要妈妈谢谢你。而且，妈妈辛辛苦苦把你养到这么大，你怎么给妈妈做这点儿小事还要妈妈谢谢你呢！那么，妈妈养你这么多年，你得怎么谢谢妈妈？”这个回答糟糕透顶，让孩子不由自主地感觉到沮丧，并且还会觉得自己欠妈妈的永远也还不清。面对如此巨大的挫败感，孩子怎么会不受打击呢？再来说说“对不起”。在生活中的绝大多数时候，都是孩子在和妈妈说“对不起”，妈妈却很少和孩子说“对不起”。难道妈妈从来不会犯错误吗？当然不是。妈妈也会犯错误，但是，妈妈不敢表达歉意，因为她们要保持自己在孩子心目中至高无上的权威地位。实际上，说“对不起”并没有什么丢人的，因为每个人都会犯错误，妈妈也不例外。当妈妈真诚地向孩子表达歉意的时候，孩子一定觉得自己受到了妈妈平等的对待，不但会马上原谅妈妈，也会以妈妈为榜样，学着反省自己。

乐乐六岁了，妈妈发现他有点儿自私，总觉得别人为他做一切都是应该的。在家里，乐乐就像是一个小霸主，一旦妈妈批评他，他马上就反唇相讥。在学校，乐乐也很小心眼，与同学关系不太融洽。每次看到乐乐一和同学有矛盾就马上翻脸，妈妈也很苦恼。为了改变这样的情况，妈妈决定先让乐乐拥有感恩的心。

有一天，妈妈让乐乐帮忙扔垃圾，其实这不是乐乐第一次扔垃圾。以前，乐乐扔完垃圾会要求妈妈跟他说谢谢，妈妈总是不以为然，偶尔还会训斥乐乐：“我把你养了这么大，你刚刚开始能帮妈妈干点儿力所能及的家务活，居然还要我说谢谢。”这话让乐乐很沮丧，觉得妈妈一点儿都不认可自己。为了改变乐乐的心态，妈妈开始和乐乐说礼貌用语。有一次，妈妈着急做饭，就让乐乐帮他择韭菜。虽然乐乐择得不那么干净，妈妈还是一本正经地说：“儿子，你太棒了，都能帮妈妈择菜了。谢谢你啊，好儿子。”第一次听到妈妈感谢的话，乐乐很不好意思。他说：“妈妈，你每天都做家务很辛苦，我以后一定要多多帮你做家务。”

有一天，妈妈因为路上堵车，去学校接乐乐迟到了。看到乐乐一个人孤单地等待，妈妈真诚地说：“宝贝，对不起。妈妈来晚了，下次妈妈会早点儿出

门。”其实，以前也发生过这样的情况，面对乐乐的抱怨，妈妈说的是“我每天上班那么辛苦，还要挤出时间来接你，你等一会儿有什么关系呢？”听到妈妈表达歉意，乐乐笑着说：“妈妈，没关系。我已经把作业写完了，一点儿都没浪费时间。”随着妈妈越来越多地使用礼貌用语，她惊讶地发现乐乐变得谦和有礼了。不管是在家里还是在学校，不管是对妈妈还是对陌生人，他再也不会胡乱发脾气，而是很讲道理，很有礼貌。看到乐乐的改变，妈妈暗自想道：“谢谢”和“对不起”可真神奇啊！

家庭氛围对于孩子的影响很大，尤其是和孩子朝夕相处的妈妈。如果妈妈能够在日常生活中多多对孩子表达感谢之情和歉意，那么孩子也会学着感恩他人，反思自身。社会在发展，要想让孩子赢在起跑线上，培养孩子良好的品质也是非常重要的。

爸爸妈妈们，你们已经开始和孩子使用礼貌用语了吗？现实生活中，很多父母对孩子颐指气使，恨不得像对待奴仆一样和孩子说话，对孩子的心理发育和言行举止的影响是很恶劣的。尤其是有些妈妈因为生活的压力，总是喜欢和孩子大喊大叫，呵斥孩子。日久天长，孩子必然也会变得歇斯底里，不讲道理。如果您想让孩子变成小淑女、小绅士，就从现在开始做起吧！

# 第二章

## 你会和孩子说话吗
### ——沟通的目的不是打击孩子

大多数父母每天都在和孩子说话，然而，你们真的会和孩子说话吗？说话，不仅是语言的表达，更是心灵的沟通。尤其是对孩子的沟通，除了要表达日常生活的需要之外，更要注重对孩子的影响。正因为我们几乎每天每时每刻都在和孩子打交道，所以更加需要注意自己的言行举止，以免打击孩子。孩子的自尊心和自信心都处于成长阶段，我们必须非常小心谨慎，才能更好地给予孩子成长以帮助。

# 孩子畏缩的原因

对于这个陌生的世界，孩子几乎随时都处于探索之中。他们那么小，那么较弱，除了父母引导的探索之外，他们不得不依靠自己的眼睛去观察世界，依靠自己几乎等于空白的人生经验，去了解世界。这一切，都对孩子是莫大的考验。在父母的精心呵护下，有些孩子拥有自信，积极乐观，所以即使长大之后，他们在面对社会的时候也依然开朗豁达。相反，因为父母教育过程中不注意自己的言行举止，肆意打击孩子，为了求得孩子暂时的安静和听话，就以很多莫须有的事情恐吓和威胁孩子。长此以往，孩子必然胆小怯懦，不管做什么事情都畏手畏脚。如此一来，他们的人生就会受到影响，不知道应该怎么去做，才能变得自信而又果敢。对于小时候听话的孩子，大多数父母都会感到非常高兴。因为如果孩子对他们言听计从，那么他们就能够省心省事。的确，淘气的孩子就像是一个小魔头，可以把父母精心收拾的家一瞬间就变得鸡飞狗跳，乱七八糟，也可以使原本顺利平静的生活转眼之间变得像一团乱麻。那么，遇到事情时他们必然有着自己的想法和主见，丝毫不愿意服从父母的安排，甚至对父母的话有着很强烈的抵触心理。如此一来，父母当然会烦恼顿生。然而，现代的教育理念告诉我们，孩子听话，尤其是对父母言听计从，并非好事。

孩子虽然是由父母辛辛苦苦抚养长大的，但是他们随着年纪的增长，逐渐变成生命的个体。从呱呱坠地的时候任由父母安排吃喝拉撒，到有了自己的想法，要按照自己的想法生活，开始对父母表达不满和不同意见，这对父母来说是一种“折磨”，对于孩子来说却是人生走向独立的必经阶段。为此，明智的父母即使面对孩子的叛逆万般烦恼，心里却会因为孩子渐渐成长而感到欣慰。如果想明白这个道理，就不会因为孩子的叛逆而感到烦恼了。要想让孩子变得自信而又勇敢，千万不要在孩子表达自己的主见或者质疑父母的安排时怒火中烧。父母不可能永远陪伴孩子成长，也不可能扶持孩子走完一生，父母只能是把孩子扶持到人生的道路上，让他（她）学会一个人往前走，那么在以后面对人生的风雨和困境时也会学会坚强。

前段时间，恰逢爸爸妈妈都要出差两三个月，妈妈只好把奶奶从老家接过来，照顾五岁的思雨。思雨从小是由妈妈一手带大的，虽然妈妈以前也会因为出差把她交给奶奶照顾，但都是三五天的时间，从未有过这么长时间。这次，其实妈妈心里也很忐忑，担心奶奶不能很好地照顾思雨，或者是思雨不适应奶奶的教养方式。妈妈当然知道，奶奶只能负责照顾思雨的生理需要，却无法很好地照顾思雨的精神生活。然而，作为职业女性的妈妈只能这样选择。就这样，妈妈带着牵挂的心情踏上了出差的旅途。

当天晚上，妈妈就给奶奶打电话，还和思雨也说了几句。祖孙俩听起来都很愉快，妈妈悬着的心终于放了下来。出差期间，妈妈几乎每隔一两天就会和思雨通话，也问问奶奶思雨的情况。奶奶让妈妈放心，说自己已经养大了六个孩子，肯定没问题的。日盼夜盼，妈妈终于结束了出差的日子，回到家里。妈妈回来的第二天，奶奶就因为不放心家里的事情回老家了。当天白天，妈妈并没有发现思雨的异常。然而，到了晚上妈妈发现思雨总是跟在她的身后，寸步不离。而且，平日里要到九点半才肯磨蹭着上床睡觉的思雨，居然刚刚九点就主动要求睡觉了。妈妈很纳闷，但是思雨只是要求睡觉，什么也没说。过了几天，妈妈给奶奶打电话的时候，无意间知道了事情的真相。奶奶在电话里说：“思雨妈，思雨这几天是不是都九点钟按时睡觉啊？”妈妈说：“是啊，我还很纳闷呢！以前，让她睡觉是最困难的事情，她总是要等到九点半也不肯上床。”奶奶笑着说：“哈哈，以后不会了，你放心吧。我这个招数，至少要管用好几年呢！”在妈妈的询问下，奶奶得意地说出了她的招数，原来，她在负责照顾思雨期间，遇到思雨不愿意睡觉的情况，就会告诉思雨怪物将在九点以后出来，把不肯睡觉的小朋友抓到山洞里关起来。听到奶奶的话，妈妈哭笑不得，叫苦不迭：难怪思雨这几天一到天黑就很紧张呢，原来她相信了奶奶的话，以为有怪物会出来抓小孩。晚上，妈妈给思雨讲了几个优美的童话故事，减缓思雨的紧张情绪。又过了几天，看到思雨渐渐不害怕了，妈妈才告诉思雨事情的真相。虽然思雨对于妈妈安慰自己的话半信半疑，但是总算情绪不那么紧张了。后来，妈妈还特意在晚上和思雨做些小游戏，帮助思雨忘记奶奶的可怕恐吓。如此一两个月之后，思雨才渐渐不再害怕那个所谓的怪物。

很多时候，成人信口说出的话就会给孩子带来很严重的影响，然而成人却毫不自知。为了让思雨晚上乖乖睡觉，奶奶就编出了那样一个谎言。她当然不知道，思雨因为这个谎言吓得瑟瑟发抖，甚至不敢再正视黑暗。幸好，妈妈及时发现了这个问题，给予思雨稚嫩的心灵以安慰。

为人父母者，千万不要因为贪图一时的省心省事，就无所顾忌地吓唬孩子。要知道，孩子是最脆弱的，一定要用心呵护孩子的心灵，才能使他们健康成长，自信地面对人生。

## 像爱惜眼睛一样爱惜孩子的自尊

每个人都有自尊心，孩子也不例外。所谓自尊心，顾名思义，就是自己对自己的尊重和他人对自己的尊重。一个人要想骄傲地面对人生，不但要自己尊重自己，也希望赢得别人的尊重。成人的世界里，每个人都有强烈的自尊心。因为自尊，他们更加在乎自己的仪容仪表，也更加珍视自己的名誉和成就。他们努力，是为了获得别人对自己的认可和尊重。一旦失去自尊心，他们就会变得非常无耻，把自己当成破罐子，再也不在乎自己和别人怎么看待自己。由此可见，失去自尊是多么可怕的事情。在亲子关系中，很多父母都进入了一个严重的误区：孩子那么小，根本不知道自尊为何物，也不会有自尊心。这个观点是完全错误的，孩子虽然小，但是也有自尊心。有的时候，他们的自尊心很强烈，只不过是成人因为偏见忽视了他们的自尊而已。

曾经有个实验，证实了即使一岁多的孩子也有自尊心。实验对象是一岁多的孩子。当成人给予他们某件东西的时候，他们很高兴地去拿。这个时候，如果成人把东西收回，他们索取而得不到的话，会觉得很沮丧。在这种情况下，如果成人再次把这件东西给予他们，他们又高兴地去拿，成人却再次收回，他们之中的有些孩子甚至会恼羞成怒，大哭起来。这就是孩子的自尊心。虽然他们不会清楚地表达，但是他们能够从成人的情绪和言行举止上感受到很多外界的态度。面对不友好，面对戏谑，他们也会感到愤怒和羞愧。这么小的孩子就有自尊心，更何况是大一些的孩子呢？所以，为人父母者，在精心照顾孩子的日常起居时，一定要照顾好孩子的心理和情绪，不要伤害他们稚嫩的心灵。很多父母在孩子长大之后抱怨孩子没什么自尊心，那是因为你没有在孩子小的时候培养和呵护他们的自尊心。上文说过，没有自尊心的后果是很严重的。从某种意义上来说，自尊心是人生路上的一种动力。正是在这种动力的推动下，我们不懈努力，为自己创造和争取美好的未来。

浩浩不是个好学生，开始的时候总是在班级倒数之列。对于浩浩，不但老师没办法，爸爸妈妈也无可奈何。有一次参加家长会，老师当着全班家长的面，点名批评了几个落后生，其中就有排名次次倒数的浩浩。妈妈觉得很丢人，回家之后把火气一股脑地都发到了浩浩身上。她简直气昏了头，冲着浩浩大喊大叫："我哪辈子做了坏事啊，生了你这么个不争气的东西。人家家长参加家长会都是得到老师的表扬，只有我，不被表扬也就罢了，还被老师点名批评。我这张脸，还往哪里放呀！"看到妈妈生气的样子，浩浩很害怕，说："妈妈，我会努力的。"妈妈丝毫没有看到浩浩的内疚，而是继续歇斯底里地说："努力？你这么笨，从上一年级开始就倒数，拿什么努力？你进步的速度比蜗牛还慢，蜗牛爬行还能前进一点点呢，你却越来越倒退。我还能对你抱有希望吗？"在妈妈的数落下，浩浩低下了头，哭了起来。面对妈妈喋喋不休地数落，他突然大声喊道："我是笨蛋，你为什么要生我呢！你还不如不生我呢？"浩浩的话让妈妈突然之间有些愧疚，觉得自己不应该向孩子发这么大的火，但是这种想法只是转念之间，妈妈其实远远没有意识到自己说了不该说的话。

家长会之后不到一个月，妈妈就被老师请到学校座谈。原来，浩浩虽然以前学习成绩不好，但还能做到在课堂上认真听讲，作业也能完成。现在呢，浩浩常常不完成作业，课堂上总是扰乱课堂秩序。老师问："浩浩妈妈，最近你们家里有什么变故吗？"妈妈摇摇头，老师又问："那么，在浩浩身上发生了什么事情吗？"妈妈突然想起自己家长会后冲着浩浩发火时说的话，老师得知情况后狠狠地批评了妈妈一顿："浩浩妈妈，你怎么能这么说孩子呢？他是你的孩子啊，即使他的学习一直都是倒数，你也不能打击他的自尊心啊！每个孩子的天赋都是不一样的，有些孩子可能学习不好，但是其他方面表现良好呢？我们作为老师都没有放弃孩子，你们作为家长怎么能说自己的孩子是笨蛋，连蜗牛都不如呢！你呀，孩子的表现都是因为你的无情打击，你赶紧帮助孩子恢复自尊心和自信心吧！"妈妈进行了深刻的自我反省，决定改变对浩浩的教育方式。她不再一味地打击浩浩，而是从浩浩最擅长的体育运动开始，常常鼓励浩浩，帮助浩浩建立自信和自尊。果然，没过多久，重新找回自信和自尊的浩浩再次改变了。他因为努力，学习成绩也有了很大的提高，居然在半年之后变成了中等生。在妈妈的引导下，他意识到学习的重要性，不再贪玩。看着现在的浩浩，妈妈由衷地感谢老师对她毫不留情的批评和教导。

每个孩子都有自尊心。每个孩子擅长的都是不一样的，有些学习上的优等生体育成绩很差，有些学习成绩平平的孩子素质却很高，擅长体育或者是音乐、美术。作为父母，我们应该努力发现孩子身上的闪光点，以孩子的长处带动孩子的短处，尽量取长补短，平衡发展。最忌讳的就是像上述事例中的浩浩妈妈一样，仅仅因为孩子在学习上进步很慢，就全盘否定孩子，导致孩子放弃自己，不再努力。

孩子就像是一株娇嫩的花朵，过多的呵护和温室里的照顾不行，突然疾风骤雨般的打击也不可取。为人父母者，必须有着足够的耐心和用心，才能帮助孩子更好地行走在人生之路上。尤其要注意爱护孩子的自尊心，才能让孩子变得更加自信、果敢。

## 亲子关系要讲究民主

和以往应试教育中的填鸭式教育一样，很多父母对待孩子也是填鸭式的。他们本着为孩子好的原则，根本不关心孩子的喜好和所思所想，一味地把自己认为好的东西硬塞给孩子。比如，有些孩子不喜欢吃菠菜，妈妈认为菠菜营养丰富，就一定让孩子吃。其实，孩子吃他喜欢吃的油菜也能起到相似的效果啊，又何必非让孩子吃菠菜呢？再如，有些孩子喜欢画画，爸爸必须要求孩子学习弹钢琴，面对枯燥的钢琴，孩子丝毫提不起兴致，却被爸爸看守着练习弹钢琴，这又何必呢？既然一切都是为了孩子好，那么在教育上误入歧途的父母就应该认清一个原则，即为孩子好要以孩子的感受和体验为主。往长远来看，当孩子长大成人之后，很多父母过多地干涉孩子的终身大事，觉得孩子找到的人生伴侣完全不合格。其实，是否幸福是由孩子说了算的，和父母有多大的关系呢？归根结底，太多的父母认为自己倾尽一生的力量养大了孩子，所以不由自主地把孩子当成是他们的私有财产，从来不觉得孩子是独立的个体，有权利决定和自己相关的一切事情。由此一来，亲子矛盾就爆发了。随着年龄的增长，孩子要求民主和自主的权利也在渐渐增强。从孩子想要决定自己今天穿什

么衣服上学开始，到他们想要决定自己的工作、婚姻，亲子之间的战争从未停止过。问题的根源在父母，没有很好地调整自己的位置，过度干涉和决定孩子的生活。虽然孩子从小由你抚育长大，但是他们从来就不是你的私有财产。你只是帮助和扶持他（她），却从未拥有主宰他（她）的权利。

民主，早就被提上亲子关系的日程，然而，很少有父母在面对孩子的时候能够做到真正的民主。孩子却迫不及待地需要民主。面对如此矛盾的关系，父母要想与孩子之间更加和谐融洽地相处，就必须真正做到平等地对待孩子，允许孩子有自己的想法和主见。其实，很多时候，成人看问题的角度和孩子未必相同，因此在处理很多和孩子有关的问题时，尊重孩子的意见是非常有必要的。

皮皮是个特别有主见的孩子，才上幼儿园，他就要每天早晨自己挑选穿什么衣服。有的时候，他一个早晨要选好几套衣服换，急着上班的妈妈在一旁不停催促。但是，皮皮不选中合适的衣服就不愿意穿，也不愿意上学。为了改变这种情况，妈妈决定让皮皮每天晚上提前选好衣服，这样就能节省早晨宝贵的时间了。

渐渐地，皮皮从自己决定穿什么衣服去幼儿园，发展到想要自己决定买什么衣服。妈妈可不干了，因为每次买衣服都是她自己决定的，有的时候顺手就买了。要是让皮皮自己决定买什么衣服，那么逛商场的时候还得带上皮皮，那可太麻烦了。就这样，妈妈再次自作主张给皮皮买了件阿迪达斯打折的连帽衫，足足花了好几百元呢！让她崩溃的是，当她晚上下班回家之后，发现皮皮已经把这件连帽衫改造了。因为不喜欢帽子，皮皮自作主张，把帽子剪掉了，不过，他还留下了加工领子的空间。妈妈几乎要歇斯底里，看着衣服哭笑不得。她问皮皮为什么要把衣服的帽子剪掉，皮皮说："我不喜欢帽子，我喜欢站起来的领子。"原来，皮皮最近疯狂迷恋装酷，喜欢立领。"那现在怎么办呢？这也不是站起来的领子啊！""妈妈，你把它做成我喜欢的样子吧！"就这样，妈妈不得不拿起针线，给他缝制了一个皱皱巴巴的领子。即使这样，皮皮也很高兴。从此以后，妈妈再也不给皮皮买衣服了，她必须带着皮皮选中衣服，然后才买。皮皮呢，再也不为挑选衣服发愁了，因为他的每件衣服都是自己喜欢才买回家的。

年纪小小的皮皮，就知道穿着自己喜欢的衣服去上学。至于妈妈，在皮皮把新买回家的衣服剪坏之后，顺其自然地就尊重皮皮的意见，不再随便给皮皮买衣服了。如果妈妈还是执拗地按照自己的心愿给皮皮买衣服，那么不但皮皮穿着不高兴，也许还会不断地剪坏衣服呢！

其实，孩子有主见是好事。如果孩子在成长的过程中只会依附于父母，处处都让父母为自己做主，那么他长大之后也定然会唯唯诺诺，无法为自己的人生负责。要想让孩子有主见，父母应该从孩子小时候就有意识地培养。当看到孩子想要获得民主和平等对待的时候，一定要给予孩子足够的尊重和重视，以及平等的对待。

## 过分的说教只会让孩子逆反

为了让孩子赢在起跑线上，望子成龙、望女成凤的父母八仙过海，各显神通。有些父母不但从孩子很小的时候就带孩子上早教班，上学之后更是各种培训班齐上阵。当然，如今提倡素质教育，父母们在狠抓学习成绩的同时，也没有忘记对孩子展开素质教育，恨不得让孩子琴棋书画样样精通。面对这样的情况，父母对孩子的教育也越发抓紧了。他们不但关注孩子的身体发育、心理发育，也更加注重孩子的品质。尤其是现代社会压力这么大，很多孩子心理脆弱，因此父母们也更加关注孩子的心理健康，想让孩子以后坦然从容地面对社会生活。总而言之，父母们最大的心愿就是把孩子培养为面面俱到的完美之人。然而，这个世界上根本不存在真正的完美，所有的完美都是相对的。很多人的生活看似风光无限，实则却有着很多不为人知的痛苦。那么，在养育孩子的过程中，我们要那么贪婪吗？每个孩子的天分都不相同，我们应该做到因材施教，孩子的童年也是非常短暂的，应该以快乐成长为主旋律。想想我们自己吧，现在面对生活压力的时候，想起曾经快乐的童年，是不是会不自觉地嘴角挂上微笑。那么，我们的孩子呢？难道等到他们长大了生活不如意的时候，就只能想起童年时代就早早开始的拼搏、四处奔波上补习班和爸爸妈妈没完没了的唠叨吗？

对孩子的教育要适可而止，要适度。凡事过犹不及的道理，用在这里同样适用。很多妈妈都喜欢和孩子讲道理，恨不得在一天之内把世界上所有的道理都告诉孩子，并且让孩子理解。殊不知，孩子的身体和心理发育都是一个缓慢的过程。我们都知道揠苗助长的故事，知道禾苗一旦被拔掉，就会因为失去养分和违背自身的生长发育规律而干枯。然而，我们却没有把这个道理用到孩子身上。实际上，孩子和幼嫩的禾苗一样，需要汲取养分，慢慢长大。在和孩子讲道理的时候，父母们一定要注意适可而止。人在理解道理的时候，需要过程，尤其是对于孩子来说，并非是一经点拨就能明白的。正如我们要给孩子时间等待他慢慢长大一样，我们同样需要给孩子时间消化我们给他灌输的道理。过分的说教，不但无法使孩子按照你的想法长大，还会使孩子产生逆反心理，导致事与愿违。

子玉是一名初中生。有一段时间，她和郁南彼此产生了好感。其实，他们只是关系比较好的朋友，比同学关系更加亲密而已。刚开始的时候，子玉的数学不好，语文非常棒。郁南呢，则恰恰相反，他语文不好，数学非常棒。为了互相帮助和提高学习成绩，子玉和郁南常常在放学之后留在教室，子玉帮郁南学语文，郁南教子玉解答数学题。一段时间之后，他们自然而然走得亲近起来。这时，同学之间渐渐有了风言风语，说子玉在和郁南早恋。

得知这件事情后，老师如临大敌，把这件事情告诉了子玉妈妈，让子玉妈妈多多留心。子玉妈妈知道后，马上就采取行动，每天放学都接子玉放学。

为了让子玉重视这个问题，妈妈不但和子玉促膝长谈，每天上学前都会在子玉面前唠叨，让子玉不要再和郁南来往，一定要全心全意好好学习。刚开始的时候，虽然子玉问心无愧，但还是答应妈妈会和郁南保持距离。后来，看到妈妈每天都唠叨，子玉就很厌烦了。虽然妈妈接她放学，但是课间的时间还是有的。子玉依然和郁南走得很近，彼此请教学习上的问题。没过多久，子玉居然真的开始喜欢郁南了。妈妈越是唠叨，她就越觉得自己应该喜欢郁南，因为郁南始终都顶着压力陪伴在她身边。就这样，子玉不想再在乎妈妈的唠叨，真的和郁南早恋了。

早恋，在孩子的成长过程中，始终是一个让父母和老师都很重视的问题。不过，随着时代的发展，它早已不再如洪水猛兽般让人避之不及。其实，青少年异性之间彼此产生好感是很正常的事情，对于这种超过同学之情的情谊，我们可以将其定义为比较好的朋友。如果像子玉妈妈一样如临大敌，每天每时每刻都在子玉面前唠叨、说教，那么一定会适得其反，事与愿违。试想，假如子玉妈妈对于子玉刚刚萌芽的早恋佯装不知情，而是使其朝着友谊的方向发展，那么结果一定会大不相同。

在孩子的成长过程中，父母似乎始终都在扮演说教的角色。孩子在探索世界，父母则急不可耐地想把自己的经验传授给孩子。这样的传授，应该以言传身教和点拨的方式进行，而千万不要不分时间和场合地过分说教。只有父母掌握正确的教育孩子的方法，才能给予孩子更多的扶持和帮助。

## 尊重孩子，首先要给予孩子重视

几乎没有任何父母会承认自己不重视孩子，然而，大多数孩子的确在父母的忽视中长大。妈妈们一定满腹委屈：我每天都以孩子为重心，甚至为了孩子辞掉了工作，专心致志地照顾他吃喝拉撒，接送他上学放学，甚至还要陪伴他上补习班、兴趣班，怎么能说我不重视孩子呢？爸爸们对此也颇有微词：我每天都辛苦地工作，偶尔休息一天，根本没有时间做任何自己喜欢做的事情，一切都围绕孩子转，我怎么不重视孩子了呢？我带他去游乐场，带他去书店，还给他买他喜欢的玩具。的确，大多数父母都把自己的时间给予了孩子，然而，忽视依然存在。爸爸妈妈们，你们知道孩子心里在想什么吗？面对这个问题，父母们一定不是心里打鼓，就是不知道如何作答。当孩子还小的时候，他们会主动把心里话告诉我们，让我们分享他的喜怒哀乐。随着年龄的增长，他们的生理需求退而居其次，心理需求占据更重要的地位。那么，父母们心不在焉的陪伴还能满足他们的精神和情感需求吗？很多父母的确大部分时间都给了孩子，但是陪伴孩子的同时他们在做什么呢？或者盯着手机，或者对着电脑，做自己的事情。虽然人在，但是心神却飞出去很远很远，压根没有做到真正地陪伴孩子。这是一种形式上的忽视。

还有一种对孩子的忽视，是因为不够尊重孩子的需求引起的。例如，如果孩子喜欢唱歌，你却偏偏拒绝他，要带他去画画。再或者，很多富裕家庭的孩子不希望爸爸给予他很多的财产，只想让爸爸抽出时间多多陪伴他，但是爸爸却总是以工作忙为由拒绝孩子一起去游乐场的请求。这样的行为，都是打着对孩子好的旗号在伤害孩子。不管是纯粹的拒绝还是冷漠的忽视，父母的不重视都将会给孩子心理带来难以磨灭的影响。很多富二代都不快乐，因为他们虽然拥有丰厚的物质生活，却从未得到父母发自内心的疼爱和关爱。为人父母者，看到这里都应该反思自己：我们是否给予孩子他们真正想要的？我们是否满足了孩子真正的需求？如果没有，那么改变应该就从此时此刻开始。

作为妈妈，雯雯妈妈做得很好。不管是吃喝拉撒，还是衣食住行，她都给予了雯雯无微不至的照顾。甚至为了给雯雯买个学区房，她还卖掉了安逸的住所，购买了狭小逼仄的学区房。不过，雯雯却总是郁郁寡欢。雯雯很喜欢小提琴，但是妈妈总是逼着她学习钢琴，还说学钢琴好，能够对她以后的学习有帮助。然而，雯雯只喜欢小提琴。妈妈宁愿花几万块钱给雯雯购置钢琴，也不愿意花几千元钱给雯雯买小提琴。虽然雯雯多次向妈妈提出请求，但妈妈都拒绝了。

每次上钢琴课，对于雯雯来说都是痛苦的折磨。她不想弹钢琴，妈妈却坐在一旁看着她，逼着她弹。五一假期的时候，班级里的很多同学都和爸爸妈妈出去旅游了，只有雯雯，被妈妈逼着在家里练琴。妈妈要求雯雯必须尽快参加考级，这样小升初的时候也许能加分呢！有一次，就因为雯雯练琴时间偷懒了，妈妈便罚她站在家门口，不许吃晚饭。雯雯越想越伤心，决定去远在郊区的爷爷奶奶家。当时，天已经黑了，她一个人在路上走着，她只依稀记得去爷爷奶奶家的路。当爸爸下班回家之后，让妈妈开饭，妈妈这才想起雯雯还在门外站着呢。爸爸不由得慌了，因为他进家门的时候并没有看见雯雯。爸爸妈妈疯了一样去找雯雯，正当妈妈心急如焚的时候，接到了警察的电话。原来，路人看到雯雯这么晚了还一个人在大街上游荡，便报了警，让警察送她回家。看着失而复得的雯雯，妈妈当即表示："雯雯，妈妈再也不逼你学钢琴了。"这个结果是雯雯想要的，但是这件事情付出的代价却未免太大，万一雯雯路上走失，则后果不堪设想。

很多父母都自以为是对孩子好，却在围着孩子团团转的同时，不知不觉地忽视了孩子的真实需求。成人们看问题的角度和孩子是迥然不同的，与其强迫孩子们按照成人的方式生活，不如蹲下身，用孩子的视角看看生活的本相，真正满足孩子的需求。

不管是拒绝还是忽视，长此以往，都会掩盖孩子真实的需求。当孩子倾诉的时候，一定要多多了解孩子的内心世界，弄清楚孩子真正想要怎样的生活。成人认为好的，未必一定适合孩子。适合孩子的，成人却往往因为视野的局限而看不清楚。这就是亲子之间最大的问题。如果父母们能够意识到这个问题，多多关注孩子的心声，亲子关系一定会更加和谐、融洽。

# 不要把生活的压力过早转嫁给孩子

现代社会，生活压力非常大。父母们在养育孩子的同时，不但要兼顾工作，还要经营婚姻。很多父母都承担着巨大的压力，他们工作上有着种种的不如意，婚姻生活里也时常状况百出。尤其是当婚姻出现问题时，将会直接关系到孩子的生活。很多父母选择把家庭变故告诉年幼的孩子，让孩子接受现实。如果是经济上的滑落也还好，只要一家人同甘共苦即可。如果是感情上的变故呢？婚姻的破裂，最大的受害人就是孩子。尤其是当孩子年幼的时候，不管是选择爸爸还是妈妈，都意味着爱的残缺和生活的遗憾。这种情况下，假如孩子年纪还小，其实父母完全没有必要把真相告诉孩子。

有些妈妈很喜欢跟孩子抱怨。例如，当孩子要钱交学费的时候，也许妈妈会一边拿钱给孩子一边说："你看看，爸爸下岗了，妈妈工资也很少，不但要养家糊口，还要给你交学费。家里经济多么紧张和困难啊！"这样的话，看似漫不经心，如果孩子懂事，就会因此而感到沉重。再如，有的夫妻要离婚的时候，谁都想要孩子，便会和刚刚懂事的孩子说："宝宝，爸爸妈妈以后不再一起生活了，你是跟爸爸还是跟妈妈？"这个问题，是世界上最残忍的问题。让孩子回答这样的问题，对孩子的心理是严重的伤害。婚姻即使走到了尽头，爸爸依然还是爸爸，妈妈依然还是妈妈。在离婚的紧要关头，当务之急就是安抚孩子稚嫩的心灵，告诉孩子他（她）的生活不会改变。不管是跟着爸爸生活，还是跟着妈妈生活，他（她）都同时拥有爸爸妈妈的爱。这样，才能把对孩子的伤害降到最低。对于天性敏感的孩子，也许可以暂且不告诉孩子爸爸妈妈离婚的事情。等到他长大了再告诉他（她）也不晚。总而言之，这些成人世界的压力，不应该干扰孩子享受无忧无虑的童年。

倩倩的爸爸是个酒鬼，特别爱喝酒，几乎每天都喝得醉醺醺的，在家里吆五喝六，让全家人都对他望而生怯。在倩倩的心里，她从未有过一天是很踏实地度过，只要看到爸爸端起酒杯，她的心就悬在嗓子眼里。对于很多女孩来说，有了难处都可以向爸爸倾诉，但对于倩倩来说却不能这么做，因为爸爸有了为难的事情只会喝酒。即便如此，看着那些失去爸爸的同学，倩倩依然庆幸自己有爸爸。

有一次，爸爸喝得酩酊大醉，还打了妈妈。妈妈歇斯底里，拿出家里的汽油浇在沙发上，说要点火把家烧了。倩倩害怕极了，她开始盼望爸爸和妈妈离婚，这样最起码她不用天天提心吊胆。后来，妈妈让倩倩帮她写离婚起诉书。妈妈不认识字，倩倩含着眼泪，开始写。妈妈在一旁边哭边说："这日子没法过了。倩倩，你放心，妈妈就是要饭也供你上学，把你养大。"倩倩也哭了，以后她就要和妈妈一起生活了。就这样，倩倩写了一份起诉书，其实她根本不知道怎么写。写完这封离婚起诉书，她的眼泪都流干了。她恨爸爸为什么不能戒酒，也难以想象自己以后和妈妈相依为命的生活。等到爸爸醒酒之后，便跟妈妈道歉，妈妈又原谅了爸爸。然而，倩倩心里的伤痕却从未减轻。从此之后，她更加胆小、怯懦、自卑，因为她知道自己没有相爱的爸爸妈妈，也没有相爱的家庭。这样的心理，对于倩倩来说也许终身都难以抹除。

事例中的爸爸当然是导致家人无法安乐生活的罪魁祸首，然而，妈妈的做法也是不值得采纳的。对于刚刚读初中的倩倩来说，让她写离婚起诉书，显然是对她莫大的伤害。这个正值花季的少女，虽然从未知道爱情和婚姻的真相，却不得不被爸爸妈妈不幸的婚姻裹挟着朝前走，忍受心痛。对于妈妈来说，也许只是夫妻之间一次又一次的吵架，她却在无形中把压力转嫁到了倩倩身上，在倩倩的心里留下了阴影。

父母们，养育孩子是漫长而又充满艰辛的过程。要想让孩子更快乐地成长，心理健康、阳光和积极，父母们就应该有所担当。不管生活中出现怎样的困境，都不要把压力转嫁给年幼的孩子。其实，在真正实现独立之前，孩子从心理上来说还是非常依赖父母的。既然如此，为何不倾尽全力给孩子撑起一片晴空呢？

# 第三章

# 掌握语言技巧，你就不会再感情用事地训孩子

在亲子交流过程中，语言的智慧和技巧是非常重要的。常言道，良言一句三冬暖，这句话同样适用于亲子交流。很多孩子人小鬼大，虽然年纪小，但是心思却很细腻、深重。有的时候，父母无意间的一句话，就会让孩子稚嫩的心灵受到伤害。因此，为人父母者必须谨言慎行，千万不可在孩子面前口无遮拦，任意妄为。

# 教育常用语，你知道吗

记得有一位名人曾经在著作中说过，孩子可爱的时候像天使，讨厌的时候像魔鬼。的确，就是这些小小的精灵，让我们的生命得到了延续，也让我们的生活有了意义，但是与此同时，情绪发作的他们、人性执拗的他们，也让我们有的时候很抓狂，恨不得狠狠地揍他们一顿。每当这个时候，我们竭尽所能才能控制自己的手掌不落到他们的屁股上，嘴巴里却不由分说地蹦出很多恶毒的词语，哪怕想尽一切办法也要让他们在最短的时间内感到害怕或恐惧，不得不对我们言听计从。其实，真正的教育不是恐吓，也不是每天都数次感情用事，不知所言，而是有技巧的。在和孩子交流的时候，如果能够掌握技巧，运用聪明和智慧，那么就能起到事半功倍的效果，而不至于歇斯底里，口不择言。

其实，所谓的教育常用语，并没有一定之规矩。但是，有几个原则需要掌握，首先，就是要尊重孩子，体谅孩子，不要把孩子当成自己的私有财产去支配和呵斥。例如，“宝贝，不管你怎么做，爸爸都相信你一定有自己的理由。不过，你能不能把你的理由告诉爸爸，看看爸爸能不能给你提出一些有效的建议。”孩子虽小，也有自尊心，也需要被父母平等地尊重和对待。这样的话对于孩子而言，能让他们瞬间消除对父母的抵触与对立心理，从内心深处接纳父母，把父母当成自己的朋友。其次，不要命令或者呵斥孩子，而应该向孩子寻求帮助。孩子虽小，也想得到被人需要的感觉。诸如，“宝贝，你可以帮助妈妈把碗筷刷洗干净吗？妈妈很累，你应该能帮助我。”这样的话，会让孩子兴致冲冲地放下手中正在玩的玩具，高高兴兴地帮助妈妈分担些力所能及的家务

事。相反，如果用颐指气使的态度和语气命令孩子，只会激起他的逆反心理，让他心不甘情不愿。再次，在和孩子说话的时候，要给予他们足够的赞赏。任何时候，表扬都比批评更有效。例如，“宝贝，你真棒，这次居然没有害怕迎面而来的大狗，爸爸最喜欢看到你勇敢坚强的模样。”这样的话，远远比“你都这么大的人了，看到狗居然还害怕，简直胆小如鼠”效果好得多。最后，教育孩子还应该肯定他的进步，尤其是在学习上，不断地激励比持续的施加压力效果更好。例如，“宝贝，你真棒，这次考试虽然只考了第16名，但是比起上次的19名进步了三名，这可是很大的进步啊，爸爸相信你一定付出了巨大的努力。”总而言之，爱、理解、尊重和信任，是人与人之间友好交往的基础，亲子关系也是如此，必须遵循这几项原则，才能让孩子对父母敞开心扉，成为忘年之交。

豆豆今年六岁了，是个一年级的小豆包。进入一年级之后，豆豆的人际关系显然比幼儿园时期更加复杂了。每天，豆豆一放学就会和妈妈说学校里开心的事情。然而，今天豆豆放学之后显然情绪不对，显得愁眉苦脸，丝毫也不高兴。妈妈看出端倪，问豆豆：“宝贝，你怎么了？为什么不高兴呢？”豆豆哭丧着脸说：“妈妈，今天我和健健吵架了。”妈妈很惊讶，问：“豆豆，你和健健是好朋友啊，怎么会吵架呢？”豆豆噘着小嘴，不高兴地说：“他把我的奥特曼书弄坏了。”妈妈问：“那他肯定不是故意的，他一定和你道歉了吧？”豆豆的情绪突然爆发，大声喊道：“道歉有什么用，道歉书也不能好了呀！”看到豆豆的态度，妈妈的火也蹭的一下子上来了。她气呼呼地说：“你怎么这么小气啊！健健是你最好的朋友，书弄坏就坏了呗，你这个小气鬼！”听到妈妈这么说，豆豆委屈得大哭起来。

看到豆豆伤心的样子，妈妈意识到自己的情绪有些失控。对于这么小的孩子来说，也许他只能知道什么是自己喜欢的，而无法区分友谊才是最重要的吧！冷静一会儿之后，妈妈又改变方式，柔声细语地和豆豆说：“豆豆，妈妈知道你最喜欢那本奥特曼书了。书坏了，你一定很伤心。”豆豆含着眼泪，点了点头。妈妈继续说道："不过，妈妈想告诉你的是，在书和朋友之间，朋友是最重要的。我想，健健弄坏你的奥特曼书肯定不是故意的。你可以想一想，假如你不小心把健健的书弄坏了，虽然你道歉了，但是健健却不肯原谅你。你会不会很伤心呢？"豆豆陷入沉思之中，似乎在想如果自己是健健，会作何感想。想了一会儿之后，他抬起头看着妈妈，说："妈妈，我错了。奥特曼书只要用透明胶带粘一粘，就还能看。但是健健如果伤心了，我就没有朋友了。"看到豆豆想明白了其中的道理，妈妈高兴地亲了亲他，说："豆豆最棒。妈妈相信，豆豆肯定知道书和朋友哪个更重要。"

亲子教育，必须爸爸和妈妈都很用心。很多时候，孩子倔脾气上来了，就像一头小倔驴。在这种情况下，爸爸妈妈一定要控制好自己的情绪，平静舒缓地引导孩子学会正确地思考。就像上面事例中的豆豆妈妈，如果不是及时意识到自己的情绪失控，改变了自己的教育方式，以柔言细语引导豆豆，那么非但豆豆无法意识到错误，亲子关系也会剑拔弩张，最终得不偿失。

孩子的心思非常简单，他们就像是纯洁的白纸，染黄则黄，染黑则黑。面对他们，爸爸妈妈们一定要控制好情绪，给予他们足够的尊重、理解、耐心和爱，这样才能让孩子从内心深处想明白其中的道理，也能够融洽亲子关系。

## 面对欲望，教孩子学会"冷冻"

在牙牙学语的婴幼儿时期，孩子们并不会主动索取。他们在父母的安排下生活和成长，吃什么喝什么玩什么，全权由父母说了算。然而，随着年龄渐渐增长，在两岁之后，孩子们开始拥有自己的主见。他们有了自己的喜好，对于喜欢吃的东西会主动索取，对于不喜欢吃的东西会表示拒绝。当到了三四岁的时候，他们开始对玩具表现出狂热的兴趣，开始向父母要求买玩具，买各种各样的美味食物。到了六七岁的时候，孩子最喜欢去的地方就是游乐场，因为在那里他们玩得很开心。总而言之，孩子们的欲望随着年岁的增长越来越多，越来越强。面对孩子们的要求，很多父母都头疼不已。因为孩子对任何事物的新鲜感都只能保持短暂的时间，有的时候，他们对于特别心仪的玩具买回来也只能玩几天，对于不怎么感兴趣的玩具，则只能玩几个小时。新鲜感过后，他们马上就会开始央求父母买新的玩具。对于这样永无休止的欲望，为人父母者不但要承担一定的经济压力，家里也快变成了玩具商店，摆满了孩子的玩具。

如何才能教会孩子控制欲望呢？如何拒绝孩子的不合理要求呢？很多父母面对孩子的无理要求，只会生硬地说“不”。当孩子撒娇打诨的时候，他们如果是铁石心肠，就任由孩子哭闹，而丝毫不为所动；如果心肠太软，做不到坚定不移地拒绝孩子，就会在孩子的催泪弹下缴械投降，把之前的决心全都抛诸脑后，顺应孩子的要求。如此一来，非但不能有效制止孩子哭闹和降低欲望，反而会使孩子变本加厉，因为孩子虽然年纪小，实际上非常狡黠，很快就会发现他们的哭闹是父母的软肋，由此更加要挟父母答应他们的请求。这样一来，无疑就会陷入恶性循环之中，孩子就会提出更加非分的要求。天下玩具何其多，永远也买不完，这可怎么办呢？其实，要想教会孩子控制欲望，就要给孩子定下规矩，让他们学会冰冻欲望。只有这么做，孩子们才会在想要买玩具的时候进行取舍，选择自己经过深思熟虑最喜欢的玩具购买。这样做，不但能够有效减少购买玩具的数量，还能让孩子长大之后学会取舍，这样对孩子的一生都是有好处的。

小鱼是个很可爱的孩子，乖巧懂事，也很有礼貌。唯一让爸爸妈妈头疼的是，他总是提出各种各样的要求，让爸爸妈妈满足他。尤其是对于玩具，几乎每隔几天就会买，买完之后玩几天就扔在一边，再买新的。随着年纪的增长，小鱼喜欢的玩具也越来越贵。因此，爸爸妈妈决定拒绝他的一切请求。每当小鱼说要买玩具的时候，爸爸妈妈都简单粗暴地说：“不行！”相比较之前的有求必应，看到爸爸妈妈现在冷冰冰毫无妥协余地的回答，小鱼哭得肝肠寸断。

无奈之下，他去央求爷爷奶奶给他买。渐渐地，爷爷奶奶微薄的退休金也无法支撑这么大的开销了。思来想去，全家人想出了一个好办法。

他们召开了一次家庭会议，第一次参加家庭会议的小鱼还挺新鲜的，听得非常认真。在会议上，全家人一致举手表决：小鱼已经长大了，以后每年只能六一儿童节、生日和春节，购买三次礼物。听到一年能买三次礼物，虽然次数有点儿少，但小鱼还是答应了。然而，没过多久，他就犯了买玩具的瘾，死活缠着爸爸妈妈要买玩具。爸爸被逼无奈，拿出小鱼在家庭会议上亲自签名的决议，小鱼只好伤心地躲进房间哭了起来。这时，爸爸又说："小鱼，爸爸教你个方法吧。爸爸小时候就用这个方法，才买到了最心仪的玩具。"小鱼含泪问道："什么方法？"爸爸说："你知道吗，每个人心里都有一个冷冻室，用以冰冻那些暂时无法满足的愿望。例如，你现在就可以把你想买玩具的愿望冷冻起来。你是不是经常买了玩具有后悔，觉得并没有想象得那么好玩？"小鱼点点头。爸爸继续说："把愿望冷冻起来还有一个好处，也许你过段时间会改变主意想买其他玩具，这样一来，你还有选择的机会啊！你想，再过两个月就是你的生日了，在这段时间里，如果你把所有的愿望都冷冻起来，等到生日的时候，就可以选择买自己最想要的玩具，这样你就不会后悔了！"爸爸的建议让小鱼觉得很高兴。他兴奋地说："嗯，这是个好办法啊！这样，我就不会买完玩具再后悔了，我就能买到最喜欢的玩具了！"从此之后，小鱼有了愿望就冷冻起来。果不其然，他过生日的时候根本没有买之前选中的玩具，而是买了一款自己最喜欢的玩具。

爸爸交给小鱼的办法，就是冷却处理法，也叫愿望冷冻法。这个办法的好处在于，无须简单粗暴地拒绝孩子，给孩子心里留有希望，毕竟再过一段时间就可以实现愿望了。此外，孩子的想法是一时一变的，有的时候，他现在觉得很喜欢的玩具也许过段时间就不想要了。这个办法还可以提高购买玩具的质量，让孩子有足够的时间思考自己到底想得到什么玩具。如此一举数得的方法，何乐而不为呢？

# 孩子需要正面指引

随着年纪的增长，孩子的好奇心和探索欲越来越强。对于生活中的一切事物，他们都觉得无比新鲜，都想亲自去尝试、摸索。然而，很多事情都是有危险性的，负责照顾孩子的父母们，总是情不自禁地阻止孩子探索的脚步："别动，危险！""小心，不然就摔倒了！""不要自己弄开水，会烫到的！""不能碰火，会烧伤！""别过马路，车辆危险！""不能吃花生，会卡住！"这么多的"不"，对孩子真的有用吗？曾经有儿童心理学家研究发现，对于年纪小的孩子来说，他们不会识别"不"，而只会记住后面的话。例如，妈妈告诫孩子"不要和小朋友打架"，不如叮嘱孩子"要和小朋友们一起玩，开开心心的"效果更好。对于孩子来说，否定的说法不够直观，他们更擅长接受正面的信息。

很多父母都习惯于用否定的语气和孩子说话，这样恰恰提醒了孩子那些不能做的事情，使他们对其产生浓厚的兴趣，反倒跃跃欲试。使用正面引导的方法，能使孩子们直接接受正面信息，避免孩子们因为受到提醒而特意尝试危险的事情。此外，一味的否定，也会打击孩子们的自信心，让孩子们变得畏缩怯懦。如果一个孩子始终在"不能""不行""不许"中长大，那么他（她）就会觉得自己生活在无数的条条框框中，即使长大了，也时刻怀疑自己所面对的事情是否能做。与此相反，如果孩子总是在做肯定的事情，并且他（她）所做的事情也都能得到父母的认可，那么他（她）就会渐渐变得自信，变得独立自强。

田恬3岁了，进入幼儿园学习，每天在幼儿园里度过愉快的一天。有一天放学，爸爸问田恬："宝贝儿，今天在幼儿园吃了什么？"田恬想了一会儿，才说："饺子！"不想，旁边的一个家长说："田恬，你撒谎了哦！今天，幼儿园里吃的是面条。"田恬还坚持说是饺子，爸爸也在一旁说："田恬，小朋友不许撒谎哦！”听到那位家长和爸爸的话，妈妈很不高兴：田恬这么小，怎么可能撒谎呢！她也许只不过是因为午睡过后，就忘记了昨天和今天，因为幼儿园里昨天吃的是饺子。想到这里，妈妈对爸爸说：“你不要引导田恬。教育孩子要从正面教育，不要总是否定孩子。你与其对她说‘不许撒谎’，不如对她说‘好好想一想，到底吃了什么’。你这样对孩子说话，孩子只会记住撒谎这件事情。”看到妈妈不高兴的样子，爸爸赶紧说：“嗯，对对，你说得对。我们要正面引导孩子，不能反面误导孩子。”

晚上回家，奶奶问田恬在公园里见没见到小朋友，田恬认真地想了很久，才说：“田恬见到浩浩了，田恬撒谎了。”妈妈嗔怪地看着爸爸，说：“孩子的接受能力就是这么强，所以父母说话一定要多多注意！”妈妈蹲下来，看着田恬的眼睛，认真地说：“田恬是个诚实的好孩子，田恬说的每句话都是真的。田恬昨天在幼儿园吃饺子，今天吃的是面条，对不对？田恬最棒了，妈妈相信田恬。”听到我的鼓励，田恬高兴地笑了，自言自语道：“田恬是个诚实的小朋友！妈妈喜欢田恬！”

就像上面事例中的田恬，很多时候，孩子说话不正确，是因为年纪小的孩子午觉之后会有些犯迷糊，根本不知道自己说的是昨天的事情还是今天的事情。有很多孩子到了四五岁的时候，午觉醒来还不清醒呢！不管孩子是有意识地说谎，还是没有分清楚时间，阐述错了事实，作为父母，都不要在孩子面前提到“撒谎”。毕竟，孩子小的时候是根本不知道撒谎为何物的。即使是否定的教导，也会不断地在孩子心里强化错误的观念。教育孩子的最好方式，就是正面引导，给予孩子积极阳光的心态！

年轻的父母们，教育孩子真的是一项无比浩大的工程，你们做好准备了吗？不管什么时候，记住，一定要从正面教导孩子，培养孩子学会正向思考，积极面对生活！

# 培养专注力，从孩子最喜欢做的事情着手

很多父母，都希望拥有一个安安静静、做事专注的孩子。然而，孩子们似乎天生的本能就是给父母制造麻烦，大多数孩子都是活泼好动、一刻也闲不住的。甚至有些家长怀疑孩子有多动症，甚至把孩子带去医院看专科门诊。老人们有句话说得好，越是聪明的孩子越调皮，越好动。如果一个健健康康的孩子突然之间就变得蔫吧了，一动也不想动，也不再大喊大叫地嬉笑打闹，那么这个孩子一定是生病了。对于孩子来说，只有身体不舒服的时候，才会有片刻安静。当然了，孩子调皮归调皮，即将踏入学龄阶段的他们，还是需要必需的专注力的。归根结底，让孩子老老实实地在课堂上坐45分钟可不是件容易的事情。为了帮助孩子更好地适应学习生涯，培养孩子的专注力，让孩子能够专心致志地坐在那里做自己喜欢的事情，还有很有必要的。

很多父母都觉得孩子连一分钟的安静都没有，究其原因，一则是孩子天性好动，二则他肯定对某些事情不感兴趣。成人们会有这样的感触，对于自己喜欢的事情，时间总是不知不觉地就溜走了。对于孩子来说，也是同样的道理。例如，孩子喜欢看动画片，那么他一定能老老实实地坐在那里看整整一个小时的动画片还意犹未尽。再如，有的孩子喜欢画画，只要给他画笔和画纸，他就会全神贯注地创作自己的画作，即使时间飞逝，也浑然不知。由此可见，要想培养孩子的专注力，千万要从孩子最喜欢的事情着手。试想，让你坐在那里看一部你毫不感兴趣的电影，你能坚持下去吗？只怕看一会儿就会呼呼大睡。孩子们也有自己的喜好，在培养孩子专注力的时候，爸爸妈妈首先要弄清楚孩子究竟喜欢什么。只有了解孩子的兴趣爱好，找到激发孩子兴趣的事情，培养专注力才算迈出了第一步。

此外，还有一点需要父母们注意的是，很多情况下，不是孩子不够专注，而是父母无意间打断了他们的专注。举个日常生活中最简单的例子吧，有些孩

子喜欢看动画，虽然为了保护眼睛，每次观看动画片不能超过半个小时，但是很多父母都在无形中打断孩子这半个小时的专注。有的时候，孩子刚刚坐在那里眼睛也不眨地看了十分钟动画片，妈妈就开始一遍又一遍地喊孩子吃饭；再如，有些孩子喜欢画画，刚刚铺好画纸，拿出画笔，妈妈就喊孩子一起出门，去买菜或者去超市……长此以往，孩子如何形成专注力呢？为人父母者，必须注意从生活的各个细节培养孩子的专注力，孩子才会变得更加容易集中精神，保持长久的专注力。

提起小宝，妈妈总是很头疼。原来，小宝的专注力很差，不管做什么事情都无法集中精神。其他孩子喜欢看动画片，即使坐在那里看半个小时也不会动弹，但是小宝则不同，即使是最喜欢的动画片，他也无法保持十分钟的专注力。眼看着小宝明年就要入学了，妈妈不由得担心起来：小宝如何能够在课堂上坐45分钟呢？为了弄明白小宝为什么不能专注地做事，妈妈特意带着小宝去了儿童医院的专科门诊。经过专家检查，小宝没有任何问题，非常健康，活泼可爱。后来，小宝妈妈又咨询了儿童教育专家。教育专家建议小宝妈妈注意观察小宝，做什么事情的时候最专注。然而，在小宝做自己喜欢做的事情时，尽量不要打扰他。小宝妈妈很发愁，因为她也不知道小宝做什么事情才能专注下来。

经过一段时间的观察，妈妈发现小宝特别喜欢画画。有一次，妈妈无意间带小宝参加一个绘画班，小宝在一节课都已经结束的情况下，居然还坐在那里专心致志地涂颜色。看到其他小朋友都出去玩了，他也丝毫不动心。妈妈似乎看到了希望的曙光，赶紧给小宝报名参加绘画班。随着课程的深入，小宝渐渐地从能专心致志地画画十五分钟到二十分钟，最后居然能坐在座位上半个多小时，就为了完成绘画作品。妈妈觉得一周一次的绘画课程次数太少了，因此特意给小宝买了一些绘画用具，在家里的时候几乎每天都让小宝画画。就这样，小宝居然能在画板前牢牢地做一个小时了。渐渐地，他不但能在绘画的时候保持专注力，看动画片也不会动不动就跑开了。经过询问幼儿园老师，妈妈得知小宝上课的时候也不随便离开座位走动了，不由得高兴得心花怒放。

每个人都有自己最喜欢做的事情，在充实的时候，时间总是过得飞快。为了帮助孩子们培养专注力，妈妈们必须细心地观察孩子，发现孩子对什么最感兴趣，这样才能以此为切入点，培养孩子的专注能力。尽早培养孩子的专注能力，不但对于孩子集中精神有好处，而且对于孩子将来的学习生涯也有极大的帮助。

为人父母者，真的在从事这个世界上最艰难而又浩大的工作——教育孩子。每个孩子都是一个独特的天使，只有深入了解孩子，才能因材施教，引导孩子朝着天性的方向发展。

## 教会孩子求助和诉说危险

在养育孩子的过程中，父母最担心的事情就是孩子给自己添麻烦。因为知道养育孩子是多么烦琐的事情，所以，他们总是教育孩子不要给别人添麻烦，当然，这个别人中也包括他们自己。如此一来，孩子也许会越来越听话，从不轻易地去打扰父母或者其他人。看似乖巧可爱的孩子，真的能应付自己面对的一切情况吗？答案当然是否定的。很多孩子正是抱着“不给他人添麻烦”的心理，即使遇到自己无法应对的情况，也勉力应付。诸如，孩子在做客的时候想喝水，因为不敢表达自己的需求，就尝试着自己倒水喝。那么，年幼的孩子很可能被暖水瓶里的热水烫到。再如，孩子需要得到妈妈的帮助，却因为妈妈总是对他的求助极其厌烦，表现出不耐烦的样子，因此他遇到问题自己扛了，却导致出现意外。经过统计，每年有大量的儿童死于意外伤害，其中有相当一部分是因为不会求助。别说是对自己家里的人，即使是面对陌生人，也要教会孩子们学会求助。只有这样，孩子们才会更好地保护自己。很多时候，父母的一句简单的“别给他人添麻烦”，就限制了孩子们勇敢地求助。

生活中，总是伴随着各种危险。面对危险的时候，首先要教会孩子诉说危险。很多父母教孩子不要随便向人求助，并且告诉孩子陌生人都充满危险。如此一来，孩子们就会因为对陌生人心怀抵触，失去最佳的求救机会。简而言之，在教育孩子的过程中，为人父母者千万不要犯教条主义的错误。现代社会各种情况千变万化，很多人，包括孩子和成人在内，都会遇到突发的危险情况。如果父母不能未雨绸缪地教会孩子如何应对危险，并且在感受到危险的时候及时求助，危险就会影响孩子的生命安全。无论如何，要教会孩子诉说。其实，生活是离不开交流和倾诉的，我们的很多感受、很多体验，都必须通过诉说，才能让他人知晓。在西方教育中，父母总是极尽所能地引导孩子们倾诉自己的心理感受，而在中国，也许是因为传统文化的影响，人们总是羞于表达自己的真实感受，这也就导致在教育孩子的时候潜移默化地影响孩子不要倾诉。这样是非常不好的。

娜娜是一名幼儿园中班的孩子，已经5岁了。今年以来，由于爸爸妈妈频繁加班，不能在每天放学的时候去接娜娜，所以他们把娜娜暂时放在幼儿园的传达室，让看门的门卫负责看管。为了表示感谢，爸爸还提出每个月给门卫两百块钱，门卫拒绝了。因为总是麻烦门卫帮忙看孩子，爸爸每到逢年过节，都会给门卫买几条好烟，聊表谢意。

前几天放学，娜娜在妈妈为她洗澡的时候，说私处很疼。妈妈以为是上火了，当即查看娜娜的私处，却惊讶地发现娜娜的私处又红又肿。妈妈当即严肃地问娜娜：“娜娜，谁碰你这里了？”娜娜看到妈妈的表情那么凝重，吓得哭了起来，说：“我不敢说。”妈妈急了，又问：“快告诉妈妈，快点告诉妈妈！”看到妈妈表情越来越可怕，娜娜才小心地说：“是门卫叔叔。”听到娜娜的话，妈妈如同五雷轰顶，当即傻了。她把这件事情告诉爸爸，并且连夜带着娜娜去医院进行检查。经过医生检查，发现娜娜私处充血严重，而且处女膜已经有轻微破裂。爸爸如同疯了一般，要去杀了幼儿园的门卫，却被闻讯赶来的亲戚拦住了。事情已经发生，只有冷静面对。当天晚上，他们就报警了，警察与幼儿园园长取得了联系。对于这样的结果，包括幼儿园园长在内，都万分痛心。后来，娜娜平静下来才告诉妈妈："门卫叔叔经常会抚摸她，还吓唬她不许告诉任何人，否则就要把她卖到大山里，让她再也见不到爸爸妈妈。"看到女儿虽然年幼无知，却承受了很多不该承受的伤痛，妈妈泪如雨下。妈妈问娜娜："你为什么不早点告诉妈妈呢？"懂事的娜娜说："妈妈，你和爸爸都很忙，我不敢给门卫叔叔添麻烦，怕他以后不管我了。那样，其他小朋友放学之后，我就没地方待了。"

可怜的娜娜，才刚刚5岁，就遭遇如此沉重的打击。现在的她还小，不知道这件事情意味着什么，希望她在成长的过程中彻底忘掉此事，开始新的人生。这件事情，归根结底是因为妈妈总是给娜娜灌输不给别人添麻烦的思想，让娜娜虽然感到困惑，却不敢表示反抗，更不敢把发生的事情告诉爸爸妈妈。这样一个乖巧可爱的女孩，却遭遇了如此悲惨的命运。

年轻的爸爸妈妈们，一定要教会孩子倾诉，让孩子把你当成心目中最值得信赖的倾诉对象。很多爸爸妈妈总是在孩子还没有张嘴倾诉的时候，就制止孩子表达内心深处的真实想法。久而久之，孩子们必定会因为胆怯，不再勇敢地说出自己的遭遇，甚至在遇到危险的时候也不敢求助，给自己的生命带来威胁。当然，在上述事例中，爸爸妈妈也有不可推卸的责任。首先，作为女孩，除了亲身父亲之外，不能单独和任何男性在一起。这是养育女孩的父母必须承担的责任。如果不是因为爸爸妈妈忙于工作，把娜娜单独交给陌生男人看守，又怎么会发生这样的事情呢？养育孩子必须非常用心，丝毫马虎不得，尤其是安全问题，更是要作为养育中的头等大事对待。

# 笑眯眯的妈妈更可爱

为了树立自己的威严，很多妈妈都习惯于扮演严母的角色。在生活中，尤其是面对孩子的时候，她们总是一本正经，不苟言笑。她们原本以为这样更容易让孩子产生敬畏的心理，从而更好地管教孩子。殊不知，孩子稚嫩的心灵需要的是一个可以亲近的妈妈、值得信赖的妈妈，而不是一个令人望而生畏的妈妈。教育孩子是一个长期而又系统的浩大工程，不但需要我们努力营造良好的家庭氛围，还需要我们更加用心，更加专注，努力探索各种符合孩子心理和成长特点的教育方式。如果教育孩子就像1+1=2那么简单明了和直接，那么教育家和儿童心理学家们也就无须针对儿童心理和成长发育的特点进行不断地研究了。为人父母者，必须沉下心来，用心观察孩子，用情感化孩子，用道理说服孩子，并且最重要的一点是，要与孩子打成一片，让孩子从心底里把你当成朋友，才能更加真心地信赖你。试想，我们会排斥一个总是充当督查角色的妈妈，而不会排斥一个和我们一起尽情玩耍、总是笑眯眯地理解我们的妈妈。

在孩子心里，笑眯眯的妈妈更可爱，也更容易亲近。当孩子敞开心扉接纳我们的时候，一切的说教就不再是让人反感的说教，而是好朋友之间的窃窃私语。面对笑眯眯的妈妈朋友，孩子会更加放松，也更真诚和自然。作为以家庭为舞台的教育者，我们最重要的就是与孩子坦诚相待，彼此信任。如果家变得和学校一样，那还与学校有什么区别呢？家，之所以称为家，是因为家是人永远的精神港湾和心灵归属。家里不仅有爸爸、妈妈，还有永远不变的爱。很多名人和伟人的成长之路都离不开妈妈的谆谆教诲，妈妈的教育对孩子一生的成长都有深远的作用。从某种意义上来说，妈妈代表了孩子心目中的家。曾经有位名人说过，即使是再贫穷的家庭，只要有一个明白事理的妈妈，孩子的精神家园就不会一片荒芜。

近来，老师发现乐乐越来越喜欢大喊大叫。每次不管和同学之间有什么矛盾，或者是有什么不如意的事情，乐乐马上就会情绪大爆发，恨不得冲上去狠狠揍其他同学一顿。看到这样的改变，老师心生担忧。有一天，老师把乐乐妈妈叫到学校，问："乐乐妈妈，最近你们家里有什么事情吗？乐乐的情绪为什么越来越暴躁呢？"在听完老师的详细叙述后，妈妈不由得羞愧万分。她说："我可能知道原因。近段时间以来，我工作上压力特别大，有的时候回家之后心情也特别紧张。乐乐稍微一犯错误，我马上就会冲他发脾气。刚开始的时候，他还能忍耐，后来也学着我发脾气。老师，您放心，我一定马上改正，让乐乐也变得心平气和。"

当天晚上放学回家，妈妈看到乐乐还没写完作业，就打开了电视，正准备发脾气呢，突然想到自己白天与老师的谈话，因此马上调整表情，笑眯眯地对乐乐说："乐乐，老师今天和妈妈说你最近在学习上进步很大。妈妈一会儿做你最爱吃的红烧肉。你想吃吗？"一听说有红烧肉吃，乐乐情不自禁地开始咽口水。他最爱吃的就是红烧肉，不过，为了控制他这个小胖墩的体重，妈妈很少做红烧肉给他吃。想到这里，乐乐赶紧自觉地关掉电视，去写作业，他可不想在吃红烧肉的时候还惦记着作业没写完啊。看到乐乐高高兴兴地去写作业，妈妈松了一口气。

一顿愉快的晚餐结束后，乐乐又看了一会儿电视。眼看着时间到了八点半，他却没有按照约定去洗漱，而是依然吃着薯片坐在沙发上看电视。妈妈正准备使用河东狮吼，来一声"几点了？还看电视！"却转念一想，笑眯眯地说："乐乐同学，难道吃完红烧肉就忘记我们之间的约定了吗？"看着妈妈和颜悦色的样子，乐乐也挺有眼力见的，赶紧去洗漱了。一段时间之后，妈妈特意询问老师乐乐有没有改变，老师高兴地说："嗯，那个彬彬有礼的乐乐又回来啦！看来，真是好妈妈胜过好老师啊！"

事例中的乐乐，因为妈妈的情绪影响，也变得暴躁起来。人就是这样，一旦习惯了大嗓门说话，声色俱厉，就很难改变。幸好，妈妈的毅力很强，知道自己的河东狮吼对乐乐影响很大，在老师的提醒下抓紧时间改变，最终没有导致乐乐形成不好的习惯。

每个孩子都想拥有一个和颜悦色、温柔体贴的妈妈。妈妈们，其实要想走进孩子的内心很容易，只要你不把他们当成自己的私有财产，而是当成自己的好朋友，那么你就会多几分耐心，也就不会总是冲动地对孩子大吼大叫，声色俱厉了。

## 孩子，也需要找到存在感

正如著名歌星汪峰在很多首歌里表现出来的那样，每个人的存在都需要寻找存在感。在成人的世界里，人们之所以不断地努力，希望通过奋力拼搏证明自己的意义，就是为了让他人认可自己的存在。其实，不仅仅成人如此，孩子也是如此。孩子虽然年纪很小，但是从他们有自我意识开始，他们就希望自己也能够获得父母的认可和身边人的赞许。这也是大多数孩子都很爱表现的原因。对于孩子来说，从很小的事情上就可以获得存在感。例如，一个衣来伸手、饭来张口的孩子并不会感到特别快乐，因为他小小的脑袋瓜子也会想：我为什么不能给家庭做出贡献呢？当妈妈请求得到他的帮助，让他帮忙择菜或者是捡捡大米里的沙子时，他也许会兴致勃勃地坐在那里，全神贯注地努力很长时间。再如，一个孩子如果长到四五岁还没有被爸爸妈妈需要过，他小小的心灵也会觉得失落。

很多时候，爸爸妈妈因为过于溺爱孩子，尤其是当孩子被交给爷爷奶奶带的时候，往往就成了不折不扣的小公主、小皇帝，从来不知道为家里做任何事情。从长远来看，这样的孩子长大之后也很容易对家庭没有责任感，这对孩子的成长是极为不利的。聪明的爸爸妈妈会创造机会，让孩子感觉到自己是被需要的，从而培养他的责任感和使命感，也使他能够顺利找到存在感。例如，妈妈可以请求孩子下楼扔垃圾，或者是在大扫除的时候负责清扫地面。这些成人轻而易举就能干好的小事，孩子却需要花费很大的精力非常认真才能完成。如此一来，当他们努力完成一件事情而且是对家庭生活有贡献的事情之后，他们幼小的心灵也会觉得非常骄傲和自豪。

丫丫今年6岁了，是个一年级的小豆包。有一次，老师布置任务，让小朋友们回家为父母做一件事情。丫丫回家之后，主动要求帮助妈妈洗菜。不想，妈妈一连声地拒绝："丫丫，别动啊，别动啊，别给妈妈添乱了。你快去玩吧，妈妈很快就做好饭了。"看到妈妈头也不抬地拒绝自己，丫丫伤心地跑到客厅，哭了起来。

吃饭的时候，妈妈看到丫丫还在哭，不明所以地问："丫丫，你怎么了？谁欺负你了啊？"丫丫生气地指着妈妈说："就是你，不让我洗菜。"听到丫丫的回答，妈妈不以为然地笑起来，说："丫丫，你还这么小，怎么可能帮妈妈洗菜呢！你只要负责吃好喝好，就行啦！"说着，妈妈盛饭给丫丫吃。丫丫依然很伤心，她说："每次老师问我们在家都帮助爸爸妈妈做什么家务了，别的小朋友或者扫地，或者择菜，或者洗菜，还有的小朋友帮妈妈包饺子呢。就是我，什么都没做过，一点儿用都没有。"看到丫丫失落的样子，妈妈意识到问题的严重性，赶紧妥协："好丫丫，是妈妈错了。这样吧，为了弥补错误，妈妈决定明天包饺子，你帮妈妈一起包饺子，好不好？"听说可以帮妈妈包饺子，丫丫马上破涕为笑。第二天包饺子的时候，丫丫兴奋极了。她学着妈妈擀皮，还用自己擀的不规则形状的皮，包了好几个饺子呢！爸爸下班刚刚进家门，她就兴奋地把自己包的饺子端给爸爸吃。让妈妈惊讶的是，刚刚学会拼音的小丫丫，因为担心自己把包饺子的经过忘记了，还用拼音写了一篇日记。由此，妈妈深刻意识到丫丫也是需要存在感和价值感的，她决定以后多多给丫丫机会证明自己的价值，找到自己存在的意义。

上述事例中，丫丫妈妈和大多数妈妈一样，用爱剥夺了孩子证明自己的机会。其实，孩子虽然小，也很希望自己真正融入家庭生活中，成为家庭的一

员。既然是家庭的一员，就理所当然要为家庭做出贡献，找到自己的位置。丫丫在经历过帮妈妈包饺子的事情后，家庭责任感更强了，而且也切身体验到妈妈每天做饭的辛苦。这样的现实教育的机会，聪明的妈妈们一定要抓住，不要错失哦！很多妈妈都为如何教育孩子烦恼不已，其实教育是一件融入生活、寓教于乐的事情。只有放手让孩子去做，增强孩子的生活体验，他们才更容易了解父母的辛苦，变得更加懂事，更快成长起来。

爸爸妈妈们，你们给孩子机会参与家庭生活的实践课了吗？不要因为担心孩子不会做家务，就什么都不让孩子做。哪个人在成长的过程中不是由陌生到熟练的呢？妈妈们每天负责为家里做一日三餐，也不是生来就会做饭的。每个人的成长过程都必须亲自去经历，即使是父母，也无权代替孩子成长。只有让孩子尽早接触生活，他们以后才会拥有强大的自理能力，成为生活的强者。

# 第四章

# 不吼不叫，是妈妈必须掌握的教育智慧

在生活中，很多妈妈都会一种功夫——河东狮吼。其实，并非妈妈不够温柔。在妈妈还是女孩的时候，她也温柔似水，笑靥如花。然而，随着成家立业，妈妈们不但要工作，还要照顾家庭。尤其是孩子，需要妈妈付出很多的时间和心力才能照顾好。养育孩子不是像养其他的小动物，只需要负责照顾日常生活就好。养育孩子最大的难题在于教育孩子，让孩子不但身体健康发育，精神也茁壮成长。随着孩子渐渐长大，妈妈们需要面对的教养难题也越来越多。如何才能控制自己的情绪，不再歇斯底里，河东狮吼呢？妈妈们必须学会不吼不叫的智慧，才能Hold住孩子们。

# 妈妈平静，孩子才能坦然

当工作、生活和孩子的一系列问题一股脑儿涌过来，妈妈们似乎很难保持平静。现代社会，妈妈们也有机会接受教育，走上工作岗位，承担起半边天的角色。她们不愿意成为纯粹的家庭妇女，失去自我。这样一来，她们肩膀上的担子无形中就重了很多。她们不但要工作，还要结婚生子，还要负责养育孩子。孩子小的时候，妈妈们还要学会制作婴儿食品，给牙牙学语的孩子喂食；孩子长大之后，越来越有主见，对于爸爸妈妈的安排颇有非议，那么妈妈不但要照顾孩子的日常起居，还要多多关注孩子的精神世界，安抚孩子的情绪。当然，除此之外，妈妈还有两个很重要的角色，那就是女儿和儿媳妇。当两边的老人有些头疼脑热的时候，妈妈在照顾好小家的同时，还要如飞人一般飞奔回老人的家，照顾老人。如此想来，妈妈真的是神，不是人。只有具有超神的能力，才能成为合格的妈妈，并且同时兼顾多重角色。想到这里，妈妈们不由得要抓狂。一天只有二十四小时，每个人只有两只手两只脚，为什么不是千手观音呢？为什么一个小时不能作为两个小时使用呢？即便心急如焚，在照顾孩子的时候，妈妈们也依然要好好地对待孩子，不能情绪崩溃。很多妈妈因为着急，因为分身乏术，在生活中采取了超快节奏，对于磨磨蹭蹭的孩子，总是缺乏耐心，动辄大喊大叫。殊不知，这么做对孩子的影响是非常恶劣的。

妈妈，在为孩子付出的同时，最重要的就是保持平静，心平气和地对待养育过程中的一切问题。没有孩子能够平平安安地长大，在小的时候，他们总是生病，爸爸妈妈便成了医院的常客。长大之后，他们时而叛逆，时而逆反，又让爸爸妈妈伤透了脑筋。然而，不管孩子怎么折腾，妈妈都应该保持平静。比较即可得知，当妈妈心平气和的时候，孩子的情绪也比较舒展，不会烦躁。相反，如果妈妈面对孩子总是大喊大叫，歇斯底里，那么孩子也会常常冲动，不能够静下心来面对一切。这就是妈妈对孩子的影响，这种影响甚至会决定孩子的一生。想到这里，万能的妈妈们啊，还有什么理由不控制好自己的情绪呢?

在一次创意美术进行试课的时候，陈老师遇到了一个崩溃的妈妈。陈老师不但是美术老师，也是儿童心理学专家。他独创的创意美术，不但能够提高孩子的绘画能力，而且能够通过孩子展现的画面洞察孩子的内心。这次试课共有十个孩子参加，题目是一个人在雨里。具体怎么画，需要孩子们自主发挥，也可以添加其他的内容。画完之后，孩子们在教室里玩，妈妈们被单独集中起来，由陈老师分析画的潜意识心理。

大多数孩子都画得不错，他们或者会加上一辆车，让人在车里，或者会画上一把伞，让人在伞下躲雨，也有的孩子画的就是人在雨里。只有一个小女孩，画的是一所大大的房子，把人画在角落里，而且画得特别小。陈老师分析，这个小姑娘心理很压抑，有着很重的心事。陈老师的话音刚落，小女孩的妈妈就迫不及待地说："老师，你觉得她压抑的心理严重吗？"陈老师把小女孩的画拿出来给妈妈分析，最终说小女孩的心理还是非常压抑的。这时，妈妈哭了起来，开始倾诉："我最近心情特别不好。我妈妈脑中风，现在还在床上，我奶奶又不小心摔倒了，髋骨粉碎性骨折，也瘫痪了。我每天不但要照顾奶奶，还要照顾妈妈，简直心力交瘁。所以，对孩子的态度也不好，总是批评孩子，冲她大声嚷嚷。其实，她以前不是这样的，挺开朗，挺外向的。现在，我也感觉到了她的变化，她不太爱说话了。这都是我的错，就是因为我总是批评她，喊她！"这位妈妈的情绪有些失控，陈老师也安抚了她："这位妈妈，你就放心吧。孩子正处于心理发展的阶段，这点小小的挫折，只要你好好调整情绪，不会对孩子造成很大影响的。你也要想开一些，生活总是这样，会给我

们很多意外的伤害和挫折。只要扛过这段时间，就会雨过天晴的。”这时，其他在场的妈妈也纷纷安慰这位妈妈，让她放宽心。

经过一段时间的调整之后，这位妈妈的心情好了很多。尤其是从上次心理分析之后，她再累再难也不再冲着孩子大喊大叫，冲着孩子发火了。两三个月之后，孩子的画风有了明显的转变。陈老师说，孩子的世界又充满阳光了。

在日常生活中，照顾孩子的任务大多数都落在妈妈身上。妈妈的言行举止，甚至是不易觉察的情绪，都会对孩子的心理造成很大的影响。上述事例中的妈妈，如果不是及时改正，而是一直把负面情绪发泄到孩子身上，那么时间长了，必然影响孩子的心理发育。

很多女性都很害怕孩子的到来，恰恰是因为太清楚这份责任是多么沉重。没关系，父母是每个人毕生都需要学习的职业，只有不断充电，不断提高和改进自己，才能与时俱进，跟进孩子的脚步，给孩子最合时宜的教育。

## 沉默，也许是最好的教育

大多数父母在教育孩子的时候，采取的都是说教的手段。每当孩子犯错误，或者有什么不明白的道理，他们就会喋喋不休地一直说教，一直到自己都觉得烦了才会停止。其实，孩子们真的需要说教吗？教育孩子的方式有很多，说教只是最普通、运用最频繁的一种方式，却未必是最好的方式。很多时候不适宜使用说教的方式，例如孩子本身就明白道理且只是言行无法一致的时候，这时不如让孩子自己去碰碰壁，一旦尝到苦果，他们就会主动地进行自我调整。还有一种情况也不适合说教，那就是孩子已经意识到自己的错误。在这种情况下，孩子会进行自身的调整，也会进行自我反思和批评。如果妈妈再一味地说教，并且不停地说教，那么孩子就会渐渐感到厌烦，甚至产生叛逆心理，故意反其道而行之。如此说来，说教还不如不说教呢。所以，在这种情况下，沉默，就是最好的教育。

首先，孩子已经意识到自己的错误了。既然孩子在这件事情上有是非观念，也心知肚明是怎么回事，那么父母还有什么必要不听阐述呢？其次，既然孩子已经进行了自我反思，也暗暗决定要改变自己的错误言行，那么父母再三强调的知错就改还有必要吗？最后，沉默，有的时候比说教更有力。面对父母的沉默，孩子也许会心怀忐忑，进行更加深刻的反省和反思。正因为父母宽容地保持沉默，他们自身的约束力才会更强。这就像人们常说的，以德报怨的力量更大，无言的沉默也比喋喋不休的批评更有效果。

父母们，当你们发现孩子犯错之后，你们会怎么做呢？是不顾及颜面地给孩子揭短，还是启发孩子认识到自己的错误，等待孩子主动承认错误。不管是哪种方式，最重要的是要实现最好的教育效果。只有从内心深处打动孩子，才能一劳永逸，真正地让孩子理解其中的道理，不会再犯相同的错误。

## 透过孩子，折射自己

每个人的眼中折射出的都是别人的影像和言行，却很少有人能够真正客观地省察自己。其实，我们常常说看一个人的底牌看他的朋友，看一个人的实力看他的敌人。对于为人父母者，要想看到自己，孩子无疑是一个很好的折射和影像。从呱呱坠地开始，孩子就与父母朝夕相处，亲密无间。所以，很多时候，父母的言行举止包括人生观、价值观等，都会对孩子产生潜移默化的影响。我们看孩子，觉得孩子不够完美，性格怯懦或者急躁，恰恰是因为我们身上也有这样的特征。遗憾的是，很多父母都不知道孩子是父母的折射，因而在抱怨孩子不够完美的同时根本没有反思自身。

曾经有科学研究证实，即使是抱养的孩子，在与养父母常年生活之后，长相也会渐渐地与养父母变得很像。这是因为他们天天都能看到对方，就像看着镜子里的自己。这一点，在夫妻之间也有体现。很多夫妻都有夫妻相，也是因为朝夕相处的缘故。就连长相都会因此而变得相像，更何况是言行举止呢？人是很容易受到他人影响的。在大城市生活的人会发现，如果自己的身边有某个地方的人，且说话带有浓重的地方口音，那么他渐渐地也会被同化，说话居然变成了他乡的乡音。诸如，如果你在北京生活，且你与东北人接触比较多，那么很快你就会发现自己说话带有东北口音。把话题再回转到孩子身上，试想，孩子就像是一张洁白无瑕的白纸，他们的一切都是空白。当父母用言传身教感染他们，或者只是父母无意识表现出来的言行举止，对他们也会有很深远的影响。诸如，有些孩子很自私，从来不愿意和他人分享。一方面，这也许是独生子女后遗症，但是另一方面，肯定与父母自私是有关系的。再如，有的孩子说话大嗓门，那么父母之中也定然有人是大嗓门。与此相反，有些父母非常友善，不管是亲戚朋友，都相处得其乐融融，那么孩子也会拥有好人缘，因为他们有一颗宽以待人的心。从某种意义上说，决定孩子一生的品质和习惯都不是从学校的学习中获得的，而是通过父母的言传身教。由此可见，为人父母者，一定要时常反省自己。尤其是当孩子身上表现出某种鲜明的特质时，父母更应该率先反思自身，完善自身，才能成为孩子真正的好榜样。

近来，豆豆特别喜欢大喊大叫，而且对小伙伴几乎零容忍。每天在幼儿园，他都会和小伙伴发生不愉快，这让老师特别头疼。最让老师无可奈何的是，一旦批评他或者和他讲道理，他马上就会歇斯底里，恨不得狠狠地揍小伙伴和老师一顿。老师很纳闷：这么小的孩子，攻击性为什么这么强呢？脾气为什么这么暴躁呢？

无奈之下，老师不得不请豆豆妈妈来学校面谈。在老师介绍完豆豆的情况之后，妈妈沉思片刻，毫不犹豫地说："一定是因为受到了爷爷的影响。"原来，豆豆的爷爷是一名军人，在战场上出生入死过来的，非常喜欢下达命令，且说话大嗓门，动辄就训斥别人。近来，爷爷奶奶的老房子在装修，所以他们就搬到豆豆家里暂住。没想到，只住了一个多月，豆豆就受到了这么严重的影响。不过，妈妈当即向老师表态：“老师，你放心，我会多多关注豆豆，把爷爷对他的负面影响降低的。再有两个月，爷爷奶奶就会搬回自己的家，豆豆的生活也会恢复如常。”果不其然，一个学期过去了，等到新学期开学的时候，老师喜欢的那个温文尔雅的豆豆又回来了。看到豆豆乖巧的样子，老师不由得松了一口气。

只是因为爷爷的影响，豆豆的脾气在很短时间内就发生了改变。对于成人来说，可能是江山易改本性难移，但是对于孩子来说，其实正处于染黄则黄的阶段，确实是很容易受到他人的影响，改变自己的言行。豆豆的身上有了爷爷的影子，大多数孩子的身上又何尝没有父母的影子呢？作为父母，在孩子面前一定要规范自己的言行，避免给孩子带来不好的影响。

## 妈妈是孩子最好的榜样

很多父母都期望孩子完美，在学校是好学生，在家里是小大人，在外面是谦谦君子。然而，孩子们是有着独立个性的个体，怎么可能处处都按照父母的旨意行事呢？很多时候，他们不但对父母的教诲产生逆反心理，处处和父母对着干，甚至还会与父母针尖对麦芒，据理力争。对于这样的情况，与其浪费口舌和孩子展开口水战，不如以身作则，成为孩子的榜样。例如，很多父母自己就不遵守公共秩序，随地吐痰或者随意插队，他们的孩子长大之后还会遵守公共秩序吗？再如，很多父母自己就不孝顺老人，对老人张口“老家伙”闭口“老不死的”，那么，他们还能指望孩子长大之后孝顺他们吗？

孩子看似不谙世事，实际上，他们正瞪大清澈的眼睛观看父母的一言一行，把父母的言行都悄悄地记在心里。这种是有意识的学习。还有一种情况是，孩子本身对社会就缺乏了解，也没有树立规则和规范，因此他们会自然而然地学习身边最亲近的人——父母。在他们还没有形成明确的是非观念时，他们会理所当然地认为父母做的都是对的。既然如此，父母一定要反思自身的言行举止，处处提醒自己身为孩子示范的重要作用，给孩子树立正面的榜样。现代社会，照顾孩子的责任往往由妈妈承担，这就给妈妈提出了更高的要求。很多妈妈因为思想的局限，行为素质没有那么高。为了孩子，我们也必须对自己高标准、严要求，千万不要给孩子造成不良影响和负面作用。

很久以前，有个老人和儿子一家三口一起生活。他实在太老了，不但老眼昏花，什么也做不了，而且走起路来颤颤巍巍，双手也不停地发抖。吃饭的时候，他常常因为无法牢牢地握住汤勺，而把菜汤洒在饭桌上。为此，儿媳妇很嫌弃他，经常冷眼看他，还咒他为什么不早点儿死去。

一次吃饭时，老人一哆嗦，不但把汤洒到桌子上，还把碗也给弄到地上摔碎了。儿媳妇气得不得了，恨不得马上就把老人扫地出门。她指着老人的头，肆无忌惮地骂道："这个家早晚都被你败光了。供你吃，供你喝，你还故意把碗摔了。你是看我还没死，想把我气死吗？要不是为了伺候你，我怎么会这么累呢！"从此之后，儿媳妇把老人赶到厨房的一个角落里吃饭，不许老人与他们共用餐桌。每次吃饭的时候，儿媳妇甚至不允许老人自己盛饭，而是提前把剩饭剩菜热一热，给老人吃。老人不但吃不饱饭，还常常挨骂，不由得伤心地哭起来。也许是因为年纪实在太大了，老人有一天蹲在角落里吃饭的时候，居然不小心把饭碗又摔碎了。儿媳妇心疼碗，便找出很多破烂木头，准备做个木碗给老人用。木碗很快要做完了，正当儿媳妇准备把碎木屑清扫走的时候，小孙子突然跑了过来。他大喊："妈妈，妈妈，不要扔掉碎木屑。"儿媳妇很纳闷，问孩子："为什么呢？这个没有用处啊！"小孙子笑着说："人老了，会把碗摔碎。把这些碎木头留着，等着你和爸爸老了以后，我也给你们做木碗用。"孩子的话让儿媳妇恍然大悟，原来，他们自以为孩子还小，什么都不懂，可是孩子却已经和他们学会如何对待老人了。从此之后，儿媳妇又把老人请到饭桌上吃饭，即使老人再次泼洒一些菜汤，她也不再对老人恶言恶语了。渐渐地，他们开始真心孝顺老人，因为他们想到了自己的未来，也想到了孩子以后将会视他们为榜样。

不管是否出于主观，妈妈的言行举止都对孩子产生了深远的影响。曾经有位名人说过，一个家庭即使再怎么穷困潦倒，只要有一个积极乐观的女主人操持家务，那么这个家里的孩子就不会被贫困打倒。由此可见，妈妈的言行足以影响孩子的一生。在上述事例中，儿媳妇对待老人一点儿都不好，直到发现孩子已经受到她的影响，她才幡然悔悟。其实，妈妈和孩子每天都生活在一起，很多负面影响是防不胜防的。只有妈妈努力提高自己的修养，让自己变得更加完美，才能给予孩子正面的力量。

关于妈妈在家庭教育中的重要作用，如今很多人都有了深刻的认识。人们常说，好妈妈胜过好老师，此话是很有道理的。想想你想让孩子成为一个怎样的人吧，妈妈们，你们一定要时刻提醒自己，成为孩子的好榜样。

## 家庭环境影响孩子一生的成长

降临人世之前，胎儿在妈妈温暖的子宫里长大。他们从无到有，从小米粒那么大，到成为一个健康的婴儿，经历了十个月的漫长时间。脱离子宫之后，他们猝然来到这个冷冰冰的世界，不由得害怕得大哭起来。然而，很快，他就被妈妈温暖的怀抱包围着，感到无比安全。随着孩子渐渐长大，他（她）会笑了，会走路了，会说话了……孩子的每一点进步，都是在父母欣喜的注视下完成的。对于年幼的孩子来说，父母就是他们的全部。家，不管房子是大还是小，只要有父母的关爱，就是最温暖的居所。良好的家庭环境，能够让孩子变得自信、乐观、开朗，能让孩子变得更加宽容友善。这个和子宫一样温暖安全的地方，就是孩子在世间的归属。然而，好的家庭环境需要父母共同去维护。有些家庭，父亲或者母亲性格不好，脾气暴躁，就像一个随时都可能爆炸的火药桶，孩子必然也会缺乏安全感，变得自卑、胆小而又怯懦。

那么，到底何为家庭环境呢？有人把家庭环境单纯理解为居所的环境。其实，居所的环境在家庭环境中的作用微乎其微。真正意义上的家庭环境，指的是父母为孩子营造的生活氛围。有些父母感情深厚，彼此相爱，这样孩子也会觉得家里其乐融融，非常快乐。长大之后，他们的性格也会很好。相反，有些父母感情不和谐，总是整日争吵，给孩子带来了非常不好的体验，导致孩子长大之后也对外界存在戒备心理。可以说，家庭氛围会影响孩子一生的发展，从某种程度上也决定了孩子的人生幸福与否。曾经有犯罪心理学家进行研究，证实了在那些不和睦的家庭中，孩子犯罪的概率更高。相反，在幸福和睦的家庭中，孩子成人之后即使在生活中遇到困难和阻碍，也能积极面对，从容解决，而不至于走入极端，给自己和他人的人生造成难以愈合的创伤。既然家庭氛围的作用如此强大，对孩子的影响这么深远，那么父母们，从孩子诞生的那一刻起，为孩子营造良好的家庭氛围就应该成为你们的首要任务。要知道，这比给孩子提供最优越的物质条件更重要。有些富裕人家的孩子，虽然吃穿不愁，全身名牌，但是却很少有时间和父母相处，非常孤单、寂寞。与此相反，有些家境普通的孩子，尽管没有名牌衣服也没有优越的生活条件，但是他们与父母其乐融融地生活在一起，是真正富有的孩子。你想让你的孩子属于哪一类呢？为人父母者，不管是富有还是贫穷，都应该给予孩子全心全意的关注和爱护，这样才能守护孩子健康成长，幸福快乐。

张晓萌5岁那年，她的爸爸和妈妈离婚了。看着爸爸有了新欢忘了旧爱，妈妈痛不欲生，在刚刚离婚的时候几乎每天都以泪洗面。后来，她把所有的希望都寄托在张晓萌身上，希望张晓萌能够好好学习，出人头地。妈妈每天都要辛苦地工作，把所有挣来的钱都花在女儿身上，尽量给女儿提供好的教育。她常常在女儿面前说："晓萌啊，如今，你就是妈妈唯一的希望。你爸爸是个负心汉，抛弃了我们娘俩。从此之后，妈妈就与你相依为命，你可一定要争气啊！"在妈妈的抱怨和哀叹中，晓萌渐渐长大了。然而，她并没有像妈妈希望的那样学习很好，独立自主。相反，晓萌非常自卑，常常觉得自己和妈妈一样是被爸爸抛弃的，也因为对爸爸的怨恨，虽然爸爸几次想要见她，她都遵循妈妈的旨意避而不见。就这样，晓萌越来越内向，她胆小怯懦，觉得自己谁都不如。为此，妈妈很着急，她对晓萌的管教更加严厉了，但是收效甚微。晓萌常常哭鼻子，学习上也毫无长进。

娜娜和晓萌一样，也是和妈妈一起生活。在娜娜3岁的时候，她的爸爸就和妈妈离婚了。不过，娜娜从未觉得自己的生活缺少什么。虽然爸爸和妈妈分开了，但是娜娜每周都会和爸爸团聚，爸爸或者带她出去玩，或者在家里陪伴她整整两天。妈妈非常坚强，虽然失去了丈夫，但是并没有失去对生活的期望，更没有剥夺女儿接受父爱的权利。她总是告诉娜娜："娜娜，虽然爸爸和妈妈不在一起了，但是爸爸是非常爱你的。你和以前一样，不但拥有妈妈的爱，也拥有爸爸的爱。你是这个世界上最幸福的女孩！"在娜娜还小的时候，妈妈始终坚持不再结婚，就是因为担心娜娜会受到不公正的待遇。如今，娜娜已经12岁了，知道了妈妈一个人独自养育她很辛苦。为此，娜娜常常劝说妈妈开始自己的个人生活。她说："妈妈，谢谢你这么多年来独自撑起这个家。因为有你，我拥有了全世界。也因为你的宽容大度，我并没有失去爸爸的爱，我的生活没有任何遗憾。"如今的娜娜，不但是班长，还是班主任的助理老师呢！每当班主任不在班级里的时候，她俨然就是一个小老师，自信、勇敢、果决。

上述的两个事例中，因为妈妈对待离婚态度的不同，使她们面对人生也有不同的态度。毫无疑问的是，在孩子还小的时候，她们对待人生和婚姻的态度深刻地影响了孩子。在第一个事例中，张晓萌的妈妈满心抱怨，从未从离婚的阴影中走出来。这样的家庭氛围，必然导致孩子自卑、怯懦。与她相反，娜娜的妈妈则很快从离婚的阴影中走了出来，并且竭尽所能地降低离婚对于娜娜生活的影响。事实的确如此，当两个曾经相爱的人因为不再相爱而选择分开，不管哪一方，都应该尽量减少婚姻变故给孩子带来的影响。要知道，良好的家庭氛围将会影响孩子的一生。

关于家庭氛围对孩子成长的影响，美国心理学家、教育家杜威曾经说过："对于孩子的成长，家庭环境起到了决定性的影响。孩子的心灵简单而又纯洁，他们未来将成为什么样的人，很大程度上取决于他们在什么样的家庭氛围中长大。"杜威的观点在很多孩子的成长道路上都得到了印证。对于像白纸一样的孩子来说，"染于苍则苍，染于黄则黄"。在怎样的家庭中生活，他们就会将其折射到自己对于人生的理想之中，奔着那个方向去不懈努力。

## 教育孩子，也需要学习

没有人否认，养育孩子是这个世界上最艰难、最漫长，也最需要投注心力和精力的事业。一旦孩子降临人世，我们就必须把这份事业一扛到底，再也无法改变自己终身的角色。然而，很多人在工作中尚且知道不断提升自己的能力，却忽视了自己在为人父母的时候同样需要不断充实自己，与时俱进。大多数年轻的男男女女在荣升准爸准妈的时候还有一些学习的意识，那是因为对于新生命的未知使他们心里没底，不得不去学习。然而，等到孩子渐渐长大，变成了一个小小的幼儿或者是成长中的少年，他们就在不知不觉间把学习抛之脑后。殊不知，当孩子还在婴儿时期的时候，生理需要是主要需求，只需要照顾好他们的日常生活即可。真正的教育，是在他们进入幼儿时期才开始的。从此之后，这个小人儿不再是只知道吃喝拉撒，他们开始萌生精神需求、感情需求和学习上的需求。对此，父母们曾经在孕期恶补的知识已经OUT了。要想成为合格的父母，我们必须跟上孩子成长的脚步，了解他们的身体和心理发育的特点。也许有些孩子是交由爷爷奶奶负责照顾的，当奶奶说“放心吧，我养大了六个孩子，个个都是大学生”时，现代的父母还能觉得这是一个真理吗？时代在发展，社会在进步，如今的孩子接触的信息量和新鲜事物和过去完全不同。要想让孩子更好地成长，不但要了解他们的身体和生理发育情况，还要与时俱进地了解这些新生事物，走进孩子的世界。

养育孩子的学习，不但指的是要学习教养知识，学会用科学的方法教育孩子，还要学习接纳新鲜事物，与孩子之间拥有共同的语言。现代社会网络这么发达，孩子们从学龄前就开始接触互联网世界。当孩子们口中突然蹦出一个新鲜词汇的时候，如果妈妈在一旁不知其所然，岂不是很尴尬吗？另外，现在的孩子身体发育都很快，因为能够始终获取充足的营养，所以他们不但身体发育早，心理也比较早熟。对待孩子，再用老人沿袭的教育方式显然已经不行了。新生代的孩子们，不但要求民主、平等，也要求自由和平。因此，当父母想起小时候曾经被自己的父母狂揍的情形，不由得哑然失笑：好不容易自己也变成父母，却不允许家暴了。的确，教育并非暴力能够解决的。真正的教育，在于润物无声，育人无形。

李丽是个合格的妈妈。从孩子才刚刚像小米粒那么大的时候，她就开始学习如何上岗当妈妈。孩子出生之后，她的确受益于孕期的努力学习，把孩子照顾得无微不至。然而，随着孩子渐渐长大，李丽觉得自己可以放手了。可是，在孩子进入初中之后，李丽产生了一种非常明显的感觉，就是原本亲密无间的母子之间产生了隔阂。孩子不再对她无话不说了，以前对妈妈言听计从的他开始叛逆，不管妈妈说什么，他都觉得是错误的，都与妈妈背道而驰。

一次家长会上，老师指出李丽应该关注孩子的英语学习。然而，当李丽自作主张给孩子报名参加英语培训班后，孩子宁死不屈，怎么也不愿意去上课。类似的矛盾和冲突时常发生在他们家里，有的时候是母子之间，有的时候是父子之间，甚至有时是一家三口的混战。如何才能改变这样的状况呢？李丽无意间知道一位教育学专家要开展“家庭引导教育”的讲座，并且是专门针对孩子处于青春期的父母的，第一时间就报名参加了。经过几次讲座的学习之后，李丽感觉“听君一席话，胜读十年书”。事到如今，她才意识到，自从孩子进入青春期之后，她其实再也没有学习，一直是在摸着石头过河，盲目地和孩子相处。如今，她根据讲师所说的引导方式，针对青春期孩子的心理特点，不再强迫孩子做什么事情，更不会代替孩子做出决定。她对孩子说：“你想把英语学好吗？你可以找一个你喜欢的方式，妈妈一定无条件配合你。其实，即使英语学不好，也不是天大的事情，你快乐就好。”看到妈妈不再颐指气使地对自己说话，孩子的态度显然也缓和了很多。他说：“妈妈，我不想报名参加任何培训班，我会努力把音乐学好的。”李丽接受了孩子的决定。后来，她发现孩子喜欢看美国大片，就经常带他看原生片。不太喜欢英语的孩子很喜欢看原生片，因为这样感觉更加原汁原味。渐渐地，孩子果然对英语产生了兴趣。他自己要求参加英语口语训练班，只是为了看原生美国片的时候不再需要看字幕。让李丽倍感欣慰的是，虽然孩子的英语书面考试进步不大，但是他的口语却是全校最强的。

针对青春期孩子的叛逆心理，如果李丽一味地按照以前的方式凡事都给孩子安排好，那么必然导致孩子的反感和逆反。幸好她还有学习意识，参加了教育类的讲座，被一语点醒。在社会飞速发展的今天，很多孩子们都与时俱进，进步神速。在这种情况下，父母也应该不断学习，跟上孩子的步伐。

作为一种需要毕生从事的“职业”，父母未经培训就仓促上岗，在职期间需要不断付出，而且还要应付孩子们接连不断的状况，的确是很辛苦。然而，这份职业是每个人都视为一生之中最重要的事业，经营的不但是我们自己的一生，也是孩子的一生。既然如此，千万不要漫不经心，而应该努力学习，不断进步。

# 亲子教育，爸爸不能缺位

随着社会的发展，人们的生存压力越来越大。以一个年轻的三口之家为例，很多妈妈为了照顾孩子，不得不调整自己事业发展的节奏，在有了孩子之后把重点归位于家庭，或者辞职成为全职妈妈，或者在兼顾工作的同时照顾家庭。总而言之，大多数妈妈在抚育孩子期间，事业上往往没有很大的起色。如此一来，承担家庭经济支柱的任务就落在爸爸身上。所谓分工不同，当妈妈全心全意照顾家庭和孩子的时候，爸爸必然把更多的时间和精力投入到工作之间，这样才能维持家庭收入和支出的平衡。如此一来，导致产生一种非常普遍的社会现象，即在家庭教育中爸爸的缺位。看似爸爸每天都会回家，然而，很多时候，爸爸早晨起床去上班的时候，孩子还在酣睡；爸爸披星戴月回家的时候，孩子已然入睡。这样，爸爸和孩子虽然在同一个家中生活，见面和交流的机会实则少之又少。这样的缺位，对于孩子的教育是莫大的遗憾。虽然妈妈能够无微不至地照顾孩子的日常生活，也能负责孩子的学习问题，但是在人格养成方面，爸爸的作用是不可取代的。

众所周知，女性往往比较阴柔。由妈妈带大的男孩，往往做事优柔寡断，胆小怕事；由妈妈带大的女孩，则女性特征更加明显。在孩子的教育过程之中，妈妈承担的是琐碎的事情，爸爸则能提升孩子的胆量，培养孩子的人格等。曾经有篇报道说，有个小男孩子的父母都是大学老师，这个小男孩从小主要由妈妈和小姨带大，他的幼儿园老师和小学老师也大部分都是女性，结果，男孩变得非常女性化。当爸爸发现这个问题后，第一时间就在网上招聘了一个大学生。对于这个大学生家教的主要工作，爸爸是这样描述的：教会他吃饭不洗手，摔倒了不哭，说话声音大一些。原来，这个男孩因为一直与女性相处，变得非常女性化，凡事都唯唯诺诺，不是调皮捣蛋的男孩。这个父亲在看到孩子如此乖巧懂事之后，马上就意识到问题所在，不但自己注意多多与孩子接触，更是聘用大学生专门带着孩子疯狂玩耍，直到忘乎所以。

朱朱是个7岁的小男孩。通常情况下，他这么大的孩子最喜欢的地方应该是游乐场等。然而，朱朱从来不敢去。有一次，爸爸带他去游乐场，他只敢玩那些三四岁的孩子玩的项目，连摩天轮都不敢坐。看到朱朱胆小的样子，爸爸问："朱朱，你每次和妈妈来游乐场都玩什么呢？"朱朱说："我从来没和妈妈来过游乐场，妈妈会带我去公园玩那些健身项目。有一次我们来游乐场，玩的都是小型的，因为妈妈也很害怕。看到妈妈害怕，我就更加害怕。"朱朱的话让爸爸陷入了沉思，原来，一直以来，朱朱都由妈妈照顾长大，爸爸主要负责挣钱养家。看着个子高高的儿子胆子却这么小，爸爸不由得郁闷起来。

假期结束后，重新开始工作的爸爸主动找领导调换了工作岗位。他之前的工作每个周末都要加班，休息的时候刚好是在工作日，和朱朱完全错开。现在，他申请的新岗位是周六日休息，这样一来，他就可以在周六日陪伴朱朱整整两天时间。一年之后，朱朱简直就像变了一个人。他最喜欢周末的时候和爸爸一起去游乐场，或者去爬山。他的胆量甚至超过了爸爸，在很多具有危险性的项目面前，还鼓励爸爸要勇敢一些呢！看着如今俨然已经成为男子汉的朱朱，爸爸不由得心花怒放。

男性和女性不但生理上有着很大的不同，在心理上也有巨大的不同。因此，男性在孩子的教育过程中起到的作用，是任何女性都无法替代的。对于孩子来说，和爸爸在一起会更加有安全感，因为爸爸是力量的象征。

爸爸在孩子成长中无可取代的重要作用，可不仅仅是口头上说出来的。有教育学家经过研究发现，孩子和父亲接触得越多，和父亲的关系越亲密，智力发展也就越高。和那些一周之中与父亲接触不到两个小时的孩子相比，每天与父亲接触时间长的孩子，智商明显更高，心理承受能力更强，在人际关系中也更加主动。既然如此，缺位的爸爸们赶紧官复原职，尽职尽责吧！

# 角色互换，寓教于乐的好方法

从某种意义上来说，亲子关系是一种对立的关系，因为父母和孩子是各为主体。正是因为这种对立，所以在亲子关系其乐融融的表面现象下总是暗流涌动，时常会爆发矛盾和冲突。归根结底，我们都无法真正地站在对方的立场上考虑问题，孩子既不了解父母的出发点和思虑，父母也无法站在孩子的角度看待问题，体谅孩子。由此一来，矛盾就爆发了。当看着自己辛苦抚养长大的孩子像看仇人一样看着自己，那种感觉真的是万念俱灰。尤其是当冲突集中爆发的时候，心寒的父母简直忍不住要扪心自问：我什么要生他养他？没错，你为什么要生他养，绝不是为了让他回报于你，更不是为了让他与你做对。一旦弄清楚亲子冲突爆发的根源，解决也就指日可待。

孩子天性爱玩，他们也许不喜欢父母的说教，但是如果父母愿意耐心陪伴他做些小游戏，他一定会乐此不疲。这个游戏的名字叫：角色互换。很多父母抱怨孩子不能理解自己的苦心，不能体谅自己的辛苦，也有很多孩子抱怨父母不能走进自己的世界，知道自己的喜怒哀乐。既然如此，为什么不把孩子变成父母，把父母变成孩子呢？如此一来，所有问题都迎刃而解了。既可以让孩子体会父母辛苦工作一天再照顾家庭的劳累，也可以让父母了解孩子的诸多苦恼。由此一来，一定是皆大欢喜，彼此理解。

近来，楠楠总是抱怨妈妈做的菜不好吃，一到吃饭的时候就眉头紧皱，好像妈妈逼她吃下的是毒药似的。妈妈也很头疼，她工作一天了，回家还要辛苦地做饭，却换来楠楠的抱怨。思来想去，妈妈想到了一个好办法。她决定和楠楠角色互换一天，让楠楠当妈妈，妈妈当楠楠。听到妈妈的这个主意，楠楠拍手叫好。

这一天，妈妈六点钟就把楠楠喊醒了，因为楠楠要为一家人准备早餐。虽然只是简单的鸡蛋、牛奶和面包，楠楠还是忙活了好大一阵子。七点半，楠楠准时和妈妈出门，去帮妈妈上班。妈妈是超市收银员，楠楠当然不可能取代妈妈的工作，不过她要陪着妈妈站上整整一天。上午才刚刚过去，楠楠就坚持不住了。她不停地问妈妈什么时候能休息，好不容易才等到午饭时间。午餐时间很短暂，因为是轮流吃饭，所以楠楠和妈妈急急忙忙地吃完饭，就又回到收银台边。下午对楠楠来说简直是煎熬，她觉得小腿又酸又痛，简直像灌满了铅。等到妈妈下班之后，楠楠迫不及待地想要回家躺在柔软的沙发上，但是妈妈提醒她："今天，你作为妈妈，应该买菜做饭哦！"楠楠只得拖着沉重的双腿，去市场买菜，再拎回家。到家之后，她不但腿疼，手也被菜篮子勒出了红红的印记。因为是楠楠做饭，所以晚饭很简单，煮面条。楠楠皱着眉头洗好青菜，又烧了一锅开水，煮了一锅面条。虽然忘记放盐了，但是当坐到餐桌旁吃饭的那一刻，楠楠觉得自己吃的是最美味的面条。吃完饭刷碗，然后洗漱，直到九点钟，楠楠才把洗衣机里的衣服晾晒好，坐到沙发上。这时，她感慨地对妈妈说："妈妈，我以后再也不挑食了。其实，我并没有真的像你一样工作，也没有辛苦地做菜做饭，只是煮了一锅面条，就觉得特别累了。妈妈，我知道了，你真的很辛苦。"

果然，从此之后，楠楠再也不挑剔妈妈辛苦做好的饭菜了。相反，她总是力所能及地为妈妈分担一些家务活，让妈妈有片刻的时间休息。

很多时候，父母讲了很多遍的道理，孩子未必真的能够理解。与其不厌其烦地去说，还冒着激起孩子逆反心理的危险，不如和孩子互换角色，让孩子切身体会父母的辛苦。这样的一次角色互换，远远胜过若干次的说教。当然，角色互换不仅可以帮助孩子体谅父母的辛苦，也可以帮助父母设身处地地站在孩子的视角，以孩子的立场思考和解决问题。如此一举两得的好办法，何乐而不为呢?

# 第五章

## 学会倾听孩子的内心

### ——了解是一切沟通的前提

很多人都知道盲人摸象的后果，盲人摸象当然是可笑的。然而，生活中有常常会发生盲人摸象的现象，只不过当事人从不自知而已。诸如在亲子教育中，大多数父母都希望能够洞察孩子的内心，并且自以为洞察孩子的内心，因而理直气壮地对孩子指手画脚。实际上，他们根本不了解孩子的心里在想什么，更不知道孩子真正需要的是什么，这就导致亲子之间的沟通常常产生误解。要想与孩子更好地沟通，父母首先应该做的就是倾听孩子的内心，了解孩子的真正想法和需求，这样才能有的放矢，事半功倍。

# 倾听孩子喋喋不休的诉说

日常生活中，很多妈妈对于孩子喋喋不休的倾诉表现出厌烦的模样。尤其是当妈妈忙于做家务时，当孩子在一旁以不太纯熟的语言组织告诉妈妈幼儿园里一天之中发生的各种事情时，或者向妈妈倾诉自己小小心思里隐藏的烦恼时，妈妈往往以“快去玩吧，妈妈忙着呢！”“快去看动画片吧，妈妈要抓紧时间做饭呢！”搪塞孩子。当妈妈说完，孩子们往往会落寞地走到一边，默默地玩玩具或者看动画片。他们小小的心灵里一定在想：妈妈为什么从来不关心我呢？很多父母都抱怨，随着年岁渐长，孩子与父母之间的距离也越来越遥远，他们似乎不再像小时候一样亦步亦趋地跟着父母，而是开始渴望拥有自己的独立世界。其实，并非是孩子越来越远离父母，而是父母越来越没有时间倾听孩子。在孩子还是个婴儿的时候，父母恨不得目不转睛地看着孩子成长，然而，随着孩子渐渐长大，他们也迫不及待地想要挣脱孩子的束缚，重新回到自己无拘无束的生活。因此，常常有孩子不到两岁就被送进幼儿园，或者委托给爷爷奶奶姥姥姥爷抚养。为什么，我们不能再给孩子一点点时间去倾诉呢？要知道，在他们稚嫩的心里，始终以为父母就是他整个的世界啊！

就和人们恋爱一样，相爱的男男女女，总是迫不及待地想要和自己所爱的人分享快乐，分担痛苦。孩子其实也是如此，他们的世界里只有父母，同时，父母也是他们最信任和最依赖的人，所以，他们也同样需要和父母倾诉与分享。当这一扇门被忙碌的父母无形中关闭，孩子的倾诉也就少了一个至关重要的渠道。父母对孩子真正的爱，是让自己习惯孩子的慢生活，耐心地等待孩子成长，用心地倾听孩子诉说。这才是真正有爱的父母。

眼看就要过春节了，米菲从很早之前就问妈妈：“妈妈，我们的春节去哪里过呢？”原来，米菲妈妈是四川人，米菲爸爸是东北人。在米菲心里，她更加喜欢四川的春节，不那么冷，也因为她小时候跟随姥姥生活了一段时间，所以四川有她好几个小伙伴。每当米菲这么问的时候，妈妈总是不耐烦地说：“春节再说吧！你现在问我，我怎么知道？”听到妈妈的回答，米菲正准备说些什么，妈妈就会毫不犹豫地打断她：“快去玩吧，妈妈忙着呢！你呀，整体就知道玩。现在放假了还不够你玩的，你还盼着春节！”这时，米菲就会郁郁寡欢地离开。

眼看着春节的日子越来越近，爸爸妈妈因为忙于工作，还没有开始春节假期，因此也没有决定要去哪个老家过节。米菲心里越来越着急，便给妈妈写了一封信：“妈妈，我知道你工作很忙，我只是想和你确定我们将会回到哪里过春节。我已经两年没见姥姥和我的小伙伴了，我盼着过年并不是为了玩耍。上次通电话，听姥爷说姥姥现在身体不好，如果回四川过春节，我想给姥姥准备一份新年礼物，也想带些小礼物给我的伙伴们。妈妈，如果方便的话，你能告诉我咱们回哪里过春节吗？妈妈，耽误您宝贵的时间了。”由于刚刚读二年级的米菲还有些字不会写，所以这封信里掺杂着很多拼音。妈妈费力地看完米菲的信，心里突然感觉酸酸的。是啊，她整日忙于工作，几乎没有时间思考回家的问题。转眼之间，她作为独生女已经两年没有回到家乡看望父母了。当即，她就和米菲爸爸商量，决定去四川过春节。

孩子稚嫩的心里，也有千千结。虽然作为父母，常常忽视孩子的愿望，觉得孩子整日只知道玩耍，其实孩子也是有着小大人的心思的。事例中的米菲，为了给姥姥姥爷和小伙伴们准备礼物，所以很早就开始询问妈妈去哪里过春节，但是妈妈却因为忙于工作，从没有正面回答米菲的问题。当看到米菲的信时，妈妈的心里一定温暖。在这种情况下，她肯定会后悔没有早早地问问米菲那么关心回哪里过春节的问题吧！

作为父母，一定要给予孩子足够的尊重和重视。只有认真倾听孩子的心声，才能明白孩子心中的所思所想，从而更加细致地了解孩子的需求和感情诉求。父母们，请准备好你们的耳朵，充当孩子最知心的好朋友吧！

## 不要让偏见蒙蔽了你的心

日常生活中，我们常常提醒别人不要戴着有色眼镜看人。这是因为，戴着有色眼镜看人，非但不能客观地认知和评价他人，还会对人产生误解。然而，这个世界虽然是客观存在的，每个人却都难免带有主观的色彩看待一切。要想还原世界以客观真实，我们就必须尽量抛开偏见，以与时俱进的眼光看待他人，以客观公正的态度评价他人。其实，偏见不仅仅存在于成人之间，很多时候，亲子关系之中也会存在偏见。例如，很多父母自以为了解孩子，在孩子经过一段时间的进步已经有了巨大改变的情况下，依然以老眼光看人，给予孩子不公正的评价，导致孩子内心受到严重打击。这种行为居然发生在父母对待孩子的时候，听起来简直不可思议，但是实际生活中亲子之间这样的情况时常发生。正因为父母自以为是最了解孩子的人，所以他们才不分青红皂白，就武断地评价孩子。殊不知，孩子正处于快速学习和提升自己的阶段，他们几乎每天都有很大的进步。再加上社会正处于瞬息万变的发展之中，孩子进入学校之后，也会接受系统的学习，在道德认知方面也会飞速提高，所以父母应该以与时俱进的眼光看待孩子，这样才能跟上孩子进步的脚步。

父母对于孩子的偏见体现在诸多方面，尤其是生活中的各个细节。例如，孩子在进入幼儿园之前喜欢挑食，只爱吃肉不爱吃青菜。进入幼儿园之后，孩子和很多小朋友一起吃饭，在老师的教导下不再挑食。但是，父母却没有及时了解这一信息，在家里做饭的时候，依然只给孩子吃肉，自以为孩子依然不爱吃青菜。实际上，孩子已经变得胃口很好，不管什么菜啊肉啊，都会毫不挑剔地通通吃光了。再如，孩子从小就特别调皮，总是和邻居家的小朋友打架。进入小学之后，孩子听老师讲道理，知道不能欺负小朋友，更不能和小朋友打架。然而，在一个周末和小伙伴玩耍时，小伙伴因为自己不小心摔倒了所以哭起来，父母这时倘若冲出来就先批评自家孩子一顿，孩子一定会觉得万分委屈。也许有些父母会说，很多时候，孩子在学校的进步作为父母并不能及时知晓啊。那么，要想改变这个现状，首先要做的就是询问和倾听。在教育孩子的过程中，在亲子关系中，最忌讳的就是在不了解真相的情况下，就妄下定论。不管什么事情，如果作为父母能够耐心地询问，问清楚孩子事情的原委，那么就会少一些误解，多一些理解，对孩子也会少一些伤害，多一些尊重。

在初三那年，原本学习成绩很好的浩浩，因为沉迷于玩网络游戏，学习成绩一落千丈，从班级前十名一下跌落到倒数几名。面对这样的情形，爸爸非常生气，妈妈则伤心不已。爸爸狠狠地揍了浩浩一顿，妈妈呢，好几天都哭哭啼啼。看着妈妈伤心的样子，浩浩决定利用最后的两个月时间好好学习，争取考入重点高中。虽然浩浩浪子回头，无奈中考已经迫在眉睫。虽然经过两个月的努力，浩浩依然与重点中学失之交臂。为了不耽误浩浩的学习，爸爸妈妈拿出辛苦积攒的几万元钱，让浩浩进入私立高中学习。看到爸爸妈妈为自己的学习付出这么大的代价，浩浩暗暗下定决心要努力学习。

果然，高一、高二期间，浩浩的学习成绩直线上升，又进入到班级前十名。然而，刚刚进入高三的第一次月考，浩浩的成绩就严重滑落。在被班主任老师座谈后，爸爸一下子想起浩浩初三时的表现，不由得怒火中烧。他恼怒地训斥浩浩："你这个不省心的家伙，你是不是又开始玩游戏了？难道，你真的要葬送自己的一辈子吗？"面对爸爸的训斥，浩浩一声不吭。后来，妈妈走进浩浩的房间，柔声细语地问浩浩："浩浩，你到底怎么了？"浩浩看着妈妈，委屈得直掉眼泪。他告诉妈妈："妈妈，考试那天，我胃疼了。考试过程中，我的胃一直在疼，疼得我头昏脑涨，浑身发抖。校医说我是胃炎，给我开药了。我怕你和爸爸担心，就没告诉你们。”原来，浩浩就读的高中离家里很远，他怕爸爸妈妈知道他有胃炎，担心他在学校吃不好，就没有和爸爸妈妈说。听了浩浩的倾诉，妈妈又担心又高兴。担心的是儿子的病，高兴的是儿子都知道心疼父母了。后来，妈妈为浩浩买了一些红糖姜茶，让浩浩去学校后每天都喝两杯暖胃。果然，在第二次月考的时候，胃炎已经痊愈的浩浩考了全班第三名。从此之后，浩浩在学习上再也没有让爸爸妈妈操心，在高考中顺利地考上了名牌大学。

上述事例中的浩浩，的确因为玩游戏而导致中考失误。然而，浩浩长大了，知道父母拿出辛苦积攒的钱供养他读私立高中很辛苦，所以学习上一直很用心。让浩浩伤心的是，仅仅一次月考没考好，爸爸就再次怀疑他玩游戏。幸好，妈妈还是比较有耐心的，也愿意相信儿子。在妈妈的仔细询问下，浩浩才说出了委屈。

父母为什么常常以偏见看待孩子呢？就是因为父母自以为是最了解孩子的人，因此总是盲目地戴着有色眼镜看孩子。殊不知，孩子也是有思想的独立个体，他们随着社会经验和阅历的增加，处于飞速学习的阶段。在对孩子进行教育之前，父母一定要先了解孩子的现状，给予孩子足够的尊重，千万不要让孩子因为遭到误解而受委屈，不然一定会打击孩子进步的积极性。

## 孩子也需要你设身处地地为他着想

作为父母，我们常常抱怨孩子不理解我们的良苦用心，恨不得把我们的心打开给孩子看一看，点点滴滴的心思都是完全为了孩子好。的确，很多孩子都只能站在自己的角度考虑问题。尤其是在孩子小的时候，他们根本不曾接触成人世界，所以更加无法体谅父母的辛苦。然而，反过来说，我们又能否理解孩子并且真正做到为孩子着想呢？很多父母一定会异口同声地说，我们当然是为孩子着想的。现实问题是，我们根本不了解孩子，所以也就不能真正从孩子的需求出发，做到切实为孩子着想。父母是为了孩子好，这一点毋庸置疑。但是，父母未必是真的为孩子着想。大部分父母都不了解孩子，因为我们已经习惯了高高在上地对待孩子。从生活中最小的细节出发，我们以为吃菠菜好，就使劲逼着孩子吃菠菜，哪怕孩子爱吃的是小白菜也不行。再如，孩子明明喜欢画画，我们却非逼着他们去学钢琴，就因为我们自以为学钢琴是高大上的，可以进行才艺展示。再往大里说，孩子不管是工作，还是结婚，父母都会马上发表意见，恨不得让孩子按照他们自以为好的方案进行。这些，都是父母不理解孩子的表现。

不但父母常常抱怨孩子不理解他们的苦衷，孩子心里也有一肚子苦水，抱怨父母从来不会设身处地地为他们着想。曾经有位朋友说，她自以为很了解孩子，也很贴心孩子。然而，有一次，她偶然地蹲下去和孩子说话，却发现孩子看世界的角度和她完全是不同的。因为身高的关系，她每天看家里的沙发等等，都觉得很矮小。然而，蹲下来之后，她才发现，这些家具在孩子心里都是庞然大物。这也解释了每个人心中的一个奇怪现象：回想小时候的生活，觉得老家的土路非常宽阔。如今，再回到家乡看看，那条路只是一条两米宽的小路。这就是看待问题的视野和角度。当孩子感受到父母真正在从他（她）的角度出发，以他（她）的需求为主，贴心地为他（她）解决问题，亲子关系如何会不好呢？

淘淘上幼儿园大班了，再有一年就读小学。相比较幼儿园小班和中班主要以玩为主，大班开始教简单的数学加减法和语文的拼音。因此，课程还是相对比较重要的。一个冬日的清晨，淘淘醒来之后，突然发现大地银装素裹，美丽极了。原来，夜间降了一场大雪，地上是厚厚的积雪。在全球变暖的今天，即使在北京，这样的大雪也不多见了。淘淘遗憾地想：如果今天不用上幼儿园，我就可以痛痛快快地堆雪人了。

吃完早饭，淘淘满含期待地看着妈妈，说："妈妈，这么大的雪，真白啊！要是等到放学，雪是不是就变脏了？"妈妈似乎看透了淘淘的心思，故意逗他说："是啊，下午放学的时候，雪就被人踩踏过了。不过，你可以堆个脏兮兮的雪人啊！"看着淘淘沮丧的脸，妈妈不由得笑起来。淘淘仿佛要哭了，说："这场雪真大啊，要是现在堆，一定能堆一个大大的雪人。"这时，妈妈忍俊不禁，笑着说："是的。那么，淘淘想不想现在就去堆雪人呢？"淘淘马上两眼放光，说："当然，当然想啊！妈妈，可以吗？""你这个贪玩的家伙，放心吧，妈妈已经给你请假啦，你可以放心地玩一整天的雪。不过，晚上你回家之后必须做作业，妈妈帮你补上今天的课程。"淘淘高兴得一蹦三尺高，连连点头答应妈妈。让妈妈感到惊奇的是，淘淘晚上非常配合妈妈，不但把落下的功课补上了，还主动练习写阿拉伯数字。在很长一段时间内，他都非常乖巧，很听妈妈的话。

因为妈妈的体谅，主动帮助淘淘请假，以免错过这场罕见的大雪，淘淘和妈妈之间的关系转眼间就亲密多了。也许在淘淘心里，只有朋友才会考虑他的感受，带着他一起逃课玩雪吧！这样的妈妈，淘淘非常喜欢，也很感动。虽然他还不能清楚地表达自己的感受，但是他的言行举止已经证明了他的态度。

父母们，你们也可曾像淘淘妈妈一样带着孩子逃课堆雪人呢？学习的确很重要，但是快乐更重要。当然，淘淘是处于幼儿园阶段，少上一天课并无大碍。这一点，不能盲目模仿淘淘妈妈，而是要根据实际情况权衡利弊，酌情处理。这只是一件小小的事例，生活中有很多为孩子设身处地着想的机会，父母们要做的就是不要打着为孩子好的旗号，强迫孩子按照父母的意愿生活。记住，孩子的需求才是第一位的！

# 理解，让孩子尽情倾诉

虽然倾听在亲子关系中无比重要，但是如果孩子不愿意倾诉，一切就都是空谈。父母倾听的前提是孩子愿意倾诉。那么，如何才能打开孩子的心门，让孩子尽情倾诉呢？试想这样的一种生活场景：“妈妈，我今天和同学打架了！”“你这个孩子，就知道惹祸。和你说了多少遍了，让你不要惹是生非，你怎么就记不住呢！”“……”当然，生活中也不乏这样的情形：“妈妈，我挺喜欢我们班的张雪……”“什么，等等，等等，喜欢？难道你早恋了？你还想不想考大学啊，早恋的孩子没有一个能考上大学的，你怎么能早恋呢！”“没有……”的确，对于孩子来说，面对父母的回答，已经没有兴趣再继续说下去了。因此，为人父母者，当抱怨孩子不喜欢倾诉的时候，不妨想一想是什么让孩子兴致索然，再也不想继续说下去。归根结底，是父母的态度和交谈的方式。很多父母总是不管原因地否定孩子，无论孩子做什么，在他们那里都得不到理解，而是一味地否定。再如，很多父母和孩子交谈的时候，根本没有欲望。他们恨不得马上终止和孩子的谈话，似乎他们以为对孩子的责任就是灌输一个道理。其实，是他们不知不觉间关闭了孩子的心门，等到他们迫不及待地想要探究真相时，孩子已经失去了表达的兴致。

要想解决这个问题，关键在于父母要理解孩子。只有父母的理解和体谅，才能让孩子感受到尊重和善意，也才能让孩子保持交谈的兴趣，继续说下去。就像上述两个场景，如果妈妈能够换一种方式回答，结果将会迥然不同。场景一：“妈妈，我今天和同学打架了。”“哦，为什么呢？”“因为……”只要三个字“为什么”，孩子就会觉得妈妈还是相信他的，相信他不会无缘无故地和同学打架，一定是有原因的。那么，为了妈妈的信任，他一定会把原因详细地告诉妈妈。场景二：“妈妈，我挺喜欢我们班的张雪……”“哦，是嘛，我想，她一定很优秀。告诉妈妈，你喜欢她什么？”“她不但人长得漂亮，学习也特别好。最重要的是，她非常乐于助人，今天还教会了我一道数学题。”“听你这么说，张雪的确是很不错。不过呢，我儿子也不赖。我想，如果你能够让自己奋起直追，学习成绩与她不相上下，要是以后能考入同一所大学，那肯定能够近水楼台先得月，把这个漂亮姑娘追到手。”“嗯，放心吧，妈妈，我会努力的！”不同的回答，换来截然不同的结果。对于孩子来说，父母的理解比什么都重要。也许，从此之后，孩子还会经常和妈妈就关于张雪的事情展开探讨，真的如妈妈所鼓励的那样，奋起直追，和张雪一起考入名牌大学，当然是皆大欢喜的事情。显而易见，这样的妈妈，才是充满智慧的妈妈。

有一天，张明放学后怒气冲冲地回到家，爸爸问他怎么了，他大喊道：“我和李渡以后再也不是好朋友了！”说完，他就冲进自己的房间，很久都没有出来。这和张明每天放学乐呵呵的模样截然不同，爸爸很纳闷：张明和李渡是最好的朋友，他们不但是小学同学，现在初中也是同班同学。可以说，他俩是光着屁股一起长大的呀。吃完晚饭，爸爸问张明：“张明，你和李渡不是好朋友吗？你们之间发生了什么事情？”张明生气地把事情的原委讲给爸爸听，原来，李渡在张明和另外一个同学打赌的情况下，无意间出卖了张明，导致张明输了一本书。听到这个理由，爸爸理解地说：“爸爸知道，你一定不是因为那本书才生气的。因为，你和李渡的友谊比那本书更加重要。我想，你是因为丢了面子才生气。”张明毫不犹豫地说：“是啊，我原本肯定能赢的，他却害得我输了。”爸爸对张明表示了深深的理解。又过了一会儿，爸爸貌似无意地问：“张明，既然你和李渡不是好朋友了。他曾经送给你的篮球，你还要吗？如果你不要了，正好我们单位要向希望小学捐献一批文具，我想可以把它捐出去。”张明沉思片刻，说：“爸爸，那个篮球是李渡最喜欢的东西，他把它送给了我，我不能捐出去。”爸爸装作惊讶的样子，问：“是哦，李渡真大方，把他平日里根本舍不得玩的篮球送给你。他一定很在乎你们的友谊。”听了爸爸的话，张明很久没说话。

晚上睡觉之前，张明对爸爸说：“爸爸，我决定原谅李渡了。毕竟，他不是故意出卖我的。而且打赌输了也没什么，我和李渡还是好朋友。”爸爸终于放心地说：“太好了，儿子，爸爸很高兴你做出这样的决定。朋友是人生之中的陪伴，友谊是最值得珍惜的情谊之一。我们很难得才会拥有一个朋友，所以也不要轻易失去。”张敏连连点头，说：“爸爸，你说得对！”

在上述事例中，如果爸爸一开始就教育张明应该珍惜朋友，珍惜友谊，张明因为愤怒，一定很难听得进去。爸爸非常聪明，他先是对张明的遭遇表示了理解。之后，又佯装不知请地提醒张明李渡非常重视他这个朋友，所以把最心爱的篮球送给他。最后，在张明决定依然和李渡是好朋友之后，爸爸才说出其中的道理给张明听。正是因为爸爸的理解，张明才会把前因后果都讲给爸爸听，情绪也才能得到宣泄，最终依然选择和李渡当好朋友。

父母们，我们都应该和张明爸爸学习。在孩子情绪激动的时候，千万不要试图讲道理或者纠正孩子的错误观念，否则必然起到事与愿违的效果。只有对孩子表达出理解，才能让孩子更加乐于倾诉，从而在倾诉的过程中宣泄情绪，恢复平静，做出理智的选择。

## 不要忽略孩子的求救信号

孩子在成长的过程中，常常会遭遇很多艰难的时刻。虽然有父母陪伴在身边，但是父母毕竟不能感同身受。虽然父母始终都在无微不至地照顾孩子的日常起居，也关心孩子的学习和精神，但是，他们始终无法切身感受到孩子的苦恼。孩子的心理和生理一样始终处于发育过程之中，他们的心灵非常脆弱，无法坦然面对社会上的风风雨雨。年幼的孩子还好，他们主要以生理需求为主。随着年龄渐渐增大，他们变成以精神需求为主。这时，父母就要更加密切地关注他们。必要的时候，还可以通过观察孩子的言行举止，洞察孩子的内心。

科学研究显示，青春期的孩子是最叛逆的时候。幼儿和儿童时期，孩子自残的概率只有1%。进入初中，尤其是到初三的时候，自残的概率居然高达5%，之后渐渐降低，直到高三时期，自残概率降低到2%。由此可见，青春期的孩子是最为叛逆，心理需求最强，且心理最脆弱的时候。青春期的孩子总是状况百出，这是几乎每一个经历过孩子青春期的父母深深的感慨。最让人紧张的是，这个时期的孩子对父母也产生了一定的防范和抵触心理，自己又无法很好地排解情绪。在这种情况下，唯有父母尽量细心地观察孩子，通过孩子突然改变的言行举止了解孩子的内心世界，才能防患于未然。

近来，原本活泼开朗的白雪突然变得很内向。爱笑的她，现在总是眉头紧皱，似乎每天都有无限的烦恼。有一次，妈妈和白雪一起去浴室洗澡，突然发现白雪的手臂上有着一块块小小的青紫。妈妈很惊讶，问："白雪，学校里有人打你吗？"白雪什么也不说，只是摇摇头。为了弄清楚真相，妈妈找到老师，了解白雪的情况。老师说："这个孩子最近突然变得很内向，也不爱笑了，我也很纳闷，正想找你们问问呢。不过，有一点是肯定的，学校里肯定没有同学打她，不然我一定会知道。"妈妈说："那么，她的手臂上为什么会有淤青呢？"在了解淤青的样子后，老师似乎突然想起了什么，说："白雪妈妈，我前几天看到一篇文章，上面说青春期的孩子很容易自残。那么，会不会是白雪自己掐自己呢？"妈妈想了想，对老师说："我回家之后多多观察她。"就这样，妈妈带着疑问告别老师，回家了。

当天晚上，妈妈就开始观察白雪。果不其然，白雪胳膊上又多了一块淤青。既然没有别人掐白雪，那么肯定就是白雪自己掐的了。妈妈调整好情绪，非常耐心地问白雪："白雪，你为什么要自己掐自己？"刚开始时，白雪并不愿意告诉妈妈原委，只是沉默。后来，在妈妈再三追问下，白雪才说："压力太大了，我掐自己感到舒服一些。"妈妈哭笑不得，问："孩子，上学学习成绩好坏是很正常的啊。你为什么有这么大压力？"白雪这才哭着说："爸爸每隔几天都会提醒我，如果考试考不好，就会让你们多花好几万块钱，才能上重点高中。我要是考好了，就算是挣钱了。”妈妈恍然大悟，说：“白雪，别听你爸的。你爸是逗你的，却给你造成了这么大的压力。你就考出真实的水平就行。你这么努力，不管结果如何，妈妈都知道你尽力了。”在妈妈的再三安抚下，白雪总算平静了。

妈妈把白雪的表现告诉爸爸后，爸爸再也不给白雪施加压力了。白雪呢，因为心情放松，学习上反而有了一定的进步。

上述事例中，白雪的自残行为就是一个非常明显的求救信号。虽然这个信号不是针对爸爸妈妈发出的，但是却明显表现出白雪的心理承受着巨大压力。幸好妈妈非常细心，在和白雪一起洗浴的时候及时发现了白雪的异常。因为及时找到了原因，才能排解白雪的忧郁情绪，帮助白雪恢复快乐和心理健康。

现代社会，不仅成年人承受着巨大压力，孩子们也面临着巨大的升学压力。作为父母，一定要细心观察孩子，及时发现孩子的异常。只有在孩子发出求救信号的时候及时伸出援手，父母才能帮助孩子，更好地面对未来的生活。

## 不同性格的孩子，要区别对待

曾经有位名人说，这个世界上没有完全相同的两片树叶。同样的道理，这个世界上也没有完全相同的两个人。即使是长相完全相同的双胞胎，性格也是完全不同的。千人千面，同样，世界上每个人都有独特的个性。因为孩子们还小，作为父母，常常忽略他们的性格。实际上，自从诞生之日开始，即使还是襁褓中的婴儿，孩子们也有了自己的脾气秉性。只要父母细心观察，就能发现孩子的性格是属于哪种类型的，从而针对孩子不同的性格教养孩子，起到事半功倍的效果。反之，则会事倍功半，甚至事与愿违。例如，孩子明明是内向的性格，需要父母给予极大的耐心和鼓励，他才能鼓起勇气去尝试新鲜事物，但是父母却以粗犷的方式教育孩子，大刀阔斧地让孩子接受挑战，甚至因为孩子的畏缩而心生厌烦，打击孩子信心，那么孩子只会变得更加怯懦。这就和世界上有很多种名贵的花朵，我们必须提供给它们合适的土壤、温度和阳光、水分，它们才能更加美丽地绽放，是相同的道理。

归根结底，你了解你的孩子吗？从大的方面来分，人的性格可以分为胆汁质、黏液质、多血质、抑郁质。胆汁质的人通常比较兴奋，表现出热烈奔放的特征。他们精力旺盛，很少感到疲倦，特别容易冲动，办事不够细心。黏液质的人与胆汁质正好相反，他们非常安静，韧性极强，非常勤劳。和胆汁质相比，他们的行动显得比较缓慢，但是非常稳重。他们很专心，不会冲动，也很少三心二意。他们喜欢坚持不懈地做一件事情，注意力很集中，灵活性上有所欠缺。多血质是最活泼的，很善于人际交往，适应环境的能力特别强。他们的兴趣多种多样，很容易表现出强烈的积极性，但是注意力很容易转移，喜欢新鲜事物。抑郁质的人呢，则显得不太合群，性格孤僻，多愁善感，不过，他们的观察力是很细致的。当然，随着心理学的不断发展，人们现在喜欢更加细致地区分性格特征，例如开放型、较真型、完美型、多疑型、内向型、认知型、活跃型、成就型等等。要想更好地了解孩子，做到因材施教，父母应该细心观察孩子，了解孩子的性格特征，针对孩子的特性因材施教。总体来说，各种性格的孩子还是区别很大的，如果不能因材施教，教育的效果就会大打折扣。

思思是个很胆小的女孩，也许是因为从小在爷爷奶奶身边长大，始终处于过度保护之中，即使家里来了客人，她也会吓得藏起来。自从回到爸爸妈妈身边之后，每次家里有客人来，藏在房间里不肯出来的思思都让他们觉得很尴尬。

有一次，思思的小姨带着孩子来思思家玩，比思思小一岁的妹妹吵着要和思思玩，但是思思却紧闭房门，千呼万唤也不出来。这时，爸爸在门外生气地说："思思，你可真是个胆小鬼，简直太丢人了。"这时，从事儿童心理教育工作的小姨马上制止爸爸，说："姐夫，你怎么能这么说孩子呢？思思从小在农村的爷爷奶奶家长大，认生是正常的。你这么说，她会更加胆小，不愿意出来玩。”说完，小姨在门口轻轻呼唤：“思思，小姨知道你有点儿害怕。不过没关系，妹妹比你还小一岁呢，她很需要你的保护。妹妹特别想玩你的小汽车，她不会玩儿，你可以出来教教她吗？”在小姨的再三鼓励下，思思终于打开房间的门，走了出来。小姨能看出来，思思其实看到小妹妹也有点儿害怕，不过因为要教小妹妹玩汽车，所以她只能给自己鼓劲。在玩耍的过程中，小姨一直在鼓励思思，让思思变得更加大胆。

傍晚的时候，小姨要带着小妹妹回家了，思思却依依不舍。小姨告诉爸爸：“姐夫，以后一定要多多鼓励思思。我观察了一下，她属于比较胆小的孩子，又加上刚刚回到家里有些认生。千万不要再用激将法对她了，那只会使她变得更加胆小。”后来，爸爸妈妈都非常注意鼓励思思，即使思思偶尔感到害怕，他们也一味地鼓励。果然，思思变得越来越大胆起来，不再那么胆小了。

思思是胆小型的孩子，又因为刚刚回到父母身边比较认生。在这种情况下，爸爸的激将法没有任何作用，只会使思思更加胆小。幸好小姨把针对思思性格的教育方法告诉了爸爸妈妈，爸爸妈妈才能及时改变，针对思思的性格特点开展家庭教育。

父母们，你们了解自己的孩子属于哪种性格吗？也许有的父母会说不知道，更没有人请教。没关系，现在儿童心理学方面的书籍有很多，只要稍微学习一下，你就可以相对准确地判断孩子的性格特征，也就可以做到因材施教啦！

# 第六章

# 蹲下来教育孩子

## ——放下家长的架子去接近孩子的心

一直以来，我们习惯于站在居高临下的高度俯视孩子。直到有一位教育专家说，和孩子交流的时候应该蹲下来，让自己的视线和孩子的视线齐平，你一定会看到不一样的世界。所以，我们之中有些人很努力才适应蹲下来和孩子说话。然而，这还远远不够。我们不但要蹲下来和孩子说话，更要蹲下来以孩子的角度思考问题，以童稚的心灵教育孩子。只有这样，我们才能真正走进孩子的世界，接近孩子的心。

# 不要对孩子颐指气使

有多少父母习惯了对孩子下达命令："赶紧穿衣服，不然就迟到了！""你必须吃菠菜，菠菜中含有铁！""你只能学习钢琴，不能学习其他的任何乐器，这样对你将来的人生有好处！""周六上午上瑞斯英语，我已经帮你报名了。"什么时候，父母在代替孩子做出某些决定之前，能够询问孩子的意见，尊重孩子的态度？什么时候，父母不再以命令的语气对孩子传达自己的指令，而是把孩子当成平等的个体对待？什么时候，父母能不再给予孩子自己认为好的，而是给予孩子他真正需要的？这一切，都是横亘在亲子之间的障碍。归根结底，父母应该调整自己的心态，不要把自己当成是孩子的所有人，也不要把自己当成是孩子的上司。唯有以对待朋友的态度去对待孩子，才能与孩子实现平等、民主的交流。

在人与人的交流中，交流的结果一则是由内容决定，另外，也由态度决定。所谓颐指气使，指的就是有权势的人以傲慢的态度对待他人。在亲子关系中，虽然有些事情看似不值一提，都是日常生活的小事，却往往导致矛盾的爆发。归根结底，是处理事情的方式和过程出现了问题。只有调整好自己的态度，让孩子乐于接受你的建议，你才能真正走进孩子内心深处。

一直以来，郎朗都与爸爸关系紧张，几乎到了水火不容的地步。原来，郎朗的妈妈在一次车祸中去世了，从此之后，郎朗只能和爸爸一起生活。因为家里一下子只剩下两个男人，生活似乎变得单调乏味起来。尤其是爸爸的表达方式，让郎朗特别难以接受。

有一次，郎朗和朋友瞒着家里人，一起开车去西藏游玩，意外出了车祸。原本爸爸非常担心郎朗。然而，在郎朗回家之后的第一时间，他马上开始批评郎朗："你什么时候才能长大呢？你总是这样肆意妄为，这次还差点害得朋友丢了性命。如果他们真的有个三长两短，我如何向他们的父母交代啊？"原本，爸爸在郎朗回家之前几乎要担心死了，事情最终的结果却是父子俩不欢而散。因为和爸爸之间关系恶劣，郎朗开始夜不归宿，叛逆心很强。为了避免郎朗误入歧途，爸爸决定送他出国。在郎朗毫不知情的情况下，爸爸就替他办好护照，联系好学校。然而，郎朗知道之后死活不愿意出国。其实，原因很简单：他不想按照爸爸的意愿生活。以前，郎朗很想出国，是爸爸不同意他出国。如今，爸爸办好了出国的一切事情，郎朗却因为爸爸想让他出国，而不再想出国。这岂不是很奇怪吗？后来，郎朗的老师受他爸爸的委托，和郎朗彻底地谈了一次。在理解爸爸的苦衷之后，郎朗才原谅他私自做出的这个决定，乖乖地出国留学。当然，老师也把爸爸进行了一通教育："郎朗爸爸，我觉得你应该改变和孩子交流的方式。其实，郎朗是很愿意出国的，但是他非常抵触你这种自作主张的做法。假如你能在做出决定之前和孩子沟通一下，哪怕只是形式上的，也会让孩子感觉自己受到尊重，就没有那么抵触了。你们父子之间关系一直紧张，这与你们相依为命的现实完全不相符。我想，一定是你的教育方式出现了问题，或者表达方式有问题。"经过老师的指点，爸爸也意识到自己的表达方式的确存在问题，尤其是对于郎朗这样个性很强的孩子来说，必须得尊重他，给予他民主和平等的对待。从此之后，爸爸改变和郎朗交流的方式，父子之间的关系果然缓和了。

每个人都不喜欢别人命令自己，包括孩子在内。一旦感受到他人命令的语气，孩子们马上就会变得叛逆，以此证明自己不愿意对他人言听计从。要先避免激起孩子的叛逆心理，父母在教育孩子的过程中就应该注意调整自己的语气。换言之，亲子之间的交谈其实是由父母掌握节奏和基调，只有父母能够做到心平气和、平等民主，孩子才能通情达理。

爸爸妈妈们，把孩子当朋友，你就一定不会再冲着孩子下达指令啦！

## 完整的表达方式，帮助孩子学会表达

如果你曾经和几个正在读幼儿园的孩子接触过，你就会发现处于语言发展黄金时期的孩子们表达方式差异很大。有些孩子说话的时候总是磕磕巴巴，每句话都是很短的句子，没有完整的成分。一旦着急，他们甚至会变得结巴起来，不知道如何表达自己的思想。有些孩子呢，说话慢条斯理，主谓宾一个也不缺，总是能把意思表达得顺畅通达。语言表达能力差的孩子，连表达自己的想法都很费劲，而语言表达能力强的孩子，可以讲述完整的小故事。这是为什么呢？按理来说，孩子们在同一个年龄段进入幼儿园，在幼儿园里接受的教育也都是一样的。作为最基本的交流能力，语言能力为何相差悬殊呢？究其原因，是家庭教育导致的。从婴儿呱呱坠地的那一天开始，父母就开始和他交流。甚至是当胎儿还在母体中时，就已经展开了交流，这就是所谓的胎教。在和孩子交流的时候，父母是怎样的语言习惯，往往影响孩子日后形成语言习惯。例如，当一岁左右的孩子开始会说两三个字，如果父母也学着他的样子，说“杯杯”“果果”“饭饭”，那么孩子的语言发展进程就会受到影响，因为父母的语言水平在接近于他。教育学家说，当孩子处于牙牙学语的阶段，父母一定要以正常的语调去表达，这样才能促进孩子的语言发展。

当孩子进入幼儿阶段，同时也进入语言发展的黄金时期，父母语言的表达方式，对孩子的影响力更加显现出来。在这个时期，虽然有的时候孩子听不懂长长的一句话，父母也一定要进行完整的表达。为了帮助孩子理解，可以把一句话分成几个小分句说，以便给孩子理解和消化的时间。当孩子习惯了这种表达方式，他们就会爱上这种清晰、准确的表达方式，自己也会养成相似的表达习惯。

乐乐和瑞瑞是幼儿园里的好朋友，乐乐上大班，瑞瑞读中班。每天幼儿园放学，他们的妈妈都会带他们去小区广场玩耍。因此，乐乐和瑞瑞非常熟悉，他们的妈妈也常常一起聊天。有一天，乐乐妈妈突然发现瑞瑞的表达很不连贯，尤其是着急的时候，就更加断断续续。瑞瑞妈妈也发现乐乐能够表达长长的一句话，还会讲一些简短的小故事。瑞瑞妈妈羡慕地说："乐乐真好，瑞瑞只比乐乐小一岁，差别怎么就这么大呢？"乐乐妈妈说："其实，不是差一年的问题。我发现了，你的性格也是比较着急，说话短促。我觉得，孩子是受到了你的影响。"

瑞瑞妈妈不理解，乐乐妈妈继续说："你看，我发现好几次了。孩子玩了一个小时左右，你会带孩子去买菜。这个时候，你就会说'瑞瑞，走，买菜。'其实，这样的表达方式对孩子是有负面影响的。当然，这可能是因为你的急脾气导致的，不过，为了对孩子好，我觉得你应该改改。"瑞瑞妈妈困惑地问："那应该怎么说呢？"乐乐妈妈说："你认为，'瑞瑞，妈妈带你一起去买菜，咱们走吧！'这样是不是更好呢？"瑞瑞妈妈不好意思地笑了，说："我没有你有文化，所以说话粗声大气的。你说得还真对呢！"就这样，瑞瑞妈妈经常和乐乐妈妈沟通，渐渐地改掉了自己的语言习惯。让她感到惊喜万分的是，随着她的改变，瑞瑞真的也改了。

上述事例中，瑞瑞正是因为受到妈妈的影响，所以说话也非常着急，而且都是几个字的短句。一旦形成这样的表达方式，他的思维方式也会间接受到影响。由此可见，瑞瑞妈妈改变表达方式还是很有必要的。

在日常生活中，每个人都有着急的时候。虽然在着急的时候我们很容易蹦出一些简短的句子，但是在和孩子交流的时候，一定要进行完整的表达。只有这样，孩子的语言发展才会更加快速，也有助于他们的学习和生活。

# 每日三问，对孩子很有好处

“左三圈，右三圈，脖子扭扭，屁股扭扭，早睡早起我们来做运动……”曾经，这首健康歌红遍了祖国的大江南北，男女老少都唱着这首歌，扭扭脖子扭扭屁股，锻炼身体。的确，要想身体健康，运动当然必不可少。那么，要想提高智力呢，有没有什么好办法？其实，父母们也可以每天帮助孩子做个智力的健身操，假以时日，孩子一定会变得勤思好问，智力有所提高。如果养成习惯，以后即使父母不再帮助孩子做智力的健身操，孩子也依然会保持勤于思考的好习惯。何为智力的健身操？顾名思义，运动就是让身体的每一个部位都活动起来，血脉畅通，智力健身操也有着异曲同工之妙，即让每一个脑细胞都左三圈右三圈地调动起来。只有这样，孩子们才会更加热衷于思考。开动脑筋进行思考，就是智力的健身操。

很多孩子都习惯于在父母的安排下按部就班地生活，科学研究显示，创造力才是影响孩子一生的能力。现代社会之所以摒弃应试教育，提倡素质教育，也是为了培养孩子们的创新能力、思考能力。很多出国游玩的人都会发现，在国外买回来送给亲戚朋友的一些商品，其实都是中国制造。这是为什么呢？究其原因，中国存在大量的代加工厂，而真正的创新技术却是为外国企业所掌握。所以，我们国家现在也正在由劳动密集型产业向创造产业转变和过度。归根结底，创造力才是生命。要想激发孩子的创造力，就必须让孩子勤于思考，勇敢地探求解决问题的办法。总而言之，问，才是提升智力的第一步。

如何才能激发孩子的求知欲和探索欲呢？这首先要求父母在家庭教育过程中，要能够引导孩子提问。当然，引导孩子提问的前提是，父母也要勤思好问。例如，妈妈接孩子放学回家的路上，可以与宝宝进行如下对话：“宝宝，你看树叶有什么变化吗？”“妈妈，树叶好像变黄了。”“这是为什么呢？”“我也不知道。妈妈，树叶为什么会变黄啊？”“因为秋天来啦。秋天来了，树叶就会变黄，然后掉落。”“妈妈，树叶还会再长出来吗？”“当然。等到冬天过去，春暖花开的时候，树叶就又会长满枝头的。”从以上这个情形中不难看出，宝宝之所以变得勤思好问，就是因为妈妈率先提出问题来引导孩子。很多妈妈在接孩子放学的路上或者行色匆匆，或者盯着手机边走边看，提醒各位妈妈不如利用这点有限的时间引导孩子多多观察外部世界，培养他们勤于提问的好习惯。当然，这只是亲子时光中一个小小的细节。要想培养出喜欢开动脑筋，拥有十万个为什么孩子，不管是爸爸还是妈妈，在亲子时光里都要多多留心哦！

在课堂上，不管老师问什么，泽泽几乎都以“不知道”作答。家长会上，老师特意把泽泽妈妈留下来，问：“泽泽妈妈，你们平时带泽泽一起看书吗？”妈妈羞愧地摇摇头，说泽泽平时都由奶奶带，很少看书。“那么，你们会与泽泽交流，了解泽泽吗？”妈妈说也没有。老师有些不悦地说：“你们这样当父母，实在是对孩子的不负责任。你知道吗，泽泽几乎是班级里知识面最窄的孩子，不管问他什么他都回答不知道。而且，他也很不善于表达，似乎对自己漠不关心。我想，这与你们给他留下的印象是有关系的。”听到老师对泽泽的评价，妈妈觉得很惭愧。她问：“老师，我们应该怎么做才能弥补呢？”老师直截了当地说：“即使你们工作再忙，也要抽出时间来陪伴孩子。老人带孩子往往只管日常生活，根本不去有意识地引导孩子。泽泽在学习上的积极性很差，别的孩子都有疑问，唯独他从来没有疑问。当然，这并不意味着他什么都会，而是因为他对一切都漠不关心。你们首先应该培养他观察外界，提出自己的问题，然后再帮助他养成积极探索真相的好习惯。这样，他一定会有改变的。”

家长会之后，妈妈把老师反馈的问题告诉了爸爸，爸爸也当即表示重视。他们把泽泽从爷爷奶奶家接回来，亲自抚育。爸爸妈妈几乎每天都会问泽泽几个固定的问题，还会随机地问泽泽一些问题。没过多久，泽泽居然也开始有了疑问。例如，他会问妈妈：“地球为什么是圆的？”“花儿为什么是五颜六色

的？”“冬天，河水为什么会结冰呢？”妈妈觉得非常欣喜，因为泽泽已经开动脑筋了。

亲子教育过程中，父母一定要尽量多抽出一些时间陪伴孩子。虽然如今很多父母都忙于工作，但是孩子的教育问题也不容忽视。一个孩子是否能健康快乐地成长，关系到一个家庭的幸福。既然如此，父母们还有什么理由忽视孩子的教育呢?

曾经有教育专家说，孩子是否勤思好问，往往决定了孩子一生的成就会有多大。在孩子小的时候，只有承担着教育重任的父母，才能教授给孩子更多的知识，帮助孩子养成勤思好问的好习惯。

## 和孩子交流时，保持目光的平视

因为占据身高上的优势，有很多父母和孩子说话的时候都俯视孩子。他们往往只能看到孩子的头顶，而无法清楚地看到孩子的面部表情。甚至有时候，孩子虽然已经表达了自己的情绪和感受，父母也会因为居高临下，而无法真正站在孩子的视角看待一切。每当这种情况下，亲子之间的冲突就会爆发。因为一高一矮的视线，亲子交流的时候很难进行视线的交流。人们常说“眼睛是心灵的窗口”。在成人的世界，我们在与他人交流时，往往会注视着他人的眼睛，因为这样可以捕捉到他人更加细腻的心思。那么，当面对孩子的时候，我们又是怎么做的呢？很多孩子因为年纪小，还不会完整地表达自己的所思所想。假如在和父母交流的时候不能做到目光的平视和交流，他们在表达自己的想法时就会更加吃力。反而言之，父母要想了解孩子，除了听孩子说，还应该捕捉孩子的眼神。既然如此，父母们还有什么理由不蹲下来，注视着孩子的眼睛说话呢?

在一个平安夜，妈妈带着丽丽一起参加亲朋好友间的聚会。这个聚会非常热闹，不但有美丽的圣诞树，还有很多美味的食物。圣诞树下堆满了礼物，食物也很丰盛，有美味的甜点、精美的糕点，还有丽丽最爱吃的巧克力糖果。把丽丽送到圣诞树下玩耍，妈妈就开始与亲朋好友们畅谈。然而，半个小时过去了，丽丽似乎厌倦了那些玩具。她找到妈妈，哭喊着要回家。妈妈以为丽丽觉得寂寞，便带着丽丽一起和朋友们聊天。然而，丽丽丝毫没有变得高兴起来，相反，她哭得更厉害了。她简直一刻都不想再留在这里，哭着喊着要回家。后来，为了对妈妈没完没了地聊天表示抗议，丽丽居然耍赖皮，坐到了地上。

看到女儿让自己这么丢脸，妈妈生气极了。她蹲在丽丽身边，想马上让她站起来。然而，在她训斥丽丽的时候，突然呆住了：她眼中这么美妙的聚会，在丽丽的视线范围内，居然是数不清的腿和屁股。即使是那些摆满美食的餐桌，也是一根根桌子腿而已。丽丽根本看不到鲜花、美食和人们的笑脸。这一刻，她不再抱怨女儿让自己丢脸，而是为自己的粗心大意感到羞愧。妈妈把丽丽抱在怀里，带丽丽挑选美味的食物，观赏漂亮的鲜花，还把丽丽介绍给自己认识的每一个人认识，让丽丽面对面地和他们打招呼。丽丽的情绪果然渐渐好了起来，她又变得开心了。

上述事例虽然非常简单，但是却生动地说明了如果我们不能蹲下来，就无法看到孩子所看到的世界。亲子之间矛盾的爆发，往往是因为我们以为孩子看到的世界和我们看到的完全相同，实际上却恰恰相反。

合格的父母，首先是了解孩子和理解孩子的父母。要想成为合格的父母，首先要蹲下来，站在孩子的视角观察这个世界，这样才会和孩子有共同语言，也才能对孩子感同身受。爸爸妈妈们，你们愿意蹲下来面对孩子的世界吗？从他们清澈无瑕的眼睛里，你们一定会感受到真诚美好和简单纯净。当然，蹲下来和孩子保持交流过程中目光的平视，仅仅是从最基本的层面来与孩子保持平等。实际上，在亲子教育过程中，最重要的是真正地理解和体谅孩子，给予孩子爱和尊重，让孩子感受到平等和民主。只有这样，父母和孩子才能达成真正的和谐、友爱。

## 有的时候，孩子并非故意犯错

父母与孩子之间简直就是一场战争，他们彼此对立，恨不得成为对方的主宰。尤其是父母，因为孩子是他们辛苦养大的，所以他们理所当然地觉得孩子就该听他们的，包括一切问题和抉择。当孩子接二连三地犯错时，父母几乎要崩溃，甚至觉得孩子就是一个小魔头，是上天专门派来折磨父母的。其实，当孩子还小的时候，因为理解能力的限制，他们常常不能准确理解大人的意思。同样的道理，当孩子需要的时候，也因为表达能力的限制，使他们无法清晰地表达自己的想法。在这样的情况下，父母应该改变自己说话和做事的方式，让孩子明白父母的意思。与此同时，也要培养孩子的表达能力，让孩子更加准确无误地阐述自己的需要和感受。

举个最简单的例子，当孩子在两三岁的时候，父母开始管教孩子。如果孩子做了不该做的事情，父母往往是生气，不管是真的还是装出来的，他们都会表现出生气的神色。在这种情况下，有些孩子能够理解父母是因为他们做错了事情而生气，做到以后再也不犯同样的错误。而有些孩子呢，他们会觉得父母因为生气才批评他们，无法将之与他们做错的事情联系起来。如此一来，孩子在之后还会犯同样的错误。对于自以为是的父母来说，一定会觉得孩子是故意再次犯同样的错误。实际上呢，孩子根本不是故意犯错，因而对父母的愤怒毫无防范。类似的误解一旦发生，就会让亲子关系骤然变得紧张起来。既然这里意识到孩子有可能并不理解父母的意思，那么父母在孩子犯错进行教育的时候，就应该以孩子的语言把错误摆出来，告诉孩子下次避免再犯同类错误。有些父母在和孩子说话的时候总是使用成人的语言，甚至对孩子冷嘲热讽。殊不知，孩子还小，既听不懂成人的语言，也领会不到父母是在嘲讽他们。与其花费时间却毫无效果，还不如直白坦率地把自己的心里话说给孩子听呢！

豆豆3岁了。近来，豆豆总是频繁地犯错误，在幼儿园打小朋友。妈妈每次去接豆豆，都会被老师数落，让她教育豆豆，不要打小朋友。妈妈呢，接了豆豆回家的路上很生气，板着脸，丝毫不对着豆豆笑。豆豆问："妈妈，你怎么不高兴？"妈妈没好气地说："我的儿子天天打人，在幼儿园都出名了，我有什么好高兴的？"豆豆小小的人儿根本不懂妈妈说的话是什么意思，反而沾沾自喜：妈妈说我出名了。为此，没过几天，豆豆老毛病又犯了，再次打哭了班级里的一个小姑娘。这次，老师非常严肃地批评了妈妈。妈妈很生气，说："这个豆豆，我上次回家路上已经批评他了，为什么不听话呢？"

晚上回家，郁闷的妈妈把事情的经过告诉了爸爸，让爸爸狠狠教育豆豆。爸爸听说妈妈是如何训斥豆豆之后，笑着说："你啊你啊，你教育孩子的方式也太可笑了，你那完全就是对我说话的口吻，豆豆那么小，怎么可能知道你是在批评他呢！不信你问问，他肯定以为你说的'出名'是好事，甚至还会以为你在表扬他呢！"果然，妈妈询问豆豆之后，不由得哭笑不得。原来，豆豆真的如爸爸所说，以为"出名"是件好事。这次，爸爸当着妈妈的面告诉豆豆："豆豆，你以后在幼儿园里，不要打小朋友。不然，老师和同学都不喜欢你，爸爸妈妈也不喜欢你。"看到爸爸一本正经的样子，豆豆连连点头。果然，这次之后，豆豆再也没打小朋友。

上述事例中，豆豆妈妈的批评方式，对于年幼的豆豆来说是很难理解的。其实，在成人世界里，大家很容易就能理解豆豆妈妈是正话反说，是挖苦讽刺。然而，孩子还没有太多的社会经验和阅历，而且心里非常信任爸爸妈妈，所以肯定百分之百相信爸爸妈妈所说的话。对于不会凭借语气判断说话内容的豆豆来说，他就只能根据字面意思理解妈妈的话了。

爸爸妈妈们，你们是不是也曾经犯过这样的错误呢？孩子非常信任和依赖父母，在与孩子交流与沟通的过程中，父母一定要非常谨慎地对孩子说每一句话。当你意识到自己是孩子唯一的标杆时，你就不会用成人世界的表达方式误导孩子了。如果你的孩子还小，那么从现在开始，就当一本正经的父母吧！

## 爸爸妈妈，不要高高在上

在封建社会的传统教育中，封建家长永远都是高高在上的。他们作为一家之长，总是不苟言笑，对孩子严厉有余，疼爱不足。随着社会观念的开放，人们对于教育的理念也有了很大转变。对于儿童，教育界提出释放天性的理念，并且得到了很多父母的认可。既然是释放天性，就不能再高高在上了。对于现在的很多独生子女家庭来说，孩子从一生下来就很孤单。他们没有兄弟姐妹，如今钢筋水泥的城市森林也使得他们不能和邻居家的孩子一起玩。如果父母再摆出严肃的面孔，他们的生活还有何乐趣可言呢？现实情况不同了，要求父母在奉行“只生一个好”的原则时，也需要与时俱进地调整自己的角色，变成孩子兼职的玩伴。只有这样，父母才能更好地走入孩子的世界，了解孩子的内心。

很多父母都抱怨不了解孩子。这就像是公司领导和员工之间的关系，假如领导不深入群众，如何能了解员工真实的心态呢？越是级别高的领导，反而常常深入员工的生活中，了解员工的日常工作和生活，从而掌握他们真实的心理需求和情感动态。既然领导都走下圣殿了，父母当然也应该走入孩子的生活。也许会有父母说，要是和孩子打成一片，怕在孩子面前失去威严。其实，威严并不是依靠冷若冰霜的面孔获得的，而是依靠了解孩子、尊重孩子、信任孩子获得的。当你与孩子疯狂玩耍之后，你会惊喜地发现，原本对你三令五申认真完成作业的要求，孩子从漫不经心，到主动实现了。这就是打成一片的魔力，孩子非但没有因为你容易亲近而欺负你，反而主动达到你的要求，让你更加省心。

曼曼看起来总是忧心忡忡的，似乎有着无限的心事。尤其是最近，曼曼上课的时候都常常走神。刚开始时，老师怀疑她早恋了，但是经过一番观察否定了这个可能性。后来，老师找曼曼谈心，才知道曼曼总是生活得很压抑。尤其是最近，她爸爸生意不好，常常拿曼曼出气。曼曼告诉老师，昨天晚上，爸爸居然对她说：“你呀，必须给我好好学习，将来多多挣钱，也不枉费我养你。”除了训斥，爸爸从来不会陪伴曼曼，每当有了心事，曼曼也只能自己消化。

没过几天，老师给曼曼爸爸打电话，邀请他来学校见一面。老师问爸爸：“你觉得曼曼爱笑吗？”爸爸想了想，说：“还好吧，不是很爱笑。”老师又问：“那你知道曼曼为什么不爱笑吗？”爸爸毫不迟疑地摇摇头。老师继续说：“曼曼爸爸，其实，你是一个很不错的爸爸，我记得你晚上经常来接曼曼放晚自习。但是，在曼曼心里你并不是一个好爸爸。你一定很惊讶吧？”爸爸疑惑地点点头，说：“我辛苦养大她，供她上学，对她很好呀。”老师笑着说：“曼曼是个内向的女孩，她很敏感，也很胆小。这与你在家中总是高高在上有关。在父亲的宠爱中长大的女孩，往往乐观开朗。但是曼曼不是，她敏感自卑。她告诉我，你从来没有陪她玩过。”爸爸笑了，说：“是没陪她玩过，一则是因为我工作忙，二则是因为我觉得在孩子面前要保持威严。”老师无奈地说：“曼曼爸爸呀，你这都是什么老古董思想啊。你应该多多陪伴孩子，帮助孩子减轻压力。现在，再有几个月就中考了。我作为老师，希望你能配合学校，尽量帮助孩子减轻压力，而不要一味地给她施加压力。”听了老师的话，爸爸若有所思。他努力改变自己一直以来严父的形象，开始尝试着陪伴曼曼去公园散步，去游乐场玩耍。经过一段时间的调整后，曼曼果然变得轻松快乐起来，整个人也乐观开朗了许多。

上述事例中的曼曼爸爸，一直以来都习惯于以严父的形象面对曼曼。其实，父亲的威严并非靠板着的那张面孔树立起来，而应该靠与孩子深度的交流

和沟通。当父母放下架子与孩子亲密接触，就会发现孩子的内心其实是很敏感的。他们能够感受到父母的温度，也因为与父母的亲密关系而高兴。

爸爸妈妈们，赶快把脸上挂满笑容吧，这样你们就能走入孩子的内心，成为孩子真正的陪伴者！

# 第七章

## 不是孩子不听话

### ——你说话的方式对了吗

很多父母都抱怨孩子不听话，父母说向东，孩子非得往西，总是与父母拗着来。其实，不是孩子不听话，而是孩子不乐意听父母以某种方式说出来的话。说话，同样的内容，可以有无数种不同的表达方式。那么，在这么多的方式中，也许你并不了解孩子的心思。其实，这么多款，总有一款说话方式是孩子喜欢的。扪心自问，你说话的方式对了吗？

# 说话的方式有很多

语言，是人类交流的最主要方式。坦白地说，语言的最主要体现形式就是说话。只要不是哑巴，每个人每天都要说话。说话，是我们与外界交流的重要方式。在亲子关系中，和孩子交流也非常重要。从婴儿呱呱坠地开始，细心的妈妈就会时常和咿咿呀呀的婴儿说话。虽然婴儿并不能听懂妈妈在说什么，但是日久天长，他就会从妈妈的表情、动作等综合作用下，意会到妈妈想要表达的思想。提起语言，众所周知，有口头表达、肢体语言等诸多方式。说话指的就是口头表达。对孩子说话的时候，要想打动孩子的心，让孩子主动听取父母的建议或者劝告，那么首先要找到孩子喜欢接受的说话方式。常言道，会说说得人笑，不会说说得人跳。只有合适的说话方式，才能叩开孩子的心门，把话说到孩子心里去。

作为父母，与其抱怨孩子不听话，不如积极思考，找到最适合孩子心理发育特点的说话方式。有时，大多数父母都会在不知不觉间把孩子视为自己的私有财产，在说话的时候丝毫不顾及孩子的心理感受，而是一味地把自己作为孩子的主宰，对孩子发号施令，颐指气使。这样的语气和行为，即使是孩子，也很难接受。从普遍的情况来看，孩子们正处于认知世界的摸索阶段。他们几乎每天都有新的进步，自己始终感到非常喜悦。对于飞速进步的孩子，父母首先要给予他们足够的尊重和认可，还要多多鼓励他们，增强他们的自信心。细心的父母会发现，大多孩子喜欢受表扬，在父母的鼓励下，他们会更加自信，更加充满向上的动力。如果父母严厉地批评了他们，他们会在很长时间内都万分沮丧，甚至失去兴致。那么，作为父母，如何才能找到适合孩子的说话方式呢？其实，这也很容易做到。首先，不同性格的孩子，都渴望得到爱和尊重。当你设身处地为孩子着想，并且以对待朋友般的口气和他交谈时，他一定能够感受到你的友善。其次，孩子性格不同，教育的时候也应该采取不同的方式。不同性格的孩子，往往心思的敏感度也不相同。对于大大咧咧的孩子，直言直语也许很适合他们；对于性格内向、感情细腻的孩子，也许需要花费更多的心思，说话注意措辞等等。总而言之，和教育一样，对孩子说话也要因材施教，以爱为本。

近来，妈妈和露露的关系简直剑拔弩张。原来，不管露露做什么事情，妈妈总是会在一旁喋喋不休地说：“你看看你，人家西西早就会自己洗衣服了，你连穿衣服都不会。”“你看看，你总是这样吃饭到处撒，丽丽都会帮妈妈择菜、洗菜、做饭了呢！”“你怎么总是写不完作业？你知道你有多幸福吗？珠珠不但要写学校的作业，她爸爸还会专门给她布置作业呢！”就这样，妈妈总是把露露和别的小朋友比较。有一天，在妈妈又说西西如何如何之后，露露终于爆发了，她大喊大叫道：“西西好，你去找西西做女儿啊。我什么都不好，你为什么当初要生我呢！你应该把我丢掉，省得给你丢人，你好再找优秀的小孩当女儿。这个主意好吧？”露露的一席话，把妈妈气得够呛。一时之间，妈妈居然无言以对。

晚上，妈妈把这件事情告诉了爸爸，爸爸狠狠地批评了妈妈一通。爸爸说：“你呀你呀，哪里有你这样当妈妈的呢？别的妈妈都是觉得自家孩子好，你却总是在自家孩子面前说别人家的孩子好。你这样，孩子怎么可能喜欢你呢？还会打击孩子的自信心，让孩子觉得自己处处不如别人，何苦呢？”在爸爸的批评之下，妈妈这才意识到自己的错误。她后悔地说：“哎，我根本不知道露露对我的话有这么大的反应。以后我会注意的。其实，在我心里当然是露露最优秀。”爸爸哭笑不得地说：“既然你觉得露露优秀，就应该让她知道你的想法啊，难道你不知道好孩子都是夸出来的吗？你这样，孩子哪里来的自信

心呢，反而会觉得连妈妈都嫌弃她。”

后来，妈妈改变了说话的方式，再也不拿露露和其他孩子比较了。当露露吃饭撒得满桌子都是的时候，妈妈会说：“露露最近表现真棒，吃饭也不会到处撒米粒了。”一段时间之后，露露吃饭有了很大进步。现在，妈妈和露露的关系越来越亲密，露露也更加自信了。

孩子虽然小，但是自尊心也很强。尤其是当父母把他们和别人相比较以表现他们的弱势时，他们敏感的自尊心就会受到伤害。与其刺激孩子，不如好好地鼓励孩子。好孩子都是夸出来的，只有夸赞才能让孩子充满自信，更好地表现自己。

父母们，你们找对方式与孩子交流了吗？教养孩子不但要付出很多的时间和精力，也要付出心力，这样才能让孩子感受到父母的爱和尊重，也才能让孩子更好地面对人生和未来。

## 爱，要勇敢说出来

也许是因为受到几千年传统文化的影响，中国人的感情向来内敛深沉。我们似乎很害羞把爱说出来，而更倾向于默默地去做。尤其是和亲近的人之间，更不会主动表达爱意，而把所有的心思都融入日常生活之中。然而，随着时代的发展，中国近年来与世界接轨，人们不但生活水平有了很大的提高，思想也完全开放了。现代社会的人们，应该顺应时代的潮流，勇敢地表达自己的爱。在父母和孩子之间，爱是无处不在的。爱，不但是人们彼此尊重的前提，也是亲密关系得以维系的基础。这种爱是与生俱来的，可以说，没有任何爱能比得过父母对子女的爱。然而，这么深的爱却被我们深深地掩藏在心底，我们虽然全心全意地照顾和抚养孩子，但是随着孩子渐渐长大，曾经用以表达爱的热情拥抱也无影无踪了。如果不从语言上表达对孩子的爱，我们还怎么告诉孩子我们爱他们呢？毫无疑问，勇敢地说出爱，是最直接也最明白无误的表达。然而，以现在的情况，要想让父母坦然地对孩子说“我爱你”，似乎还很困难。只有转变这种观念，让父母们变得勇敢起来，才能让孩子时刻感受和准确无误地接收到父母的爱。爱，要勇敢说出来。

现代社会，生活给予父母的压力越来越大。他们不仅要认真工作，努力勤奋地生活，还要照顾家庭，抚育孩子。同时，生活给予孩子的压力也越来越大。他们被父母寄予厚望，想要孩子长大之后能够出人头地，就必须在现在学有所成。正因为这些，原本毫无隔阂的亲子关系，被赋予了更多的担当和责任。当父母因为孩子的学业而对孩子提出更高要求的时候；当父母因为孩子的不思进取，对孩子表达不满的时候；当父母为了帮助孩子养成良好的习惯，对孩子颐指气使的时候……这一切都会使亲子关系变得紧张。如果父母再羞于表达对孩子深沉热烈的爱，孩子就会怀疑：爸爸妈妈是不是不爱我了？爸爸妈妈是不是不想要我了？爸爸妈妈是不是从来就不喜欢我？这些疑问，无疑会严重影响亲子关系。反之，如果父母能够勇敢地表达自己的爱，孩子就会相信，父母所做的一切都是因为爱他，都是为他好。如此一来，亲子关系即便偶有小小的不愉快，也不会影响孩子和父母之间的关系。

进入小学三年级以来，豆豆明显感觉学习任务变重了。他每天不但要背诵乘法口诀表，还被老师要求写作文。这简直是最让他头疼的事情了，因为豆豆根本没有耐心坐在那里安安静静地写出一篇作文。为了让豆豆写作文，最近妈妈和豆豆频繁地发生冲突。几乎每次作文课之后放学，回家都是一场战争。妈妈很清楚，作文对于三年级的孩子来说，是一道门槛。一旦越过这个障碍，孩子将来的语文学习就会如鱼得水。正因为如此，妈妈才如此急迫。她用了很多办法让豆豆写作文，或者哄着，或者歇斯底里，或者强迫要求。可不管怎么样，豆豆都油盐不进，依然如故。

有一天，为了让豆豆写作文，妈妈居然生气地说：“爸爸妈妈小时候都特别爱写作文，你到底是不是我们生的？是不是在医院生孩子的时候把你错抱回来了啊？”妈妈无心的一句话，让豆豆伤心地哭了很久。他边哭边说：“难怪你总是不喜欢我，总是骂我呢！我肯定不是你生的，不然，别的妈妈都很爱孩子，你却对我不是打就是骂，从来不爱我。”看到豆豆伤心的样子，妈妈意识到自己说错话了。未来的几天里，她和豆豆的关系都怪怪的。经过深刻反思之后，妈妈知道豆豆的抱怨不是空穴来风。自从豆豆上了三年级，她患上了焦虑症，总是对豆豆的学习横鼻子竖眼睛的，总爱挑豆豆的刺。看到豆豆居然轻易就开始怀疑自己不是爸爸妈妈亲生的，妈妈也很忐忑。她想了很久，改变了对豆豆的态度。每天早晨送豆豆上学，她都会亲亲豆豆，说：“宝贝，希望你今天开心。”晚上睡觉之前，她不但会陪伴豆豆一会儿，还会亲亲豆豆的额头，说：“宝贝，妈妈爱你。”平时生活中，妈妈也会找各种各样的机会向豆豆表达爱意。诸如，“豆豆，妈妈爱你。”“豆豆，你是爸爸妈妈的骄傲。”诸如此类的话说得多了，豆豆渐渐感受到妈妈的爱，渐渐忘记了妈妈说他是被抱错了的事情。

亲子关系虽然是这个世界上最牢固的关系，但因为孩子心灵敏感，有时也变得非常脆弱。要知道，孩子从降临人世开始，就把父母作为自己唯一的依靠。在真正实现独立之前，他们必须要时常从父母那里获得经济、精神和感情上的动力。也正因为如此，父母一定要认真谨慎地对待孩子，千万不要肆意破坏与孩子之间的感情。羞于说爱，就失去了亲子关系的催化剂。和自己最爱的孩子表达爱意，实际上是最正常的举动，没有什么不好意思的。父母们，从现在开始，让孩子感受到你们的浓浓爱意吧！

# 赞美，是对孩子最好的鼓励

正如世界上没有两片一模一样的树叶，世界上也不会有两个一模一样的孩子。也许有人会说，双胞胎就长得完全一样啊，的确，双胞胎从长相上来看没有太大的区别，但是双胞胎的脾气秉性却是不尽相同的。即使在成长过程中接受的教育和生活的家庭环境都没有太大区别，但是孩子们的性格却迥异。可以说，每个孩子都有独属于自己的特点。孩子们的共同点是，不管他们的脾气秉性如何之大，但几乎所有孩子都渴望得到父母的赞美。包括成人在内，有谁能够在一味地批评中始终保持积极进取呢？当负面情绪积累到一定程度，只怕不管是谁都会产生叛逆心理，或者破罐子破摔，或者失去信心，自暴自弃。一旦明白了这个道理，父母们，千万不要总是对孩子提出太高要求，又因为孩子不能良好地实现父母的愿景，而沉重打击孩子的自尊心和自信心。好孩子是被夸赞出来的，只有父母对孩子充满信心，挖掘孩子身上的闪光点，孩子才能找到属于自己的自信，也才能走向属于自己的人生坦途！

当然，赞美并非是一句简简单单的话。赞美孩子的时候，首先要赞美孩子非常显而易见的优点。赞美必须符合事实，即使父母再爱子心切，也不能睁着眼睛说瞎话。只有赞美孩子显而易见的优点，孩子才会信服父母的赞美。也因为父母的赞美，他们会更加把自己的优点发扬光大，使其走上良性循环。其次，赞美孩子要用心。很多父母都是马大哈，很少发现自己孩子的小小优点。殊不知，就像恋爱中的人要用无微不至的照顾来加深感情一样，对于孩子的赞美也应该更加细致和具体。泛泛的赞美，诸如“你真棒！”“你是最棒的！”“你很优秀！”等等，说得多了，孩子也会变得毫不在乎。尤其是对于表现不那么完美的孩子来说，发现他身上隐藏着的一些小优点，并且给予其真诚的赞美，能让孩子更加自信，并且能给予孩子积极的力量，改正瑕疵。再次，每当孩子犯错误时，很多父母都会不由分说地狠狠批评孩子一通。其实，如果你们能够在批评孩子的时候发掘孩子的闪光点，那么批评教育和赞美认可相结合，一定能够起到事半功倍的效果。孩子的进步，很多时候都是父母夸奖出来的，只有经常赞美孩子，孩子才会向着你心目中完美的样子发展。最后，赞美孩子要不落俗套。庸俗的赞美，几乎从任何人口中都能听到。父母对孩子的爱，应该能够打开父母与众不同的视角，让父母发现孩子的独特之处。作为父母，我们不能苛求孩子完美，因为这个世界上根本没有完美的人。那么，当孩子表现出缺点的时候，我们首先要做的应是反思自身，改变自己的教育方式，发现孩子的独特之处，做到因材施教，因势利导。唯有如此，才能在不违背孩子天性的情况下，引导孩子变得更加优秀，迅速成长和成熟。总而言之，父母要给予孩子足够的耐心、爱心和尊重，才能真正做到从孩子的角度出发，宽容和体谅孩子，发现孩子的优秀与不同，培养孩子的天性，让孩子趋于完美。

每次到吃饭的时候，恬恬简直就变成了众矢之的。全家人，包括爷爷奶奶在内，都会使出浑身解数让恬恬多吃饭。恬恬呢，从小就挑食，只爱吃青菜，不爱吃肉。吃饭的时候，大家七嘴八舌的，都是“批判”恬恬的。爷爷说：“恬恬，多吃肉才能长大个哦！”奶奶说：“恬恬，不吃肉怎么能行呢！”爸爸说：“恬恬，肉里面含有脂肪和蛋白质啊，吃了变聪明呢！”妈妈说：“恬恬，吃块肉皮吧，还美容养颜呢！”直到姑姑的到来，才改变了现状。在饭桌上，姑姑听到一家人轮番上阵，威逼利诱恬恬吃肉，不由得紧皱眉头，说：“爸妈，哥嫂，你们吃饭的时候愿意被人不停地唠叨吗？”听了姑姑的质疑，爷爷奶奶和爸爸妈妈都不吱声了。姑姑继续说道：“孩子愿意吃什么，是她的权利。她想吃什么就吃什么，你们为什么不停地唠叨还批评她呢？孩子原本胃口就小，你们这样她心情不好，自然更不喜欢吃了。你们都别说话了，看我的！”大家都拭目以待，看看学教育的姑姑能有什么好办法！

果然，姑姑吃饭的时候丝毫没有提起恬恬的事情，而是装作没事人一样。眼看着恬恬快要吃完饭了，姑姑才说：“哎哟，恬恬，你今天表现真是太棒了。姑姑记得你以前不爱吃菠菜啊，今天居然吃了很多菠菜。我知道，聪明的恬恬一定知道菠菜是大力水手才吃的，也想变成大力水手吧。恬恬现在爱吃肉了吗？奶奶今天的红烧肉做得很好吃哦！”恬恬听了姑姑的话，眼珠子咕噜咕噜转了起来。她说：“姑姑，我正准备吃块红烧肉呢！”说完，恬恬就夹起了一块红烧肉，放到嘴里咀嚼起来。姑姑赶紧又说：“恬恬，你知道小朋友为什么需要吃肉吗？”恬恬摇了摇头。姑姑笑着说：“所有小朋友的身体发育都需要吃肉。恬恬这个小美人，吃肉还有另外一个好处。你看看，你嫩嫩的小脸蛋多么光滑啊，吃肉可以让脸蛋更光滑漂亮。你看看，你妈妈是不是就经常吃肉，所以这么漂亮呢！”姑姑这句话，不但夸了恬恬，还赞美了恬恬最爱的妈妈，恬恬的心里简直乐开了花。她吃完一块肉，居然又夹起一块放进嘴里，边吃边说：“我也要变得和妈妈一样漂亮！”看着恬恬鼓鼓囊囊的小嘴，家里人都高兴极了。从此之后，在全家人的赞美和鼓励下，恬恬再也不挑食了。

曾经有科学研究显示，如果父母经常批评和打击孩子，孩子一定会变得特别胆小，畏手畏脚。相反，假如父母能够经常赞美孩子，孩子就会非常信赖父母，自信心也会增强。在赞美的氛围中成长的孩子，不但积极乐观，而且抗打击能力也成倍增长。就像事例中的恬恬，如果家人一味地批评和否定，她肯定会觉得很沮丧。幸好，姑姑及时制止了家人在吃饭时对恬恬的声讨会，转而赞美恬恬，才使恬恬渐渐改变了挑食的坏习惯。

每个人都喜欢赞美，而不喜欢接受批评。既然如此，我们为什么不抓住孩子的这种心理，帮助孩子树立信心，改变小小的缺点呢！俗话说，金无足赤，人无完人。只有循序渐进地改变缺点，孩子才会更加趋于完美。既然养育孩子已经付出了那么多，父母们，千万不要吝啬你们的赞美哦！

# 不管何时，都当孩子能够依靠的大树

“老爸老爸，我们去哪里呀？有我在就天不怕地不怕。宝贝宝贝，我是你的大树，一生陪你看日出。”《爸爸去哪儿》这首主题曲，在很长的一段时间内都为人熟知。在这档电视节目中，星爸们陪伴孩子一起四处游玩，接受各种难度的挑战，始终陪伴在孩子身边，从而培养亲子之间亲密无间、互相信任的关系。亲子关系在所有的人际关系中，是最为微妙和与众不同的。试想，孩子从弱小的生命开始启程，生活完全需要依靠父母的照顾。随着年岁渐长，他们渐渐有了自己的思想和主见，既想摆脱父母的束缚，却依然需要父母的陪伴。这样一来，矛盾由此产生。当孩子背起行囊想要独自去远方时，他们实际上心里也很忐忑，不知道没有父母陪伴和照顾的未知生活将会如何呈现在他的面前。这种情况下，如果父母从孩子小时候就能给孩子树立一种坚定不移的信念，即父母永远是他们最坚强的依靠，那么孩子就会少一些忐忑，多一些心安。

亲子关系的基础是割不断的血脉相连，而亲子关系要想发展得更好，首先父母应该给予孩子支持和依靠，并且让孩子坚定不移地信任父母。也正因为如此，无数父母都在人生之路上不停地奋斗打拼，归根结底，是为了给予孩子更加强有力的支持。这种支持，一方面指的是物质上的支持，更多的应该是精神上的支持。在现实生活中，很多孩子都缺乏安全感。很多孩子因为考试没考好，为了逃避父母的批评和责难，就离家出走；还有些孩子遇到危险时，会选择一个人忍受，而不向父母倾诉；也不乏孩子因为父母的几句否定，就选择自残或者轻生……总而言之，孩子太不信任父母了。理想的亲子关系应该是怎样的呢？在望子成龙、望女成凤的今天，孩子们即使因为学习等诸多原因不被父母认可，也应该在遇到危难的时候第一时间想到父母。父母当然知道自己永远不会抛弃孩子，但是孩子们却不清楚这一点。这是导致孩子不信任父母的首要原因。父母们，在亲子相处的过程中，不管你们因为孩子一时的错误多么气愤，也不管孩子多么让你们失望，在教育孩子的过程中，千万不要随意地诋毁孩子，甚至表现出抛弃或者放弃孩子的意思。归根结底，他们只是孩子，无法了解父母在恨铁不成钢背后的深意。相反，任何时候，都应该传递给孩子这样一种信念：不管我怎样，父母永远都是我的父母，他们不会嫌弃我，更不会抛弃我，他们对我的爱是完全无私的。

前段时间，乐乐闹着要滑轮滑，并且把闲置一年多的轮滑鞋找了出来。无奈之下，妈妈只好带他去公园。路上，妈妈看着脏兮兮的轮滑鞋，说："这个鞋子都一年多没用了，放在厨房外面都被油烟熏了，真是脏啊！"乐乐说："妈妈，没事，我的要求不高，能穿就行。"到了公园附近，停放电动车时，妈妈又开玩笑说："一会儿滑的时候你可离我远点儿，别让人家知道我是你妈。你这鞋子实在太脏太丢人了。"到了开阔地带，妈妈找了个长椅坐着看书，乐乐开始穿轮滑鞋玩耍。

每隔几分钟，妈妈就会看看乐乐。看到乐乐正在小心翼翼地滑着，妈妈提醒他要慢些。又过了几分钟，妈妈抬头一看乐乐正坐在地上呢。妈妈以为乐乐要调整鞋子，就继续低下头看书。不到一分钟，她抬头看，乐乐正在费劲地拖鞋。鞋子脱掉之后，他没有站起来，而是趴在地上。妈妈觉得不对劲，赶紧走过去看看情况。这时，乐乐哭着说："妈妈，我的腿特别疼，肯定断了。"妈妈赶紧安慰乐乐："胡说，你摔倒了吗？不会那么严重的。"然而，乐乐已经不能站立在地上了，妈妈和一位阿姨把他扶到花坛边坐下，在搬动乐乐的腿时，妈妈感觉到骨头摩擦的声音，不由得心里一惊。妈妈赶紧给爸爸打电话，把乐乐送到儿童医院就诊。拍完片子之后，确定乐乐的右小腿胫腓骨骨折，且有骨裂。看着乐乐难受的样子，妈妈想起来自己一个多月前右脚轻微骨裂的时候就特别疼，便问乐乐："乐乐，你摔倒了，为什么不喊妈妈呢？妈妈看你坐在地上，还以为你在调整鞋子。"乐乐伤心地说："妈妈，你不是说不要让别人知道你是我妈妈吗？我怕我喊你，你会生气。"听了乐乐的话，妈妈伤心死了，懊悔万分。就因为她一句开玩笑的话，乐乐在右小腿胫腓骨骨折且有骨裂的情况下，忍受着巨大的疼痛都没有向她求救。这句话，原本只是妈妈无心说出来的开玩笑的话，却被乐乐当真了。妈妈进行了深刻的自我反省，发誓以后再也不对乐乐说类似的话。妈妈含着眼泪对乐乐说：“傻孩子，妈妈是逗你的。妈妈怎么可能因为你的鞋子脏就不认你了呢，妈妈是非常爱你的，妈妈永远都会要你！”

上述事例中，因为妈妈的一句玩笑话，乐乐在骨折的巨大痛苦下居然没有向妈妈求救。可想而知，这句话给他的心理带来了多么大的伤害。很多时候，父母说的每一句话孩子都会深深记在心里。所以，千万不要随意地说出伤害孩子的话。要知道，不管到什么时候，孩子都是父母最爱的孩子啊！如果父母给予孩子足够的爱，得到孩子的信任，那么孩子一旦遇到困难，第一时间想到的就是向父母求助。

父母们，你们可曾在无意间表达出对孩子的不满，甚至让孩子误以为你们不想要他们呢？如果有过这样的情形，从现在开始就要给孩子重新树立信心，告诉他们天底下没有父母会不要自己孩子的。这样，他们才会觉得父母是他们永远的归宿！

## 不要永远无所不能，适当向孩子求助

在现代的独生子女家庭，孩子们真正过上了衣食无忧的生活。在父母和祖辈无微不至的照顾下，他们从一生下来就享福，不必为任何事情担忧。然而，这样对孩子的成长真的好吗？很多孩子非常自私，从不愿意和他人分享，心里只有自己；很多孩子在长大之后，依然觉得父母理所应当照顾他们，从来不会意识到父母已经渐渐老去，也开始需要子女照顾；还有些孩子缺乏爱心，从来不会关心他人，在婚姻生活中也一味任性，导致婚姻失败……总而言之，如果孩子们从小就不能养成与人交往的好习惯，未来的人生肯定会或多或少地受到影响。既然这样，父母为什么不能从小培养孩子的好性格和好习惯呢？

人，是需要存在感的。所谓的存在感，体现为被他人需要。很多孩子之所以心里只有自己，处处唯我独尊，就是因为他们从来就没替别人着想过。实际上，父母不是救世主。现代社会生活压力这么大，无数中年人都过着上有老下有小的生活。不但要忙工作，还要照顾家庭，简直身心俱疲。在这种情况下，如果能够让孩子分担一部分家务，甚至只是让孩子提高自理能力，都能让父母感到稍许轻松。细心的人会发现，父母越能干，全权包办一切，孩子就会越发无能。这是为什么呢？因为如果一个人从小就习惯了衣来伸手，饭来张口的生活，那么他长大以后也会不思进取，什么都不想干。父母的宠溺和无微不至的疼爱，将会给孩子未来的生活设置巨大的障碍。相反，那些对孩子漫不经心，连自己都照顾得不太好的父母，他们的孩子反而自理能力更强。由此可见，孩子的适应能力是有极大弹性的。聪明的父母不会包办孩子的一切，而是会根据孩子所处年龄段的特点，给予孩子锻炼的机会。一直以来，习惯了接受父母照顾的孩子，如果能够受到父母的请求，分担父母的压力，那么他们一定会觉得非常高兴，并且还会觉得自己存在是有意义、有价值的。如此一举两得的事情，父母们一定要积极去做哦！

众所周知，卓别林是举世闻名的戏剧表演大师。卓别林出生在一个演艺家庭，家境非常殷实。作为家里最小的孩子，爸爸妈妈非常宠爱卓别林，给他提供最好的物质条件，让他衣来伸手，饭来张口。就这样，卓别林从来体会不到爸爸的艰辛，总是依赖爸爸妈妈。渐渐地，爸爸妈妈意识到卓别林的缺点，不由得着急起来。为了帮助卓别林改掉缺点，聪明的妈妈常常教育卓别林，还以身作则，用行为感染卓别林。

有一次，妈妈带着卓别林一起去剧院排练。其实，妈妈用心良苦，因为她想让卓别林看看她的工作很辛苦。卓别林起初并不知道妈妈的心意，在舞台上蹦蹦跳跳，高兴极了。然而，妈妈在排练的时候伤了嗓子，声音沙哑，短时间内无法唱歌了。妈妈很发愁，看到在一旁玩耍的卓别林，突然脑中灵光一闪。她走到卓别林身边，说：“宝贝，妈妈的嗓子坏了，暂时不能唱歌了。但是，没有其他的替补演员，你能帮妈妈上台唱首歌吗？”看到妈妈居然需要自己的帮助，卓别林兴奋极了。他代替妈妈上台唱歌，刚开始还非常拘束，看着刺眼的闪光灯，眼前一片空白。后来，乐队开始伴奏，卓别林唱着唱着，越发自然。观众原本对于这个小小的卓别林就很宽容，看到他居然唱得这么好，便开始往舞台上扔钱，这是给卓别林的小费。这次演出，让卓别林深切感受到妈妈工作的辛苦，也使他博得了观众的喜爱。从此以后，卓别林常常帮助妈妈登台演出，他也更加体谅母亲，不再调皮捣蛋了。

如果没有妈妈的求助，卓别林也许依然过着衣食无忧的生活，不可能体会到工作的辛苦。正是因为帮助妈妈上台演出，他才更加认识到生活的艰难，也才能鼓起勇气，走上演艺的道路。大多数父母都觉得孩子非常弱小，恨不得把原本应该由孩子做的事情全部取代。其实，这看似是心疼孩子，实际上是害了孩子。

卓别林小时候的经历告诉我们，只要父母适当“示弱”，孩子才能变得“强大”。能够帮助父母分担生活的艰辛，孩子们小小的心灵中会充满存在感，也会认可自己的价值。人，是因为被需要而存在。孩子虽小，也不例外。被父母需要的孩子，更会油然而生一种使命感，找到强烈的存在感。

## 让孩子知道你对他的期望

曾经有人说，你期望孩子成为什么样的人，你就按照你期望的样子和他描述。日久天长，他就真的变成你所期望的那样。这是心理暗示的强大作用，每个人都会受到心理暗示的影响。很多父母都对孩子抱有期望，这些期望或者是父母未完成的心愿，也或者纯粹是为了孩子的美好愿景。不管出于怎样的初衷，要想把期望变成现实，父母首先要做的是把自己的期望告诉孩子。换言之，只有你的期望和孩子的愿望融为一体，他才会不遗余力地朝着你所希望的样子去发展。如果你的期望始终深埋在心里，孩子又怎么会知晓呢？近年来，亲子关系越来越紧张，孩子叛逆的事情时有发生。究其原因，父母们在养育孩子的过程中，明明对孩子有着深切的期望，却总是不停地否定和批判孩子，最终导致亲子关系硝烟四起，战火纷飞。曾经有个孩子，少年时总是受到父母的打击。据他自己说，父母简直对他看不顺眼，时时处处挑他的毛病。为此，他以前非常憎恨父母。直到有一天，因为身患重病而奄奄一息的爸爸对他说："孩子，你是全家的希望。爸爸相信，你以后一定能成为一名出色的医生。"原来，这个少年的梦想是当医生，而爸爸对他的期望也是从医。如此不谋而合的父子两人，居然像仇人一样生活了很多年。得知父亲对他的期望之后，少年在学习上奋起直追，终于考上了医学院。后来，他说："如果知道父亲曾经对我抱有那么高的期望，在我身上寄托他毕生的梦想，我怎么会因为叛逆而与他争吵呢？我一定会让他在活着的时候就在我身上看到梦想的影子，让他相信我一定有潜力成为医生。"如今，虽然少年已经长大成人，提起父子之间的误会，却依然唏嘘不已。

就像前文我们说的，爱要大声说出来一样，对孩子的期望，也一定要让孩子知道。信任，是一种力量。父母给予孩子的信任，对孩子来说更是一种强劲的动力。与其整日说孩子长大后肯定没出息，什么都不如别人，不如从此刻开始就认真地对孩子说："孩子，你很聪明，也很勤奋。爸爸相信，只要你努力，将来一定能够学有所成。爸爸期望你能成为一名优秀的医生，当然，如果你不想当医生，也可以成为一名称职的老师。不管你做什么工作，爸爸相信你凭借自身的努力和天赋，都能做到最好。"这样的话，会在孩子心里燃起一团火：爸爸这么信任我，我一定不能辜负他！

张磊是个不折不扣的小混混，每天伙同其他年纪相仿的孩子打架，甚至抢劫弱小，最终变成了身在囚牢的少年犯。当记者采访他的时候，张磊说："我就是个坏孩子。一直以来，我就是个坏孩子。我从小没有妈妈，爸爸总是打我骂我。不管我做什么，都是错的。既然这样，我为什么还要努力呢？现在，我爸爸终于如愿以偿，看到我进了监狱。他肯定很高兴。"当记者把这番话带给爸爸的时候，爸爸不由得痛哭起来。这么多年，他一个人养大孩子，每当被孩子惹得生气时，难免会抬起手来打他屁股。爸爸总觉得，男孩子挨几下打没关系，却从不知道打骂让张磊自暴自弃。

在探望张磊时，看着穿着囚服的孩子，爸爸的心都碎了。他看着张磊，不停地流泪，一句话都说不出来。直到张磊感到厌烦，爸爸才开始说："磊磊，自从你妈妈去世之后，你是我唯一的亲人，也是我唯一的希望。你还很小的时候，我幻想着有一天你也能给我捧回家一张三好学生奖状；你渐渐长大，我幻想着教你打篮球，踢足球。你很聪明，我始终坚信你以后会考上名牌大学，过和我不一样的生活。然而，爸爸错了。我对你这么多的期望，我从来没有说出来，而是严格地要求你，督促你。我采取的方式更是错了。我以为打是疼骂是爱，哪有孩子不挨揍就长大了，却不知道这让你走上了歧途。孩子，没关系，一切都还来得及。爸爸会努力工作，多多挣钱。等你过几年出来了，如果想考大学就继续上学，如果不想上学，爸爸就和你一起开拓视野。孩子，你永远是爸爸的希望！"听了爸爸的话，从未掉过一滴眼泪也不知悔改的张磊，心理防线瞬间坍塌。他开始后悔，希望一切都能重新来过。然而，时光不能倒流。在少管所里，他每天都很认真地学习，想要开始新的人生。

很多父母表达期望的方式都和张磊爸爸一样，不是打就是骂。殊不知，现代社会的孩子们心理早熟，也很敏感。如果打骂过度，就会激起他们的逆反心理，让他们自暴自弃。与其整日打骂孩子，不如把自己对孩子的深切期望说出来。一旦孩子认可你的期望，他们就会朝着你所期望的方向发展。而且，父母的期望也能让孩子感受到信任的力量。为了不辜负父母的期望，他们一定会更加倍地努力。

你，把自己的期望告诉孩子了吗?

## 孩子的自尊心不容小觑

每个人都有自尊心，孩子虽小，也不例外。甚至有些时候，孩子的自尊心更强。在人们的理解中，自尊心就是一种追求，要维护自己的尊严。然而，很多父母都觉得孩子还小，没有自尊心，导致言行粗暴，不知不觉间伤害了孩子的自尊心。有些父母很冲动，他们不管遇到什么事情都会像炮仗遇到火一样爆发出来。例如，当孩子犯了错误，他们马上会说："你这个捣蛋鬼，这种坏事只有你才能干出来！""你怎么这么不懂事啊，你到底什么时候才能长大？""我看你的学真是白上了，连这点道理都想不明白！"类似的话，是对孩子尊严的极大挑战，也是对他们自信心的严重打击。还有些父母很喜欢威胁和恐吓孩子，例如："你再调皮捣蛋，我就打死你！""你要是敢不听话，我就打断你的腿！""我看呀，你以后都别吃饭了，你活着还有什么意义呢？"这些话写在这里，让人看起来触目惊心。然而，这真的就是父母会对孩子说的话，那么冷漠、那么无情，充满威胁的意味。其实，你真的会打死孩子或者打断他（她）的腿吗?只怕孩子一顿不吃饭你都会很心疼吧!然而，你偏偏心口不一，说出这么绝情的话来。要知道，孩子的心灵非常简单，父母这些冲动时脱口而出的话，会给他们造成莫大的伤害。在这样的语言暴力之中，孩子会越来越自卑，甚至心生抵触，非常叛逆。

自尊心，关系到孩子一生的成长。在孩子小的时候，作为父母，就应该及早培养孩子的自尊心。例如，在和孩子交往的时候，首先要谨言慎行。简单粗暴的方式会使孩子在愤怒中丧失自尊心。其次，和孩子说话一定要用正面的方式，或者赞扬鼓励孩子，或者批评孩子，指出孩子的错误，千万不要对孩子冷嘲热讽。一则，当孩子小的时候一定不明白冷嘲热讽的意思；二则，冷嘲热风会让孩子对批评渐渐麻木。只有看到孩子身上的闪光点，给予孩子适度的赞美，耐心地帮助孩子克服缺点，孩子的自尊心才会逐渐增强。再次，无论孩子怎么顽皮或招人讨厌，都不要生硬地拒绝孩子。很多父母会在孩子谈兴正浓的时候喝令孩子“闭嘴”，或者在孩子玩兴正浓的时候，让孩子马上停止玩乐。这些都是不尊重孩子的表现，会让孩子的自尊心受到伤害。最后，要想让孩子拥有自尊心，还要给予孩子足够的尊重。孩子虽然是由父母辛苦抚养长大的，但是父母并不能取代孩子做出决定。孩子是独立的个体，父母应该尊重他们，给予他们足够的尊重。在亲子交往中，如果父母也犯了错误，一定要深刻反省，正式向孩子道歉。唯有如此，孩子才会学会尊重自己，也尊重他人。总而言之，自尊心的建立是一个漫长的过程。作为孩子的第一任老师，父母一定要以身作则，给予孩子足够的尊重、爱和理解，让孩子的身心健康发展。

前几天，爸爸妈妈一起带妞妞去参加朋友的婚礼。在婚礼上，有个小朋友比妞妞大两岁，居然当众表演起街舞。看到众人都在围观小姐姐，并且给予小姐姐的表演热烈的掌声，妞妞也蠢蠢欲动。她小声对妈妈说：“妈妈，我也会翻跟头。”妈妈看出了妞妞的心思，赶紧耐心解释：“这个地板太硬了，你翻跟头会感到疼的。”然而，妞妞一心一意也想成为众人关注的焦点，不顾妈妈的劝阻站到小姐姐身边开始翻跟头。不想，妞妞很卖力的表演失败了，由于地板没有弹性，她翻到一半的时候身体就歪向了一侧。这时，众人看到年纪小小的妞妞如此可爱，不由得都哈哈大笑起来。妞妞晕头转向地爬起身，看到根本没人鼓掌，反而都在哈哈大笑，还以为众人是在笑话她呢！她小脸憋得通红，待看到爸爸妈妈也在和大家一起笑时，终于忍不住大哭起来。妈妈赶紧查看妞妞有没有受伤，看到妞妞安然无恙却大哭不止，妈妈手足无措。妈妈问：“宝贝，你为什么哭啊！”妞妞哭得上气不接下气，说：“他们都笑话我，你和爸爸也笑话我！”妈妈想：你个小丫头，自尊心居然这么强。想到这里，妈妈解释说："他们不是笑话你啊，他们是觉得你翻跟头翻得很好！"妞妞不依不饶地说："才不是呢！刚才姐姐跳舞他们都没笑。他们一定是觉得我翻得不好，在笑话我！"妞妞非常敏感，妈妈足足劝说了半个小时，最后和爸爸一起向妞妞道歉，妞妞才止住了哭声。

妞妞虽然年纪还很小，但是却能准确区分人们的掌声和笑声的含义。她说得没错，众人的确是因为觉得翻跟头没有跳街舞精彩，所以才给予她笑声，而不是掌声。尤其是爸爸妈妈的笑，让妞妞更加觉得委屈。在妞妞心里，即使别人都笑话她，爸爸妈妈也不应该笑话她！

很小的孩子就会有强烈的自尊心，在和孩子相处的过程中，爸爸妈妈一定要给予孩子足够的尊重和重视。虽然孩子的自尊心在父母眼中无足轻重，但是却会对孩子一生的成长影响深远。既然如此，为何不从现在开始就培养并且保护孩子的自尊心呢！爸爸妈妈们，赶快行动起来吧！

## 谁说孩子不能"顶嘴"

在现实生活中，随着孩子渐渐长大，他们从那个对父母言听计从的小家伙，到越来越有主见，不再对父母言听计从。从某种意义上来说，孩子顶嘴，意味着孩子有了自己的思想和主见，不愿意再一味地顺从父母。这是孩子走向独立自主的标志，是值得高兴的事情。然而，很多父母都不喜欢孩子顶嘴。在他们的心目中，孩子顶嘴就意味着对他们权威的挑战。尤其是当孩子犯错误之后，如果孩子在父母教育他们的过程中顶嘴，那么对于孩子来说只是为自己辩解，在父母心目中却觉得孩子在质疑他们的教诲，根本不服气他们的管束。一旦亲子关系在顶嘴时变成彼此对立的，顶嘴就会变得罪大恶极。冲动之下，有些父母甚至会狠狠地揍孩子一顿，让孩子记住这次教训，以后再也不和家长顶嘴。难道，顶嘴真的那么可怕吗？难道父母宁愿伤害孩子的自尊，也要维护自己所谓的尊严吗？

在孩子刚刚学会说话的时候，父母往往对其说出来的每一个字都欣喜若狂。从牙牙学语时只会一个字一个字地说，到能够说两个字或者连续的三四个字，孩子一点一滴地进步，父母都看在眼里，乐在心里。然而，当孩子开始长篇大论地顶嘴，不再按照父母的旨意行事，父母又觉得无比沮丧。其实，孩子顶嘴根本不是什么严重的事情。只要父母摆正心态，坦然接受，顶嘴只是孩子和父母交流过程中提出的不同意见而已。孩子原本就不是机器，不可能严格按照父母的旨意执行，既然如此，父母就要允许孩子有自己的想法和做出自己的选择。当孩子学会顶嘴，就说明他们距离独立生存更近了。父母如果能像小时候期待孩子说话一样期待孩子有自己的主见，那么就不会因为孩子顶嘴而生气了。相反，真正开明和民主的父母，会因为孩子有自己不同的声音而感到高兴。

这几天大雪纷飞，是南京最冷的时候。为了防止孩子感冒发热，妈妈特意叮嘱抵抗力差的女儿多穿件衣服，抵御寒冷。不想，女儿毫不迟疑地反驳道："我不冷，不用穿。"女儿的免疫力很弱，每次有感冒必然都处于打头阵的阵营。想到这几天的西伯利亚寒流来势汹汹，妈妈不由得提高嗓门，再次喊道："必须得多穿一件衣服。"不想，女儿意志也很坚定，居然不耐烦地说："哎呀，妈妈，你烦不烦呢？我自己的冷热难道自己不知道吗？穿多了衣服不舒服，也不好运动。"妈妈怒火中烧，想不明白平日里那么听话的女儿，现在为什么居然胆敢顶嘴了呢？但是，宝贝女儿冻坏了自己还是心疼，想到这里，妈妈压下怒火，耐心地说："丹丹，听话啊。你看看，你每次一感冒就会犯鼻炎，医生都让注意保暖，谨防感冒呢！"听到妈妈的语气缓和了，女儿也解释说："妈妈，最近我们为了准备中考，几乎每天都上体育课。如果穿衣服太多，稍微一活动就会满身大汗。还不如穿得少一些，不出汗更舒服呢！"听了女儿的话，妈妈也觉得挺有道理的。毕竟上完体育课后穿着湿漉漉的衣服可不是好受的。妈妈决定尊重女儿的意见。她说："好吧，那你自己注意冷暖。如果觉得冷了，课间就活动活动。"就这样，女儿高高兴兴地去上学了。

上述事例中的妈妈还是比较理智的。面对女儿的初次顶嘴，妈妈并没有被愤怒冲昏头脑，而是和女儿进行了沟通，理解了女儿的想法。试想，如果妈妈非得逼着女儿多穿一件衣服，最终一定会闹得不欢而散。

其实，要想避免因为孩子顶嘴引发的争执，首先应该给予孩子足够的尊重。只有尊重孩子，耐心地倾听孩子的诉说，了解孩子的想法，才能体谅孩子，避免亲子之间发生矛盾。父母们，养儿方知父母恩。在费尽心思教育孩子的同时，你是否曾经想起自己小时候不听父母话的情形呢？以自己曾经的童稚之心，来了解现在的孩子们是怎么想的吧。只要有足够的宽容和包容，有足够的耐心和细心，亲子关系一定能变得更加和谐、融洽。

## 学会真诚地向孩子道歉

一直以来，顽皮的孩子们总是不断闯祸，给父母惹来很多烦心事。因此，孩子们向父母道歉是屡见不鲜的，然而，父母向孩子道歉却很少见。难道和调皮捣蛋的孩子相比，父母从来不犯错误吗？答案当然是否定的。父母也是人，也会犯错误。只不过，父母自古以来就把自己在家庭中摆放得高高在上，为了维护尊严，不愿意向孩子道歉而已。随着观念的开放，教育学家提出了很多新的家庭教育理念。其中非常重要的一条就是，家庭之中亲子关系应该平等、民主，父母如果犯了错误，也应该真诚地向孩子道歉。这么做，不但表现出父母勇敢承认错误的品质，也能够教会孩子敢于担当、不推卸责任、诚实守信。由此可见，虽然父母向孩子道歉是一件小事，但是这件事情在亲子教育中的重要作用却不容小觑。父母们，你们曾经向孩子道过歉吗？

在亲子生活中，父母犯错的机会并非我们想象的那样几乎没有，而是随时随地都有可能犯错。例如，很多父母看待孩子的时候戴着有色眼镜，有时明明不是孩子的错误，他们也会先入为主，批评孩子。再如，父母偶尔也会误解孩子，把孩子的好心当成是坏意。这样的误解会打消孩子的积极性，让孩子感到自己不受欢迎。尤其是当孩子考试成绩不够理想的时候，心急的父母也会批评孩子，把学习不好的原因都归咎于孩子的责任。其实，孩子很多方面的表现都和父母的教育息息相关，即使学习，也和良好的家庭氛围有关。在批评孩子之前，父母首先应该反思自己，是否已经尽到作为父母的责任，尽量给孩子创造良好的生活和学习环境。即便父母已经做到了该做的，但每个孩子的天赋都是不同的，也要允许孩子的发展和进步存在差异。唯有秉持客观公正的原则，才能保证平等地对待孩子，消除误解和委屈。

妈妈给莎莎买了一顶漂亮的棒球帽，但是莎莎不喜欢。后来，每当妈妈让她戴那顶棒球帽的时候，莎莎都百般不愿意。为了避免戴那顶帽子，莎莎想了很多办法，诸如，把帽子藏起来，让妈妈找不到；把帽子弄脏，让它湿漉漉地留在阳台上……有一天，妈妈正准备带莎莎出门，四处寻找帽子都没找到。妈妈很生气，质问莎莎："莎莎，你是不是把帽子丢掉了？"莎莎摇摇头，表示否认。妈妈依然很生气，说："你这个孩子，怎么这么不懂事呢！那顶帽子是妈妈辛辛苦苦挣钱给你买的。早知道你不喜欢，我还不如用买帽子的钱给自己买个围巾呢！现在买了帽子送给你，你却丢掉。"莎莎赶紧分辩："妈妈，我没有丢掉帽子，但是，我真的不知道它去哪里了。"妈妈特别生气，取消了原本计划好的郊游活动，气呼呼地留在家里。

眼看着已经到中午了，出游计划彻底泡汤。莎莎躲在房间里不愿意出来，妈妈无所事事，决定洗衣服。很快，洗衣机就洗好衣服，妈妈端着衣服去阳台上晾晒。衣服即将晒完的时候，妈妈突然发现帽子静静地躺在洗衣机里。她突然想起来，是她前几天把帽子塞进洗衣机的，却完全忘记了。看到莎莎一个人委屈地坐在房间里，原本期盼已久的郊游也被取消了，妈妈感到很愧疚。她走到莎莎身边，真诚地说："莎莎，对不起。妈妈错怪你了，帽子被我前几天塞进洗衣机了，我却完全忘记了。我还为此取消了你期盼已久的郊游，真的很对不起。"听到妈妈的话，莎莎如释重负地说："妈妈，没关系。我觉得，你能真诚地向我道歉，比郊游更让我高兴。每个人都会犯错的，对吧？我以前也会把帽子藏起来让你找不到。"说完，莎莎冲着妈妈笑了起来。吃完午饭，莎莎和妈妈一起去看了一场心仪已久的电影，母女俩亲密无间。

在这个事例中，如果妈妈碍于面子不向莎莎道歉，那么莎莎的心里一定会感到难过。毕竟孩子在犯错之后都会被要求主动道歉，而平等的亲子关系就是，当妈妈发现自己错了，也会主动道歉。经过这次事件之后，莎莎和妈妈的关系一定会更加融洽，因为莎莎知道妈妈非常尊重自己，也能够勇敢地承认错误。

很多父母都觉得向孩子低头认错是很丢人的事情，实际上，每个人犯错之后都应该主动道歉。当父母这么要求孩子的时候，自己首先应该以身作则，为孩子的成长做出榜样。

# 第八章

# 你能发现孩子的烦恼吗

## ——做一个会沟通的家长

一直以来，父母都忽视孩子的烦恼，觉得孩子小小年纪，每天除了吃喝玩乐，不用承担任何的压力，应该是无忧无虑、毫无烦恼的。其实，孩子虽然年纪小，但是也有着自己的小心思。尤其是在现代社会，信息大爆炸，孩子们接触的知识和信息量远远超过以前的同龄人。为此，父母对孩子的家庭教育也应该与时俱进，不但要关心孩子的吃喝玩乐和学习情况，更要随时洞察孩子的内心，帮助孩子排解烦恼。如果你觉得自己的孩子毫无心思，那么你就OUT了，这只能说明一个问题，即你压根儿不了解自己的孩子。了解孩子，从心沟通，就从此时此刻开始吧！

# 别让孩子变成书呆子

现代社会，人们的生活压力越来越大，尤其是中年人，不但要认真努力地工作，争取干出点儿名堂来，还要挤出时间照顾家庭和孩子。当觉得压力无处排泄的时候，很多父母都会把希望寄托在孩子身上，并将其美名曰：“让孩子避免走我们的老路。”毫无疑问，让孩子过得比父辈更好，这是无可厚非的。毕竟整个时代都在飞速发展，父母当然也希望孩子与时俱进，拥有更好的生活。但是，如果把自己的压力也转嫁到孩子身上，那就有些过分了。首先，每一代人都有自己的梦想，当父母的如果没有实现自己的梦想，那么千万不要用这个梦想绑架孩子。其次，重视学习是理所应当的，但是孩子的童年不是只有学习这一项内容。寓教于乐，素质教育，这种观点已经被提出很多年了。要想让孩子爱上学习，而不是被逼迫着学习，父母应该帮助孩子协调好学习和生活娱乐之间的关系，避免孩子变成只会死读书的书呆子。

回想起童年时期的快乐，现在的孩子真是太可怜了。记得在三十年前，孩子们都是自由自在的精灵。背着妈妈用碎布头缝制的书包上学，优哉游哉地蹦蹦跳跳，书包打在屁股上，带着自然的韵律。放学之后，作业少得可怜，甚至只需要十几分钟，就把作业写完了。门外，邻居家的小伙伴正拿着橡皮筋等着呢！就这样，撒谎去玩耍。那会儿，也没有这么多拐卖儿童的罪犯，在家门口玩耍非常安全。一直玩到日落西山，蟋蟀都开始唱歌了，才恋恋不舍地回家。夏天来了，还会拿着瓶子到四处的水洼里抓蝌蚪。小蝌蚪有不同的颜色，有的是灰色的，有的是黑色的。据说，黑色的蝌蚪长成青蛙，灰色的蝌蚪只会变成癞蛤蟆。因此，无形之中对黑色的蝌蚪有了几分偏爱。冬天呢，下雪天是最好玩的，不但可以堆雪人，还可以用各种奇形怪状的东西装一些雪，撒上白糖，就变成了最天然的冰淇淋……这么多美好的乐趣，数都数不完。现在的孩子呢？生活在钢筋水泥的城市森林里，虽然早早地放学了，但是只能被关在家里，写作业、看电视，或者百无聊赖。他们没有伙伴，也没有那么多的乐趣。童年，于他们而言是寂寞的，是枯燥乏味的。在这样的情况下，虽然素质教育喊了很多年，却无法换回孩子们的快乐。等到周末的时候，爸爸妈妈好不容易可以休息了，却又充斥着各种各样的补习班。很多孩子周末比上学的日子更累，因为要奔波于各种补习班之间，甚至连好好吃午饭的时间都没有。如此一来，孩子怎么会不变成书呆子呢？从某种意义上来说，变成书呆子的孩子已经成为学习的机器，虽然他们学习成绩非常优秀，但是却高分低能，也无法把自己的生活调节得有声有色。人活着是为什么呢？当然是为了感受幸福和快乐。父母们，千万不要本末倒置，让孩子机械地学习。不管什么时候，动手能力都比试卷上的考分更重要。明白这一点，你们才不会在教育孩子的路上走弯路。

今天上班，办公室的老王一整天都在捣鼓机器人。说是机器人，目前只是几根电线和零散的部件而已。不止一个同事问老王："老王，你这是干吗呢，要去参加科学大赛吗？"老王无奈地摇摇头，说："甭提了，学校老师布置作业让每个同学都要上交一个发明创造。这不，我儿子想做机器人。昨晚，原本是他在做，结果我媳妇看到我下班回家，当即说'老王，你给儿子做机器人吧！他作业那么多，哪里有时间做这个啊！'你说，我能怎么办？我这个文科生，做机器人的水平还真不如儿子呢！"听了老王的抱怨，办公室的同事都哈哈大笑起来。一个女同事调侃老王："老王，你要是自己上学的时候也这么用心，估计现在都成大学教授了！"还有一个同事说："老王，你别听媳妇的呀。老师这是为了培养孩子的动手能力，你应该让孩子自己做。素质教育都提出这么多年了，为什么孩子动手能力依然很弱，就是因为你们这些家长越俎代庖。"这个同事的话让老王陷入沉思，的确，如果机器人由老王制作完成，那么孩子能得到什么呢?

晚上回家，老王把任务原封不动地退还给孩子。媳妇很不乐意，说孩子上学太辛苦，老王却斩钉截铁地说：“这个任务必须由他自己完成。老师也是的，给孩子布置任务做机器人，为什么不给予辅导呢！”老王对孩子说：“强强，这样吧，周末的时候爸爸和你一起完成机器人，你看如何？”孩子高兴地说：“当然好啊，我还愿意亲手做机器人呢！都是妈妈，非要让你做。爸爸，到时候我做，你在旁边看着。有不懂的地方，咱们就一起研究，好吗？”周末时，老王专门抽出一天时间陪着孩子一起完成了机器人创作，孩子非常高兴。

在这个事例中，如果老王独自完成机器人的创作，那么老师的用心就完全白费。当然，老王这种折中的方法是很好的：和孩子一起创作机器人，不但能陪伴孩子，还可以随时了解孩子的进展情况，与孩子一起面对制作过程中的难题。其实，每个家庭都非常重视孩子的教育，只不过有些父母爱子心切，毫无原则地代替孩子完成很多事情。这样的包办，对孩子有百害而无一利。

爸爸妈妈们，你们把动手的机会留给孩子了吗？和孩子一起动手，不但可以享受亲密无间的亲子时光，也可以培养孩子的创新思维哦！如此一举数得的好事，此时不做，更待何时呢?

## 当孩子发呆时，不要随便打断他

从哲学形而上的角度来说，人生而孤独，每个人都是孤独地来，孤独地去。既然如此，每个人都应该学会独处，即一个人的时候也能自得其乐，不至于烦躁崩溃。人成长的标志之一，就是学会独处。其实，细心的父母会发现，孩子也常常独自相处。他们原本非常活泼调皮，恨不得把屋顶都掀翻了。然而，没过多会儿，他们就变得异常安静。或者静静地坐在一个角落里，或者盯着某个地方，神游物外。这就是孩子在发呆。每当这时，已经被孩子闹腾得心烦意乱的父母反而会不安起来：宝宝为什么发呆呢？宝宝是不是精神有什么问题啊，或者是身体哪里不舒服，否则怎么会安安静静地待着不动呢？不是说孩子除了睡着和生病，从来不会有片刻安静吗？种种所思，都是因为父母不了解孩子的生理和心理的发育特点。

大多数父母都理所当然地以为，宝宝发呆，一定是思维停滞的表现。实际上，恰恰相反。孩子和大人一样，只有在心思非常活跃地专注于某一点的时候，才会表现出神游的情况。即表面平静如水，实则内心暗潮涌动，惊涛骇浪。从某种意义上来说，发呆是一种自我调节。所谓“呆”，只不过是不了解内情的外人看到的表面现象。实际上，发呆的人思维特别活跃。这种活跃的思维，让孩子瞬间进入了自己的世界，而完全忽视了外部世界。这样的思考，对于孩子来说是自然而然的，不会让孩子感到疲劳。相反，他们会因为沉浸在自己的世界之中感到非常放松。

在日常生活中，外界的干扰太多，成人们很少有机会静静地发呆。孩子们也是如此，发呆的机会非常难得。所以，当孩子发呆的时候，父母一定不要贸然打扰孩子。在自己的世界里天马行空，纵横驰骋，想想都让人羡慕，不是吗？经常发呆的孩子，能够排解自己的情绪，舒缓紧张的压力，让自己的思绪更加轻灵。既然每个人都需要独处，当孩子在不知不觉间练习独处的能力时，作为父母，为什么要打断他们呢？外面的世界纷纷扰扰，真正能够投射孩子们内心深处的，恰恰是发呆的状态。细心的父母会发现，当孩子发呆的时候，眼神非常深邃。如果经常打断孩子发呆，那么孩子的注意力就很难集中。发呆是一种能力，好好爱惜孩子的这种能力吧！

近来，读初中的饶饶总是发呆。有一天吃完晚饭，饶饶拿起老师布置的作文题，又开始发呆。妈妈看到饶饶坐在书桌前很长时间都没动静，因此走过去问饶饶：“饶饶，你在干什么呢？”饶饶被妈妈惊醒，说：“妈妈，你为什么打断我啊？老师布置了一篇作文，是续写。我正在构思事件的发展呢，被你一说，思绪戛然而止。”听了饶饶的话，妈妈哭笑不得，说：“你这么安静地不说话，我还以为有什么问题呢！”饶饶嗔怪地说：“妈妈，你还是去看电视吧，不要打扰我。我都这么大了，能有什么事情？”经过一晚上的构思，饶饶写的作文果然得到了老师的表扬。老师说，饶饶不但构思巧妙，而且想象力非常丰富。饶饶暗自窃笑，心想：“这都归功于我的发呆神功啊！”

几个月前，爸爸妈妈发现闹闹总是莫名其妙地发呆。闹闹8岁了，正应该是活泼好动的年纪。平时，她的表现一切正常，也很爱笑。然而，近来，她常常突然发呆，而且即使爸爸喊她，她也浑然不知。偶尔，她在发呆的时候还会不停地绞着两只手。有些医学常识的爸爸意识到情况很反正，赶紧带着闹闹去医院检查。经过脑电图检查，医生确定闹闹得了失神癫痫。经过及时治疗，闹闹现在已经基本恢复正常，回到学校学习了。

在上述两个事例中，第一个事例中的饶饶是正常的发呆。这样的发呆，是孩子沉迷于某件事情的表现，说明孩子具有专注力。但在第二个事例中，闹闹的发呆却是病态的——失神癫痫。失神癫痫的症状和发呆很像，然而，在失神癫痫发作引起的发呆时间内，患者是不知道外界发生什么事情的。正常的因为专注而导致的发呆则不同，他们随时可以被他人从神游的状态中唤醒，在发呆期间也能感受外界的情况。失神癫痫通常发于孩子3~12岁，女孩患病概率比男孩高。父母们在发现孩子发呆的时候，一定要细心观察，区分这两种情况。如果是病态的，一定要及早治疗。如果孩子只是因为专注而走神，那么最好不要打断孩子的思绪。换言之，能够让思绪张开翅膀，在想象的世界里自由翱翔，是一件很幸福的事情！

# 成绩，不是衡量孩子的唯一标准

现代社会，很多为人父母者，在承受巨大工作和生活压力的同时，也把这种压力转嫁给了孩子。例如，很多爸爸都会对孩子说："宝贝，你一定要好好学习啊！只有考上好大学，以后才有好的工作，也才能生活得好！"妈妈呢，则会说："孩子，不好好学习永远也不会有出息，你看看你爸爸，就是因为学习不好，现在生活才这么累。"总而言之，不管爸爸妈妈说什么，怎么说，都剑指一个目的：让孩子好好学习。尽管现代社会提倡素质教育，摒弃应试教育，然而现阶段的国情决定了目前孩子们要想走窄门，出人头地，改变命运，就必须和千万考生一起挤过高考的桥。对于有钱有势的人家而言，还可以把孩子送出国读书，以躲避高考。然而，对于千千万万个普通家庭而言，只能符合国情的需要，以成绩论英雄。现状就是如此无奈，尽管很多父母都知道学习不是只有一条途径，成绩也不能完全代表孩子的真实能力，可是只有成绩是明确的量化，能够决定孩子的一生。既然如此，还谈什么素质教育呢？即使有觉悟对孩子开展素质教育的父母，也只能在保证孩子成绩优秀的基础上，才谈及素质教育。

然而，随着时代的发展，现在的大学教育已经非常普遍。对于大多数孩子来说，只要愿意，基本都可以进入大学学习。这样一来，就缓解了孩子们的学习压力。其实，每个孩子的特点都完全不同。有些孩子天生就是学霸，以学习为乐趣。相反，有些孩子看到书本就头疼，反而在生意方面眼光独到。对于这样两个极端的孩子，还能以成绩论成败吗？既然如今成才的道路条条通罗马，能力也被提升到比成绩更重要的地位，那么父母们，你们还不能接受孩子的成绩吗？归根结底，成绩只代表孩子在学习方面某一特定时期的表现，甚至不能代表孩子真正的学习水平，又何必要把成绩看得过重呢？近年来，有多少大学生因为学业的压力和就业的压力，不堪重负，走上了不归路？和生命比起来，一切都无足轻重。只有真正意识到这一点，明智的父母才会给孩子松绑，让孩子自主选择一条能够获得幸福的道路。

这次期末考试，铭铭依然是全班倒数第一。对于这个成绩，当妈妈在家长会上知道之后，当即就恨不得找个地洞钻进去。然而，在为数不多被表扬的几个孩子中，就有铭铭。老师说，铭铭进步很大，以前完全不会做阅读理解，这次考试有两张加分卷就是阅读理解，铭铭也努力做完了。家长会之后，铭铭妈妈单独留了下来，想问问老师关于铭铭的情况。看到铭铭妈妈，老师非常欣慰地笑了，说："铭铭最近表现不错哦！"妈妈很困惑，问老师："老师，铭铭每次考试都是全班倒数第一，你为什么还说他不错呢？"老师笑了，说："铭铭妈妈，可能我比你更了解孩子的学习。即使都是倒数第一，情况也是有了很大的好转。以前，铭铭每次考试阅读理解都是空白卷，因为他的阅读量实在太小了。这次考试，铭铭完成了所有的阅读理解。这说明他有了很大的进步。"妈妈还是有些疑惑，不知道老师为何要表扬铭铭。老师继续说："其实，每次考试之后，你们作为家长都更关注成绩，毕竟小升初还是要以成绩说话。不过，我从教育工作者的角度，劝你们更多地关注孩子自身的进步。就像铭铭，他接连几次考试都是倒数第一，但是他每次都有很大的进步，这就是值得欣慰的。我觉得，您回家之后可以好好地鼓励他，因为他很努力。"

刚刚回家，妈妈就把老师的话原封不动地转告铭铭。原本因为考试成绩不好而惴惴不安的铭铭，听说老师居然表扬他了，不由得一蹦三尺高。妈妈也采纳了老师的建议，不但鼓励铭铭继续努力，还承诺要带铭铭看一场开心超人大电影。出乎妈妈的意料，在又一次考试中，再接再厉的铭铭竟然甩掉了倒数第一的帽子，变成了倒数第五名。这次，无须老师点拨，妈妈就给了铭铭大大的表扬，还奖励了一套《淘气包马小跳》的书给铭铭呢！

对于孩子来说，只要他在不停地努力，取得小小的进步，父母就应该慷慨地给予他认可和鼓励。虽然分数很重要，但是对于有些孩子来说，分数一时之间不可能得到大幅度的提高。只要进步，就有希望。即使进步之后，分数也不够理想，又有什么关系呢？分数，远远不是衡量孩子的唯一标准。孩子身上还会有很多优秀的品质，也会有其他人不具备的能力。父母要做的就是像伯乐寻找千里马一样，发现孩子的诸多优点，使其发扬光大。

## 既要和老师统一战线，也要和孩子结成同盟

如今，随着家庭教育地位的上升，对于孩子的教育，已经变成了学校、家庭和孩子三位一体。那么，这三者之间的关系应该怎样定义呢？是以学校教育为主，以家庭教育为辅，还是以家庭教育为主，以学校教育为辅呢？对此，人们众说纷纭，意见分歧很大。不管学校教育和家庭教育如何定位，都不能改变现实的教育状况，即学校教育为主导，家庭教育为辅助。尤其是家长，几乎变成了老师的兼职助教。不得不说，现在的教育系统内，老师一不高兴就请家长座谈，差不多变成了行业规矩。甭管家长是银行行长，还是报社主编，抑或是多么有钱有势的人物，只要到了主管自家孩子的老师面前，立马卑躬屈膝，毕恭毕敬。现在，在大城市的学校里任职的老师，和家长的关系是非常密切的。以小学为例，老师会建立QQ群或者微信群。每天布置的作业，老师也不用再磨破嘴皮子在孩子面前念叨，还生怕孩子以忘记作业是什么为由不写作业，因为老师已经凭借现代化手段，把作业发到每个家长的手机上了。如此一来，如果孩子再不完成作业，那就不是老师的问题，也不是孩子的问题，而是家长的问题。意识到自己身兼重任，家长朋友们不禁觉得任重而道远。归根结底，家长没有任何理由把监督孩子写作业的任务推却开来，所以也就理所当然地在老师面前承担起了这个责任。如果孩子作业没写完，在群里被通报批评，该家长简直觉得无地自容。这就是学校教育和家庭教育在现代教育背景下的关系，也是老师和家长之间的捆绑关系。

然而，孩子也是有自尊心和主见的独立个体。亲子关系之所以越来越紧张，就是因为孩子觉得在学校被老师管，回家接着被老师的助理——家长管。由此一来，叛逆心理顿生。其实，家长要想拉近与孩子之间的距离也很容易，即灵活处理，不要一味地作为学校代言人的形象出现。将心比心，假如领导白天已经盯了你一天，晚上又派了一个光明正大地潜伏在家里的“间谍”看着你，你会不恨领导和“间谍”吗？所以，“间谍”必须当双料的，处理好学校和孩子之间的关系。例如，老师让家长看着孩子写那么多作业，实在的家长也许会实心实意地看着，但是灵活的家长就会采取表通的手法，在孩子面前树立自己的形象：“今天的作业怎么这么多？老师怎么搞的，是不是布置错了。不过哈，错了也没办法，宝贝，你就辛苦一下赶快做完吧。明天抽时间，我会和你们老师反馈下，争取下次作业少一点儿。”这么说，孩子会觉得父母是站在自己这一边的，心里虽然被沉重的作业压得喘不过气来，但好歹觉得父母还是体谅自己的。反之，如果家长义正言辞、铁面无私地说：“这点儿作业哪里多呢！我告诉你，你们老师这已经很好啦。我小时候，老师每次布置作业都超级多，爷爷奶奶也从来不会陪着我写作业啊！”或者说，“别废话，老师不会胡乱布置作业的。让你写什么你就写什么得了，啰唆什么呢！”后一种表达方式，孩子一定会因为父母对老师的盲从而愤愤不平，甚至产生逆反心理。作为家长，夹在老师和孩子之间，既要和老师统一战线，在老师面前许下军令状，又要站在孩子的立场上，体谅孩子小小年纪就承担繁重的学业，与孩子结成同盟。只有平衡好这二者之间的关系，家长朋友才能守得云开见月明。

一直以来，因为妈妈每天都和老师一个鼻孔出气，在放学之后作为老师的耳目，对夏夏严盯死守，看着夏夏写作业，读课外书，一刻也不放松，所以夏夏心里非常抵触妈妈。眼看着老师对妈妈的评价越来越高，夏夏对妈妈的逆反心理却越来越强。妈妈越想越不对劲，自己的初衷是为了女儿好，如果女儿学习的确好了，但是却因此和妈妈成了仇人，那么妈妈岂不是舍本逐末嘛！想到这里，妈妈突然改变战略。

这天早晨，夏夏和往常一样赖在床上不想起来。尤其是当听说外面雾霾严重的时候，她更不愿意挤一个多小时的公交车去上学了。她撒娇地对妈妈说："妈妈，雾霾再加上公交尾气，和诸多乘客的气味，我会不会被毒死呢？"妈妈看着夏夏，认真地说："闺女，你是不是不想去上学？"夏夏有些难以置信妈妈会问出这样的问题，因此惊讶地瞪着大眼睛看着妈妈。妈妈又说："要不，妈妈帮你请假吧，就说你着凉咳嗽。"夏夏迟疑地问："那么，我们在家里干什么呢？"妈妈毫不迟疑地回答："我给你做比萨，我教你今天上课要学的内容，怎么样？"直到现在，夏夏才确定妈妈说的是真的。她从床上一跃而起，欢呼雀跃。她问妈妈："妈妈，你不怕影响我的学习吗？"妈妈说："学习虽然重要，但是也没我闺女的身体健康重要。咱们家里的空气比外面好多了，今天就当作是家庭日吧，一切都在家里进行。"说完，妈妈就给老师打了个电话，给夏夏请假。

之后，夏夏又美美地睡了一觉。妈妈呢，则去超市采购了夏夏爱吃的水果和零食。这一天，夏夏和妈妈在家里过得充实而又愉快。这让夏夏改变了自己之前的想法，她想：归根结底，妈妈是爱我的。她帮老师看着我写作业，也是为了完成老师布置的任务。实际上，我在她心里才是最重要的。自从这件事情之后，夏夏和妈妈的关系缓和了很多，她们之间结成了同盟，虽然对老师撒了一个小小的谎，却让母女之间心贴心了。

夏夏妈妈很聪明，和母女间的感情相比，耽误一天的课程有什么要紧的呢！况且，也根本没有耽误一天的课程，因为妈妈已经给夏夏补课了。对于夏夏来说，经过这次和妈妈一起向老师撒了个小谎，她突然之间就觉得和妈妈之间的对立关系不存在了，而是变成了一个战壕的战友。这样的关系，必然使得夏夏和妈妈走得很近，也更加容易接受妈妈的意见和建议。看起来，妈妈似乎配合夏夏逃了一天的课，实际上，妈妈在与夏夏的关系上自此占据主动。

父母们，你们有没有在老师和孩子之间取得平衡呢？只有在老师和孩子之间维系一种平衡的关系，父母才能最大限度地发挥主导或者是辅助作用，帮助孩子快乐学习，健康成长！

## 陪伴，帮助孩子驱散寂寞

随着电子产品的普及，尤其是手机的功能越来越多样化，父母给予孩子陪伴的时间也越来越少。现在，大部分人都加入了低头族的行业。走在熙熙攘攘的北京街头，一眼望去，有很多人都在边走路边低头看手机。前几天，有个新闻让大家感到万分震惊，即一个女子因为沿着河边走，边走边看手机，居然掉进河里淹死了。在地铁上低头族的现象则更加明显。人们或者坐着，或者倚靠在哪个地方站立着，手里依然不忘打开手机，看新闻、看视频，刷朋友圈。这样的现象，让人感到非常忧虑。就在昨天，有一群十几岁的少年进行了行为艺术。他们在早高峰时期涌入地铁，每个人都默不作声，而是捧着一本书读。在现代电子产品无所不及且无所不能的今天，散发着油墨书香的书籍，显得那么亲切，又那么罕见。在电子生活无孔不入的今天，父母对孩子的陪伴也显得不那么纯粹了。由于网络技术的发达，很多人即使回到家里，也可以通过网络处理工作。因此，当一家人都回家之后，孩子寂寞地守着电视，妈妈在厨房做饭，爸爸呢，则打开电脑上网，处理各项私人事宜。其实，那些事情真的有这么重要吗？在没有网络和手机的时代，孩子们是多么幸福啊！他们可以一家人团团围坐在小小的黑白电视前，欣赏电视节目。没有电视的人家，有一搭无一搭地聊聊天，在暖气炉上烤花生吃，都是难得的经历。相比之下，现代的孩子太可怜了。虽然没有经过调查，但是我相信这样的场景在现代的夜晚一定时常发生：一家三口坐在沙发上看电视，只有孩子盯着电视，他左边的爸爸在看手机，他右边的妈妈也在看手机。以往，人们常常因为工作忙忽略陪伴孩子，现在的情况则更加严重，即使偶尔和孩子团聚在一起，时间也完全被电子产品占用。坐在爸爸妈妈中间的孩子，心里是多么寂寞啊！

也许有些父母会说，现在的孩子多幸福啊！那么多的玩具，要什么有什么；那么多的零食，想吃什么随时可以吃……这样的幸福，根本不是孩子想要的。如果你是孩子，你就会知道，你最想要的是父母全心全意的陪伴。陪伴，对于孩子的成长有着深远的影响。在父母陪伴下长大的孩子，有非常强烈的安全感，在遇到困难和挫折的时候，能够越挫越勇，坚持不放弃。相反，如果孩子从小在父母的忽视中长大，丝毫感受不到父母用心的陪伴，那么他们就会变得胆小怯懦，失去自信。父母们，当你们以为孩子创造更好的生活为由，剥夺孩子与父母相伴的权利时，请一定要扪心自问：你们所给予的孩子真的需要吗？众所周知，为一个人好，不要把自己喜欢的东西强加在他的身上，而要给予他真正喜欢的。对孩子好也是同样的道理，只有满足孩子真正的需求，才是对孩子好。今天，你陪伴了吗？

瑞瑞得了自闭症，一夜醒来之后，突然不再说话了。不管爸爸妈妈和他说什么，他都默不作声，仿佛听力出现了问题。看到瑞瑞的样子，爸爸妈妈紧张地送他去医院检查，不过，医生很确定瑞瑞的听力非常好，没有任何问题。那么，问题出在哪里呢？要知道，瑞瑞昨天还可以正常地表达呢！妈妈急得哭起来，瑞瑞却不为所动，表现得很淡然。

后来，医生建议爸爸妈妈带瑞瑞去看心理门诊。心理医生详细询问了瑞瑞在此之前的言行举止，觉得没有什么异常。这时，妈妈说了一个细节。原来，昨天晚上瑞瑞洗澡之后，喊爸爸妈妈给他讲故事。当时，爸爸正在对着电脑处理工作，妈妈正和朋友在微信上聊点儿事情。因此，他们谁都没有理瑞瑞。等到他们忙完手里的事情去看瑞瑞的时候，瑞瑞已经睡着了，醒来就成了这个样子。听了妈妈的讲述，心理医生似乎找到了病根。他让瑞瑞先和爷爷奶奶去门外等着，而把爸爸妈妈单独留下来。心理医生说："孩子得了暂时性的自闭症，目的就是反抗你们对他的漠视，表达自己的不满。既然孩子喊了你们，你们不管手里有什么事情，都应该马上给予他回应啊。我想，你们的生活里一定经常充斥着手机和电脑，瑞瑞肯定不是第一次被冷落。”听医生这么一说，爸爸妈妈也觉得很有道理。他们连连点头，异口同声地说：“我们的确有这个问题。”爸爸说：“我保证以后下班回家再也不处理工作上的事情了，也不看手机。”妈妈也懊悔不已：“就因为我和朋友多聊了几句，冷落了瑞瑞，瑞瑞就变成这样了。他还能好起来吗？我回家就换个传统的手机，再也不用手机乱七八糟的功能了！”看着爸爸妈妈着急的样子，医生无奈地说：“你们呀，早知今日，何必当初呢！现在，回家之后不要让瑞瑞看到电脑和手机。目前也不确定到底是不是这个诱因导致的，但是也没有其他的头绪，所以就先按照这个办法去做吧！”

一周之后，瑞瑞的爸爸妈妈特意来到心理门诊感谢医生。原来，他们全都请了假，专门陪伴瑞瑞。一周的时间里，爸爸妈妈每天都全心全意地陪伴瑞瑞，瑞瑞终于在五天之后愿意说话了。他说：“爸爸妈妈，你们真的爱我吗？”后来，经过一番沟通，爸爸妈妈真诚地向瑞瑞表达歉意，并且保证以后再也不会发生类似的情况。就这样，那个活泼快乐的瑞瑞又回来了！

孩子其实很寂寞，很多时候，父母无法站在他们的角度看待问题，也不能体谅他们的想法和做法。在这种情况下，如果爸爸妈妈在身边却不能全心全意地陪伴他们，他们就会觉得更加苦闷。没有人愿意被当成空气一样，尤其是孩子小时候已经习惯了全家人都围着他转的生活。虽然我们不赞同过度关注孩子，但是依然要给予孩子适当的关注，让孩子感觉到自己的存在很重要。

陪伴，是最长情的告白。很多父母都自诩为最爱孩子的人，实际上却在不知不觉间做着伤害孩子的事情。如果你曾经忽视孩子，如果你的孩子很寂寞，那么从现在开始，放下手里的一切，成为孩子最尽兴的玩伴吧！你会发现，孩子的笑声是世界上最美的天籁！

# 当孩子和伙伴们发生冲突时

如今，在现代的家庭结构中，孩子不但被当成命根子一样珍视，也被当成眼珠子一样爱护。对于从小捧在手心里呵护的孩子，每个父母都万分保护。然而，过度保护对于孩子来说并非是好事。举个最简单的例子，如果父母总是把孩子保护得从未受过任何伤害，那么孩子就会失去安全意识，即使危险就在眼前也浑然不知，因为他根本不知道危险为何物。再如，如果父母总是骄纵宠爱孩子，让他独享家中所有的美食、玩具和特权，那么当孩子走出家门，与其他小朋友相处，他也依然唯我独尊，认为别人都理应让着他。由此一来，游戏秩序的建立就变得难上加难。最让父母们头疼的还是当孩子和小朋友发生冲突时，看着自己孩子哭得鼻涕一把眼泪一把，心疼是当然的，如何处理则更加棘手。小朋友们都年纪相仿，而且都是从小备受家人宠爱和呵护的，说自己的孩子吧，舍不得，说别人的孩子吧，非但没权利，弄不好还会导致家长之间的冲突。那么，如何是好呢？

其实，孩子的群体之中也存在一定的秩序和规则。虽然父母们看孩子在一起玩耍，貌似毫无秩序可言，其实，孩子也是有是非判断标准的。如果你曾经观察过几个年纪相仿的孩子在一起玩，你就会发现他们很快会推举出一个核心人物。这种推举大多数情况下是无心的，有的时候居然还会通过举手表决的方式，这充分说明孩子们想要建立童真世界的秩序。如果在玩耍的过程中发生冲突，当父母不在场的时候，他们通常能够顺利解决。一旦父母插手干涉，事情马上就会变得复杂起来。与其看着孩子们因为父母意见相左而反目成仇，聪明的父母更愿意选择袖手旁观。当然，袖手旁观的前提是观察确定孩子们之间的冲突不会升级，不会导致人身受到伤害。

乐乐5岁的时候和妈妈一起在小区广场玩。广场上有很多小朋友，其中有一个小朋友比乐乐小一岁，其他的都和乐乐年纪相仿。孩子们总是很喜欢泥土，因为天刚刚下过雨，所以泥土很湿润。几个小朋友团团围在一起，找小木棍掘土玩。妈妈呢，则站在旁边和其他妈妈闲谈。谈着谈着，突然，妈妈听到乐乐在哭。看过去之后，发现乐乐气得满脸通红，正在和一个孩子的妈妈吵架。妈妈赶紧冲过去，在小朋友们七嘴八舌的介绍中了解情况。

原来，小朋友们都在四处找小木棍掘土。这个孩子捡了一根小木棍，玩着玩着，就扔到一边，不玩了。乐乐突然发现了这根小木棍，就捡过来掘土。这时，那个孩子看到了，就去抢乐乐的木棍。乐乐当然不愿意，他说这是他发现的木棍。这时，孩子的妈妈就说："你比小弟弟大，应该把木棍给他。"乐乐也不示弱，说："这是我的木棍，我为什么给他？"这时，有一个老奶奶也在一边说："你比他大，你应该让着小弟弟啊，不要那么小气。"这句话让乐乐很恼火，而且那个小朋友仗着自己妈妈帮着自己吵架，居然冲上来把乐乐的胳膊挠破了。弄清事情的来龙去脉后，乐乐妈妈很生气。她质问那个妈妈："这是扔在地上的木棍，也没写着你家孩子的名字。你家孩子不讲理，你为什么也不讲理，还看着你的孩子打我的孩子？就算我的孩子大一点儿，也没有法律规定保护不讲理的弱小者。孩子不懂事，难道你也不懂事吗？"旁观的几位妈妈，纷纷指责那个妈妈，那个妈妈灰溜溜地带着孩子走了。从那以后，小区里的孩子看到她家的孩子都躲着走，不愿意和那个蛮不讲理的妈妈打交道。

在这个事例中，那个妈妈显然大错特错了。首先，作为妈妈，她不应该加入孩子之间的争吵，纵容自己的孩子不讲道理，还打人。其次，她这么做只会让孩子以后变本加厉，变成人人讨厌的小朋友。其实，这件事情原本只是一件小事，如果没有妈妈的介入，也许小朋友们自己就能够解决问题。

父母们，一定要相信孩子的能力。孩子虽小，也有自己的是非观念，也能分得清楚善恶。要想让孩子人缘更好，父母们就要控制自己的冲动，不要在孩子之间发生争执的时候介入其中，更不要在介入孩子的纷争之后偏向自己家的孩子。明智的父母，一定会更好地平衡孩子之间的关系，让孩子自由地发展友谊。

# “早恋”不是毒瘤，而是一朵需要用心呵护的花

这么多年来，不管是学校的老师，还是父母，在谈起早恋问题时，总是谈虎变色。对于青春期的孩子来说，似乎父母最担心他们出现的状况就是早恋。早恋真的那么可怕吗？实际上，早恋只是男女孩子之间发生的一种非常正常的现象和情愫。歌德曾说，那个少年不善钟情，那个少女不善怀春。的确，青春期这种纯洁的感情，是人类最美好的感情之一。这种感情的出现，也完全符合少男少女们的心理需要。如果父母能够摆正心态，坦然面对，早恋就会变成孩子人生之中最美丽的回忆和风景。

早恋不是毒瘤，早恋是一朵含苞欲放的花。每个人都有追求感情的权利，只不过，青春期少女因为年纪比较小，心理发育相对不成熟，所以不建议仓促而又盲目地决定自己的感情大事。常言道，哪里有压迫，哪里就有反抗。对于青春期的少年们来说，他们原本懵懂的对异性的喜爱，恰恰是被父母的急迫反对起到了促进作用。反之，如果父母们能够将其作为一种正常的感情对待和引导，那么，他们的心理也会放松，而不会感到如临大敌。少男少女们的感情是很纯粹的，他们对彼此的喜爱，就像是一朵娇艳的牡丹花。这么美好的感情，理智的父母不会去亵渎，更不会进行诋毁。只有帮助孩子正确地疏导感情，早恋才能结出美丽的“果”。当然，这里所说的结果，不仅仅是指相爱的人在一起。众所周知，少年时期的男孩女孩们，心理发育没有完全成熟，对于很多关乎人生的重要抉择，并不能做出正确而又到位的决定。他们自己的发展尚且没有定型，又如何知道自己真正想要的是什么呢？这里的果，指的也是经过父母和老师的正确疏导，彼此有好感的孩子们携手努力学习，互帮互助，最终学有所成，奔向人生坦途。至于他们最终是否能在一起，那就完全要看缘分和命运的安排了。父母们，如果你家恰巧有青春期的男孩和女孩，你是否已经准备好平静坦然地面对他们的感情生活了呢？放轻松吧，早恋多么美好，根本没有想

象中那么可怕。

正在读初中的丽丽喜欢上了隔壁班级的男孩。那段时间，因为爸爸经常喝醉酒耍酒疯，丽丽非常苦闷。看到这个高高大大的男孩那么温柔地和自己说话，丽丽的心简直也要融化了。冲动之下，丽丽居然主动给这个男孩写了一封信。男孩收到信之后，感到很惊讶，他没想到平日里文文静静的丽丽居然会做出如此大胆的举动。为了安抚丽丽，他给丽丽回了一封信。后来，每到周末的时候，丽丽就会去男孩家附近，希望能够遇到男孩。

没过多久，老师就知道丽丽的事情，同学们私下里更是传得沸沸扬扬。丽丽学习成绩很好，当时正值初中，老师不想让这件事情影响丽丽的学习。在一次期中考试之后，老师给成绩优秀的丽丽发奖品，是一本《少女》。在发奖品之前，老师针对少女里的文章谈了一些看法。她说："你们现在是最美好的年纪，不但每个女孩都像含苞待放的花骨朵，也是处于学习的黄金时期。这个时期的男孩女孩，也许会对异性产生好感，这都是正常现象。不过，同学们，我们一定要分清楚生活的主次。人的感情是不能浪费的，如果现在用光了，以后到了应该恋爱结婚的年纪，就会觉得没有感情可用。"丽丽听了老师的话，脸不由得红起来。她上讲台领奖品的时候，老师还说："丽丽，好好看看《少女》，好好学习。"之后的几天，丽丽的脑海中始终回旋着老师的那几句话。她和那个男孩恢复了同学关系，她想在对的时间遇到对的人，拥有最美好的爱情。

事例中的丽丽很幸运，她遇到了一位好老师。老师很了解丽丽，知道丽丽一点即通。和丽丽比起来，曾经有个女孩很悲催。她的遭遇前半部分和丽丽一样，就是喜欢上一个男孩，并且给那个男孩写了一封信。但是，那个男孩把信交给了老师，为了杀一儆百，老师把她的信当众读了出来，以警示同学们。不想，女孩觉得颜面尽失，居然选择了自杀。如此简单粗暴的教育方式，让一个如花朵般含苞待放的女孩生命戛然而止。作为一个教育工作者，在看到发生这样的事情时一定会受到良心的谴责。每个孩子的心灵都是那么娇嫩，都值得我们想方设法地去呵护。不管是老师，还是父母，在对待孩子的时候一定要谨慎。千万不要因为一时的冲动，让自己遗憾终生。

早恋，只要正确引导，就会对学习起到促进的作用。在诸多早恋的孩子中，也不乏从初中时代到高中时代都是好同学，大学毕业后携手走入婚姻殿堂的。人生，是一场修行，每个人都应该与有缘人彼此相识相知，相互搀扶。父母们，你们还视同早恋如洪水猛兽吗？请平静愤怒的心，把美好留给孩子们!

# 第九章

## 培养了不起的小孩

### ——话说对了才能激励孩子进步

在生活中，有些孩子自信果敢，敢想敢说也敢干，就像是一个小小的勇士，让人油然而生对他的敬佩。与他们相反的是，有些孩子胆小怯懦，站在任何地方都佝偻着身体，似乎身上背负着千斤重担，无论如何也无法鼓起信心，让人生扬帆起航。其实，孩子们这两种迥然不同的气质，是由于父母在教育过程中的不同特性导致的。很多父母总是一味地否定孩子，打击孩子的信心，日久天长，孩子必然觉得自己一无是处，何来的自信心呢？有些父母呢，他们总是给予孩子信心、勇气和力量，作为孩子最坚强的后盾让孩子依靠，这样的孩子，必然充满信心，充满正能量！

# 发现孩子身上的闪光点

很多父母都有一个共同的毛病，即看别人家孩子哪哪都好，看自己家的孩子却诸多不满意。这是为什么呢？难道自己家的孩子真的比别人的孩子差那么多吗？其实不然。这就像夫妻一样，男人觉得别人的老婆好，女人觉得别人的老公好。究其原因，就是因为他们看别人的时候只看到表面好的一面，而没有深入接触，不知道别人也是有很多缺点和弱点的。父母看孩子也是如此。从孩子呱呱坠地开始，父母就与孩子零距离亲密接触，无微不至地照顾孩子。这个时期，父母对于眼前这个弱小的生命有着无限的憧憬，总觉得自己家的孩子是最独特、最与众不同的。正因为如此，他们对于孩子的期望值非常高，只不过他们自己浑然不知而已。有人曾说，随着孩子渐渐长大，父母最痛苦的事情，就是接受孩子的平庸。的确，当孩子进入学校，和很多孩子放在一起比较，父母们遗憾地发现孩子并非自己想象中那么出色，这也就导致他们对孩子渐渐生出不满，甚至是失望。然而，这就是无法改变的事实。孩子并不像你想得那么完美无瑕，那么无所不能。你的孩子和你一样普通，但是你却不能像安然接受自己那样接受他。在这样的心理落差之下，妈妈们爱上了炫耀孩子，把孩子和其他孩子相比较。发现优点，就夸张地炫耀；发现缺点，就回家关起门来纠正孩子。随着比较的深入，更多出类拔萃的孩子聚集在一起，妈妈们更加沮丧。爸爸尚且还好，因为他们不是那么关注和在乎细节，妈妈则总是盯着孩子的缺点，还得寸进尺地拿孩子的缺点和其他孩子的优点比较。不得不遗憾地说，这是一件非常痛苦且没有任何好处的事情。

作为父母，首先要接受孩子，这里所说的接受指的是无条件地接受。想想吧，命运赐给你们一个健康的孩子，他那么活泼可爱，那么精力充沛。很多父母都不得不接受孩子的残缺和疾病，相比较他们，你们是多么幸运。既然接受孩子，就要接受孩子的平庸和独特。的确，每个孩子都是最与众不同的存在，这个世界上再也找不到一个和他们完全相同的人。与此同时，他们也确实非常平凡，和所有孩子一样有优点也有缺点，有长处也有不足。作为父母，就是要独具慧眼，赏识和认可自己的孩子。试想，如果连父母都觉得自己的孩子一无是处，那么还会有谁愿意给予他们公正客观的评价呢？在小的时候，孩子的信心大多来自父母。

新学期开学，汤普森夫人不得不对全班同学撒谎，她承诺将给予每一个孩子同样的爱。然而，她很清楚，这是不可能做到的。之所以她这么认为，是因为泰迪。她知道，泰迪向来不合群，显得肮脏，几乎每个同学都远远地躲着他。这也影响了她。每次考试之后阅卷时，她都没有耐心看他错误百出的试卷，而是厌烦地打上一个又一个的红叉。后来，应学校的要求，她开始翻阅孩子们之前的记录。当看到泰迪的记录时，她不由得大吃一惊。

一年级的记录：泰迪很招人喜欢，总是面带微笑，悟性也很高。他彬彬有礼，老师和同学都很喜欢他。

二年级的记录：泰迪很优秀，很受同学们欢迎。不过，他的身世很可怜，他妈妈即将不久于人世，家境非常贫困。

三年级的记录：因为妈妈去世，泰迪受到了沉重打击。他的爸爸是个没有责任心的人，如果不给予泰迪足够的帮助，只怕他会因为家庭走下坡路。

四年级的记录：泰迪从来不愿意融入集体，而且常常在课堂上睡觉。他似乎再也不想学习。

看完这些记录，汤普森夫人意识到泰迪为什么变成现在的样子。圣诞节到了，班里很多同学都送礼物给她。这些礼物包装精美，让人看了不由得眼前一亮。只有泰迪的礼物是用简陋的牛皮纸袋包裹的。她耐心地打开层层包裹的牛皮纸袋，发现里面有一瓶只剩很少量的香水，还有一串缺少了一颗水晶石的水晶手链。孩子们开始哄然大笑，她马上制止了他们。她发自内心地赞美这只手链，并且当即戴上它，展示给所有同学看。她还把所剩无几的香水喷了一些在手腕上，说自己很喜欢这香水的独特香味。放学之后，泰迪很感激地对她说：“汤普森夫人，今天你的味道和我妈妈一样。”这句话，让她哭了整整一个小时。从此之后，她开始真正关注如何教育孩子，而不是填鸭式地灌输知识。也因为这份独特的礼物，她开始给予泰迪更多的关注。在她的鼓励下，泰迪的思维越来越灵活，对学习的反应也更加迅速。仅仅是这一个学年的陪伴，到一年即将结束时，泰迪居然成为全班最聪明的孩子。毫无疑问，因为泰迪，她依然无法兑现自己的承诺——给予每个孩子同等的爱，因为她越来越“宠”泰迪。新年到来之际，打开门，发现自家的门口放着一封信。信是泰迪写的，小学毕业的他说汤普森夫人是他今生最好的老师。

转眼之间，六年的时间过去了。泰迪依然给汤普森夫人送来一封信，信上说他已经顺利完成高中学业，成绩是全班第三名。他还说，她是他今生最好的老师。多年之后，泰迪拿到了学士学位，第一时间就给她写信报喜。他说，他将会继续深造，她是他今生最好的老师。不过，如今信的落款变长了，是医学博士泰迪。最后一封信是泰迪在结婚前写来的，邀请汤普森夫人出席婚礼，坐在他妈妈的座位。他不知道汤普森夫人是否愿意参加他的婚礼，并坐在新郎母亲的座位上。汤普森夫人欣然应邀前往，她喷了泰迪妈妈用过的那半瓶香水，还戴上了泰迪曾经送给她的水晶手链。婚礼上，泰迪热情拥抱了汤普森夫人，就像亲吻妈妈一样亲吻她。他还附在汤普森夫人耳边说：“谢谢您，是您让我知道自己能行。”汤普森夫人热泪盈眶，说：“孩子，是我应该谢谢你，因为你教会了我该怎样当老师。”

泰迪很幸运，他遇到了汤普森夫人。如果不是汤普森夫人的爱和信任，让他相信自己可以有所作为，那么他很可能因为失去妈妈而自暴自弃。对于汤普森夫人而言，是泰迪教会了她如何成为真正的老师。父母们，虽然汤普森夫人是老师，而不是妈妈，但是她恰恰取代了妈妈的地位，成为泰迪的精神支柱，是泰迪信心和力量的源泉。

作为父母，也应该发现孩子的闪光点。就像人们曾经说的，给我一个支点，我就能撬动地球。同样的道理，对待孩子，如果能找到合适的支点，就可以改变孩子的一生。这支点，就是以爱的眼睛发现孩子的闪光点，信任、理解孩子，让孩子坚信自己一定能够有所作为。

## 赠人玫瑰，手有余香

赠人玫瑰，手有余香，原本是英国的一句谚语。意思是说，把玫瑰送给他人，你的手上还会留有玫瑰的香气。的确如此，在帮助别人，给予他们美好的同时，我们自身也会因此而心情大好，觉得自己是有价值的，获得成就感和满足感。并非所有的付出都有回报，自己心中的喜悦就是最大的回报。

现代社会，很多孩子都是独生子女。在家里，他们被家人团团包围着，一切都以自己为中心。这也就导致他们变得自私，不会分享，更不愿意主动帮助别人。殊不知，帮助别人是一种非常好的品质。常言道，助人者，天助也。意思是说，如果一个人总是热心地帮助他人，那么命运也会青睐他的。在教育孩子的过程中，父母应该有意识地培养孩子的助人意识。比如，汶川大地震的时候，聪明的父母会借助这个机会以身作则，带着孩子给灾区的小朋友们捐款捐物。再如，和孩子一起外出游玩的时候，也可以利用各种机会，教会孩子乐于助人。

很多年前，一场意外的车祸夺去了男孩的父母。从此之后，男孩和年迈的爷爷奶奶一起生活。爷爷奶奶年纪很大，已经失去了劳动能力。为了有机会上学，男孩不得不依靠四处推销，为自己赚取生活费和学费。每到假期，其他孩子都在无忧无虑地玩耍，而男孩不管是炎热的酷暑，还是大雪纷飞的寒冬，都四处行走，挨家挨户地推销。这个冬天特别冷，肆虐的北风裹挟着鹅毛般的雪花，使劲摔打在男孩脸上。整整一天，他一直在走着，不但浑身冰冷，而且肚子里空空如也。他感到很绝望，不知道自己能不能推销出去哪怕只有一份东西。然而，他别无选择，只能继续往前走。

走了很久，他才来到一户人家的门口。他只想要一杯热水，温暖自己。他犹豫很久，才下定决心敲门。门开了，一位美丽的女孩站在他的面前。男孩一时之间不知道该如何表达，磕磕巴巴地说："您好，我……我可以要一杯热水吗？"女孩看出来男孩又累又饿，而且嘴唇都冻得青紫了。因此，她友好地回答："稍等片刻。"说完，女孩就回到室内，不一会儿就端了一大杯冒着热气的牛奶。男孩双手捧着牛奶杯，一口一口地喝着牛奶，似乎整个人都变得暖和起来。喝完之后，他不好意思地问："请问，这杯牛奶多少钱？"女孩笑着摇摇头，说："不要钱。奶奶说，赠人玫瑰，手有余香。"男孩再三向女孩表示感谢，觉得自己瞬间看到了希望。

多年以后，曾经的男孩变成了著名的医生。有一天，他在翻看病例的时候，突然发现有个女性患者是他的同乡。男孩一下子就想到了那杯牛奶，他三步并作两步地走到病房。果然，床上躺着的是那个曾经用牛奶温暖他一生的女孩。男孩马上为她制订了治疗方案，并且免除了所有的医疗费用。没过多久，手术之后康复的女孩要出院了。但是，她接到出院通知却很发愁：她为了治病已经花光了所有积蓄，哪里还有钱支付高昂的医疗费用呢？但是当看到缴费通知单时，她惊讶不已。因为，缴费人那栏清清楚楚地写着："一杯热牛奶，霍华德·凯利医生。"

因为奶奶的教诲，女孩记住了赠人玫瑰，手有余香的道理。所以，在面对饥寒交迫的男孩时，她毫不犹豫地端出了一大杯热牛奶。也许这杯牛奶并不算什么，但是对于男孩来说却给了他信心和力量。人生，需要的不就是这两样东西吗？当然，女孩也因此得到了回报。虽然在赠予男孩牛奶的时候，她万万想不到有一天会以患者的身份与男孩重逢，但是，命运的安排就是如此神奇。

父母们，虽然现代社会的人们更善于算计，计算投资与回报的比例。然而，有很多东西是永远也算不清楚的。既然举手之劳就能帮助别人，为什么不能多多给予别人帮助呢？每个人都会遭遇人生的低谷，今天你帮助了别人，明天别人也会慷慨地帮助你。这个道理，一定要让孩子明白。对于孩子的人生而言，也只有心怀大爱，才能更加开阔豁达。

## 让孩子勇敢迈出人生的第一步

在孩子开始学习走路的时候，最揪心的一定是妈妈。在孩子开始独立面对生活的时候，最揪心的依然是妈妈。曾经那个在怀抱里享受父母无微不至照顾的孩子，如今终于羽翼丰满，要开始独立面对生活。这个过程，对于孩子来说其实并不可怕。所谓无知者无畏，孩子并不知道自己将要面临什么危险，所以毫不担心。相反，妈妈是知道有可能发生危险状况的，因此妈妈反而更加紧张。因此，要想让孩子变得更加勇敢地面对生活，首先妈妈要摆正心态，放轻松一些，千万不要患得患失，生怕孩子受到伤害。

成长的过程是无可取代的。不管父母多么爱孩子，也无法代替孩子面对一切。因此，父母能做的就是做好防范措施，让孩子独自去面对自己应该面对的。很多时候，由于父母的过度保护，孩子没有机会尽早迈出人生的第一步，由此导致孩子独立能力很差。记得有报道说过，有大学新生报到之后，因为不知道如何铺床，居然坐在床上度过了大学的第一夜。还有的大学生，因为没有见过完整的鸡蛋，看着鸡蛋竟然不知道如何剥壳。这听起来多么可笑，可是却真实地发生在现实生活里，成为对家庭教育的极大讽刺。事到如今，父母们还要事事包办吗？答案当然是否定的。只有尽早让孩子接受生活的考验，接受历练，才能让孩子更好地锻炼自己的能力，成为面面俱到的全能手。在此期间，父母除了要给孩子独立的机会之外，还应该多多鼓励孩子。

一直以来，楚楚都在爸爸妈妈的精心呵护下成长。虽然已经上小学五年级了，但是她从未单独出过门。这个周末，她和几个同学约好一起去书店买书。虽然妈妈知道应该让楚楚自己去，锻炼她的独立能力，但是妈妈依然很担心。眼看着楚楚要独自出发去书店了，那是她和同学约定好的见面地点。妈妈千叮咛万嘱咐：“不要和陌生人说话。如果遇到危险，一定要向身边的人及时发出求救信号。过马路的时候注意避让车辆……”楚楚对于妈妈的紧张和焦虑感到很可笑，逗妈妈说：“妈妈，好啦。我都这么大了，你就放心吧。你看，你一下子变得就像八十岁的老太婆，啰里啰唆的。”

看着楚楚出门，妈妈还是不放心，一直站在阳台上看着楚楚走出视线。一下午，妈妈都坐立不安，心神不宁，她很努力才控制住自己没给楚楚打电话。眼看着约定的回家时间要到了，她又早早地站在阳台上翘首期盼，直到看见楚楚的身影，她才佯装无事地坐在沙发上看书。楚楚进屋之后，显得很兴奋。她还没来得及换鞋，就对妈妈说：“妈妈，我们今天遇到小偷了。”原来，楚楚和同学在书店买完书，又一起坐公交车去看电影。在公交车上，她们发现有个小偷正在一个老奶奶的背包里摸来摸去。听到这里，妈妈紧张地问：“你们没喊吧！小偷都是有同伙的！”楚楚笑着说：“妈妈，你女儿有那么傻吗？我们当然没有随便喊了。不过，我们把小偷吓跑了。”“哦，你们还有这个招数？”楚楚得意地说：“当然。妈妈，我已经长大了，别再把我当小孩子啦。我看到小偷在偷老奶奶的背包，就大声和云云说，云云，你爸爸最近还跑这条线路吗？云云说，当然跑啦。这条线路小偷特别猖獗，我爸他们全组人轮流便衣上阵，专门在这条线上抓小偷。你没听说吗，前几天我的李丽阿姨还在这条线上抓了两个小偷呢！我又说，啊，这么厉害，难道小偷看到警察还敢偷吗？小雨又说，哈哈，你可真是个外行。警察抓小偷一般都穿便衣，怎么可能穿警服呢！他们讲求证据，必须等小偷得手了才会开展抓捕行动。你知道吗，妈妈，我们的话还没说完，小偷就把手从老奶奶的背包里缩了回来，而且刚刚到站就仓皇逃跑了。后来，我们才告诉老奶奶，让她注意背包，防范小偷。”听了楚楚的讲述，妈妈不由得暗暗叫好。看来，孩子们的确长大了。不过，妈妈还是要叮嘱楚楚：“楚楚啊，你们很聪明。不过，一定要记住，不管什么情况下，都要保证安全。”楚楚连连点头。

楚楚妈妈还是非常理智的，虽然心里很担心孩子，依然给了孩子机会，让孩子迈出独立的第一步。对于楚楚来说，这次独自外出也具有非同寻常的意义，这意味着她从此不用再当爸爸妈妈的小尾巴，可以自由决定去哪里了。孩子的成长就是这样一个循序渐进的过程，在成长的过程中，孩子总会经历无数个第一次。作为父母，唯有正确对待这些第一次，给予孩子足够的鼓励和信任，孩子才能更好地面对人生。

## 孩子的梦想是伟大的

孩子的世界非常奇妙，尤其是孩子的思想，在没有受到世俗影响之前，他们的思想简直天马行空。对于孩子的奇思妙想，父母们应该多多爱护，千万不要肆意打击。很多孩子看似不可能实现的梦想，正是在父母的鼓励下，通过不懈努力变成了现实。例如，莱特兄弟从小梦想像鸟儿一样飞上天空，他们的父亲非但没有嘲笑他们，反而告诉他们只要努力，就能实现梦想。最终，他们创造了世界上第一架飞机。再如，阿姆斯特朗作为全人类第一个登上月球的宇航员，从小就梦想能够飞到月球上去玩耍。当时，正在刷碗的妈妈说：“好啊，记得早点儿回家哦！”这个回答，简直太绝妙了。妈妈不但肯定了儿子的想法，而且告诉儿子要来去自如，玩过之后早点回家。孩子是否能够成就梦想，走出与众不同的人生，很大程度上取决于父母对他们梦想的态度。

孩子的想法总是稀奇古怪，对于状况百出的孩子，父母总是给予了足够的重视，却又在很多方面忽视孩子的梦想。谁说孩子简简单单的一句话不是梦想的雏形呢？对于孩子来说，一切都有无限的可能性。当父母相信他们终有一天能够实现梦想，他们一定会具有无穷的动力，面对自己的人生。作为父母，千万不要小看孩子的梦想。每个孩子的梦想都是伟大的，在他们幼小的心灵里，一定是相信自己有能力实现梦想，才会张开想象的翅膀尽情幻想。在面对孩子的梦想时，爸爸妈妈们，你们准备好慎重对待的态度了吗？很多父母对于孩子表达的梦想，不是嗤之以鼻，就是不以为然，甚至还会冷言冷语地嘲笑孩子的想法不切实际。如果阿姆斯特朗妈妈听说他要去月球上玩时，对他冷嘲热讽，质疑他，说：“天啊，你发烧了吧！如果没发烧，你怎么说胡话呢！月球那么远，你又没长翅膀，根本不可能到达。你还是醒醒吧！”这样的话，在很多妈妈而言都会脱口而出。这样的回答之后，也许阿姆斯特朗一生的命运都会改变。由此可见，父母对于孩子梦想的态度多么重要！

祖冲之出生于南北朝时期，是著名的科学家。在很小的时候，作为官员的父亲就逼着祖冲之读《论语》，以便将来能够入朝为官。然而，过去很长时间，祖冲之只能勉强背诵几行。父亲大失所望，生气地把书摔到地上，怒骂祖冲之：“你这个蠢货!”之后的几天，父亲都不再搭理祖冲之。然而，没过几天，父亲又教育祖冲之：“你必须学好《论语》，以后才能当大官。我再给你一次机会，如果你再不好好学习，我定要罚你。”然而，祖冲之对《论语》一点儿兴趣也没有。父亲盛怒之后，狠狠地揍了他一顿。祖父得知事情的原委后，对父亲说：“如果他真是蠢货，你打他也不能使他变聪明。如果他对这个不感兴趣，你打他也毫无用处。”父亲也很无奈，说：“他这样什么也不学，将来肯定没有出息啊！”祖父批评父亲：“谁说必须读《论语》才能有出息呢！有些人熟读四书五经，照样无所事事。你首先应该知道孩子的理想是什么，顺应孩子的理想引导他学习，这样他将来才会有所成就。”

父亲采纳了祖父的建议，同意不再逼迫祖冲之读书。祖父带着祖冲之去建筑工地了解建筑知识，祖冲之高兴极了。后来，祖冲之对祖父说："祖父，我想成为天文学家。"祖父当即表示支持和赞许，说："好啊，你的理想很伟大。家里有很多关于天文历法的书，你可以先看看，有不懂的地方，我会教你的。"就这样，祖父全力支持祖冲之学习天文。看到祖冲之对天文这么感兴趣，父亲也不再逼着他学习四书五经了。通过刻苦的学习和不懈的努力，祖冲之最终成为了著名的科学家，为人类的发展做出了巨大贡献。

如果父亲一直逼着祖冲之学习四书五经，那么祖冲之肯定无法有后来的成就。幸好，祖父说出了正确的教育观念，首先明确了祖冲之的梦想是什么。当知道祖冲之想要成为天文学家后，祖父又当即表示全力支持。到后来，父亲也改变思路，开始支持祖冲之。

任何人，都必须在对自己感兴趣的事情上，才能有所成就。如果逼着孩子学习自己不感兴趣的东西，忽视孩子的梦想，那么孩子一定会因为缺乏兴趣半途而废，最终学无所成。父母们，你了解孩子的梦想吗？你尊重孩子的梦想吗？从现在开始，千万不要小瞧孩子的梦想，因为那是孩子迈向成功人生的第一步。

## 好孩子，爱劳动

随着独生子女政策的推行，很多家庭都诞生了小公主、小皇帝。他们不但在家里衣来伸手，饭来张口，即使到了学校，也依然没有调整心态。包括父母在内，都没有清醒地认识到，孩子的成长必须依靠锻炼，如果把孩子养育成什么也不会做，只会学习的书呆子，那就是教育的失败。现代的孩子们，热爱劳动的实在太少。他们在家里是从来不会动手的，曾经有报道称，有小学生让父

母代替自己参加学校的大扫除。这样的风气如果不及时制止，现在成长的一代就会变成残缺的一代。试想，如果一个人连自己的内务都处理不好，又怎么能担当重任呢？这种现象的出现当然要指责孩子们，但是父母也难辞其咎。很多父母恨不得代替孩子完成一切事情，由此惯出了孩子不爱劳动的坏毛病。当听说孩子在学校要参加大扫除的时候，有很多父母甚至主动要求去学校代替孩子劳动，这不得不说是家庭教育的悲哀。

学习是孩子生活的一切吗？当然不是。如果孩子只会学习，那么就会变成不折不扣的书呆子。父母可以代替孩子进行劳动，那么等到孩子长大之后呢？父母老去，还能为孩子包办一切吗？要想让孩子养成良好的劳动习惯，父母应该从孩子小的时候，就培养孩子自己的事情自己干，还要帮助家里分担力所能及的家务活。现代社会对于人才的定义标准更加宽泛，只是一味地做学问并不能满足社会的需要。相反，人才必须是面面俱到的全能手，才能满足现代社会用人的需要。换句话来说，虽然术业有专攻，但是最起码要保障自己的生活所需吧？其实，培养孩子的劳动习惯对于父母来说是很简单的，只需要动动嘴皮子，把自己变得懒惰一些就好。例如，很多父母就像一架不知疲倦的机器人，总是包办一切。孩子的袜子能不能自己洗？也许有些父母会说，他自己洗不干净，他洗完我还得再帮他洗一遍，还不如我直接洗呢！这句话简直大错特错。对于年纪小的孩子，即使他连小玩意儿也洗不干净，也必须让他自己洗。如果觉得实在太脏，父母可以偷偷再洗一遍。这样看起来得费劲，但是能够培养孩子热爱劳动的好习惯。再如，家里的地面完全可以交给孩子清扫。一旦养成讲究卫生的好习惯，孩子才会热爱劳动。此外，诸如择菜洗菜，淘米做饭，这些简单的家务事，都可以选择适当的时机交给孩子。孩子从不会到会，总要有个过程，父母要有足够的耐心，陪伴孩子学习和成长。

作为一年级的小豆包，豆豆面临的最大问题就是他不会做任何劳动。看着有些同学拿起笤帚就像是变魔术一样，瞬间把乱七八糟的地面打扫得干干净净，豆豆羡慕极了。回家之后，豆豆央求妈妈教他扫地，妈妈不耐烦地说：

"哎呀，小祖宗，你就别跟着添乱啦！你看看，你扫完的地还没有不扫的时候干净呢！"豆豆为难地说："那大扫除的时候怎么办呢？老师说，这次让我观摩，下次就让我扫地。"妈妈不以为然地说："没关系，妈妈下次去帮你扫地。"听了妈妈的话，豆豆的心终于放了下来。

转眼之间，又到周五了。老师安排豆豆扫地，豆豆却左顾右盼。老师问："豆豆，你在干吗呢？"豆豆不好意思地说："我在等妈妈。妈妈不让我学习扫地，她说她来帮我劳动。"听了豆豆的话，老师耐心地给豆豆示范如何扫地，让豆豆学会扫地。老师对豆豆说："豆豆，妈妈不可能陪伴你一辈子的。你看看，你学习好，体育也好。老师还想让你期末的时候当三好学生呢，但是，劳动不好，可当不了三好学生。"听了老师的话，豆豆卖力地扫起地来。后来，妈妈气喘吁吁地赶来，老师批评妈妈："豆豆妈妈，你怎么能告诉孩子你来大扫除呢？现在的孩子，不但要求学习好，而要德智体美劳全面发展。虽然孩子刚开始的时候扫地的确不干净，但是咱们小时候不也是这样过来的吗？一回生二回熟，只要让孩子多干，他就会越干越好的。以后，学校还会组织做家务比赛，诸如刷碗、拖地等等。在家里，你都要督促豆豆认真学啊！如果劳动不达标，肯定评不上三好学生的！"听了老师的话，妈妈这才意识到问题的严重性。回家之后，妈妈经常让豆豆拖地、刷碗，虽然家里的碗都快被摔光了，地板拖完之后也是大花脸，但是豆豆却进步神速。让妈妈高兴的是，豆豆现在越来越爱劳动了。偶尔，还会主动要求帮妈妈分担家务活呢！

孩子总归是有惰性的，尤其是从小就习惯了衣来伸手、饭来张口的生活。开始学习做家务的时候，感到有难度是正常的。尤其是父母，千万不要因为孩子干不好，就剥夺孩子学习的权利。做家务对孩子而言也是一种学习，不但能够提高孩子独立自主的能力，也能培养孩子对家庭的责任感，让孩子真正意识到自己是家庭的一分子，理应为父母分担。

爸爸妈妈们，你们让孩子做家务了吗？培养一个热爱劳动的好孩子，一定要从教会孩子做家务开始哦！这个任务任重道远，你们必须慎重对待，持之以恒哦！

## 肯定的魔力

肯定只是简简单单的两个字，却有着神奇的魔力。之所以说肯定富有魔力，是因为它能激发人的潜能，使其成为人源源不断的进取动力。其实，每个人都有自己的潜能，只不过在平常的日子里，这种潜能无法爆发出来。平常人在生活中，只能表现出自己很少的一部分潜能。如果生活在肯定的环境中，则大大不同。肯定，源自于信任。你只有信任一个人，才会肯定他，认可他。那么，被认可者呢？因为被人信任，他会富有动力，让自己更加努力地拼搏，成就精彩。虽然成功的人有着天时地利人和，但是肯定也是其中必不可少的重要因素。总是被肯定的人，心情首先非常愉悦，情绪乐观积极。在这样的状态下，人必然充满动力，精神抖擞，满怀热情。相反，如果一个人总是被否定，不管做什么事情都遭到批评，那么他肯定会觉得万分沮丧，甚至产生放弃自己的心理。既然无论怎么努力都得不到认可，努力似乎也失去了意义。由此可见，肯定真的有魔力。

对于孩子来说，肯定显得更加重要。首先，孩子就像是一张白纸，很多知识和技能都需要学习，甚至是吃饭和行走，对他们来说要想独立完成，也必须付出巨大的努力。在这种情况下，父母应该站在孩子的角度，认可他的努力，肯定他的成就。在孩子还小的时候，大多数都能很好地肯定孩子。例如，当孩子学会说话，当孩子学会走路，当孩子能把汤勺里的饭送到自己嘴里，父母都觉得欣喜万分。然而，随着孩子渐渐长大，父母对孩子的要求也越来越高。当孩子考试没考好，当孩子在一次比赛中失利，当孩子没有完成父母的心愿，父母都会同样毫不吝啬地否定孩子。在肯定的环境中长大的孩子开始接受接二连三的否定，其承受的打击可想而知。聪明的父母不会一味地否定孩子，只要孩子努力，只要孩子有进步，哪怕是孩子偶尔犯了小小的错误，父母也应该尽量发现孩子的闪光点，肯定孩子。因为，只有肯定才会让孩子收获信心，才会让孩子积极努力地继续往前冲。至于肯定的方式，并不仅仅是长篇大论的表扬和赞许。有的时候，一次点头，一个微笑，拍拍肩膀，或者一个拥抱，都是表达肯定，也都具有神奇的魔力。父母们，如果你们曾经对孩子有诸多不满意，不妨从现在开始用各种方式表达你的肯定吧，你一定会发现孩子变得完全不同。

从小学时代开始，嘟嘟就认定自己是个差生。因为爸爸妈妈都说他是烂泥扶不上墙，根本不对他的学习抱有任何希望。所以，嘟嘟也完全放弃了学习。每天上课，他都伏在课桌上呼呼大睡，或者躲在课桌下面看课外书。有一次，学校举行拔河比赛，身强体壮的嘟嘟作为先锋，排在最前面，带领全班同学赢得了冠军。老师当着全班同学的面表扬嘟嘟：“嘟嘟真是名副其实的大力士啊，一个顶仨！要不是嘟嘟在我们的阵营里，这次还真得不了冠军呢！同学们，咱们都应该感谢嘟嘟！”习惯了被批评的嘟嘟，在老师的表扬声和同学的赞许声中，羞红了脸。让老师感到惊讶的是，接连几天，从来不完成作业的嘟嘟居然认真地完成了作业。老师意识到，嘟嘟也许并不像平时表现出来的那么差，他只是缺乏被肯定而已。

敏感的老师找来嘟嘟的爸爸妈妈，希望他们能够配合学校，多多肯定嘟嘟，争取让嘟嘟在初三这一年有所进步，顺利升入高中。看到老师对嘟嘟如此用心，嘟嘟的爸爸妈妈当即表示全力配合。虽然他们总说嘟嘟烂泥扶不上墙，心里还是希望看着嘟嘟能够顺利升入高中，以后再考上大学，那就更好了。回家之后，嘟嘟的爸爸妈妈果然瞪大眼睛开始寻找嘟嘟的闪光点。不找不知道，一找，嘟嘟的闪光点还真多。例如，嘟嘟会做早饭，还会帮助妈妈洗衣服，还很孝顺，每当家里有好吃的，他都不忘给住在相邻小区的爷爷奶奶送去。他们都牢牢记着老师说的话，只肯定，不否定。出乎意料的是，一个学期过去，嘟嘟的成绩从排名倒数，一跃变成中等。看到嘟嘟如此巨大的进步，老师和爸爸妈妈都很高兴。在初三下学期，他们继续坚持肯定嘟嘟。果不其然，嘟嘟在中考时发挥很好，竟然升入重点高中。至此，爸爸妈妈才意识到，嘟嘟之前的表现之所以那么差，就是因为他们总是否定嘟嘟，让嘟嘟失去了信心。

肯定，能激发孩子巨大的潜能，也能增强孩子的自信心。上述事例中的嘟嘟，因为父母总是给他定位烂泥扶不上墙，所以渐渐失去自信，自暴自弃。每个人的存在都是有价值的，为人父母，必须像伯乐识得千里马一样，从孩子身上发现优点，从而帮助孩子树立自信。

如果您觉得孩子表现还不够好，那么一定是因为你还没有运用肯定的魔力。从现在开始，多多肯定孩子吧，相信孩子一定不会让你失望的。

# 第十章

## 如何帮孩子修正偏颇的路

### ——做好孩子成长路上的标尺

每个人在成长的道路上都会走弯路，尤其是不谙世事的孩子。对于孩子来说，世界上的一切都那么新鲜，充满诱惑力。如果不能树立正确的人生观、价值观和世界观，孩子们就很容易误入歧途。要想避免孩子们在错误的道路上渐行渐远，父母应该用心照顾孩子，细致观察孩子。一旦发现孩子走了歪路，就及时引导和教育孩子，帮助孩子修正人生之路。

# 撒谎不是好习惯

在这个世界上，恐怕没有人能够言之凿凿地说自己这一生从未撒过谎。谎言，究竟在生活中扮演着怎样的角色呢？曾经有科学家经过研究证实，每个人每天至少要撒谎六次，甚至有的人要撒谎二三十次。谎言，在生活中扮演着至关重要的角色。谎言分为很多种，一种是出于欺骗的目的，这种谎言最让人深恶痛绝。还有一种恰恰相反，是善意的谎言。然而，对于孩子来说，他们还不能真正理解善意的谎言，他们之所以撒谎，是因为智力发育达到一定程度，发现撒谎能给他们带来好处。孩子为什么撒谎呢？对于孩子来说，撒谎是一种非常正常的行为。有科学家通过观察发现，两岁的孩子就可有意识地撒谎。刚开始的时候，孩子撒谎是为了一定的目的，诸如父母管教太严格，害怕受到惩罚和责怪，或者为了所谓的“面子”，不想被当面揭穿等等。从这些最简单的理由开始，一旦孩子习惯了撒谎，撒谎就会成了信手拈来、毫不费力的事情。无论出于何种目的，撒谎都不是一种好行为，必须坚决杜绝孩子养成撒谎的坏习惯。

为了避免孩子撒谎，首先，父母要无条件接纳孩子，切勿因为孩子犯下小小的错误就大动干戈，严加惩罚。大多数孩子最初撒谎的目的，就是避免被父母责怪或者打骂。如果父母能够给予孩子爱和宽容，孩子就会更加坦然地面对父母。既然犯错误也不会被打骂，为什么还要为了推卸责任而撒谎呢？坦白地承认错误，不但能够换得内心的平静，也可以得到父母的信任，何乐而不为呢？其次，当发现孩子撒谎的时候，父母一定要表现出明显的不悦。只有让孩子知道撒谎本身的严重性，比他试图用撒谎掩盖的错误更甚，他才不会舍本逐末，欲盖弥彰。最后，当一件事情发生之后，在询问孩子的时候，应该掌握询问的技巧。例如，你发现花瓶被打碎了，而孩子就在旁边。在这种情况下，你应该问“花瓶怎么摔碎了？”而不要问“是你把花瓶摔碎的吗？”前一个问题，孩子也许顺理成章地就会向你承认摔碎花瓶的事实，以争取得到你的原谅。如此一来，孩子在第一时间就承认了错误，自然不会再为了撒谎而绞尽脑汁了。第二个问题则带有明显的暗示性，是一道选择题，很容易使孩子选择通过撒谎的方式来推卸责任。孩子虽小，也知道撒谎要付出代价。如果与父母坦诚相待付出的代价更小，他们幼小的心灵也会权衡利弊，选择诚实。

进入三年级之后，学习的任务变重了。数学要背诵乘法口诀表，语文要学习写作文。为此，原本轻轻松松度过二年级的豆豆，感到压力很大。他还想像以前一样放学去小区广场玩，却因为作业太多，不得不回家写作业。在几次小考中，豆豆的成绩都比二年级的时候有所滑落。每次，妈妈都会狠狠地批评豆豆，并且惩罚豆豆把试卷上错的题目订正十遍。豆豆很排斥妈妈的方式，后来，他想出了一个好办法。在又一次月考之后，妈妈问豆豆：“豆豆，这次考试考了多少分？”豆豆头也不抬，说：“92分。”妈妈一听豆豆有进步，高兴地说：“真的啊，乖儿子！快把试卷给妈妈看看，这次进步很大嘛！”豆豆装模作样地在书包里找了一通，说：“妈妈，试卷落在学校了。”就这样，豆豆躲过了妈妈的惩罚，实际上，他只考了78分。

之后的好几次考试，每次豆豆都欺骗妈妈，并且以各种理由不让妈妈看到试卷。妈妈呢，心里想着儿子的成绩已经有所提高，也就不想再盯着豆豆那么紧了。直到期末考试之后的家长会上，老师点名批评：“有些家长借口工作忙碌，总是不给孩子的试卷签字，这样是对孩子很不负责任的。诸如，豆豆妈妈，后来的几次月考，你从来没有签字，也没有督促豆豆订正试卷。”豆豆妈妈的脸瞬间变得通红。家长会结束后，她特意找到老师解释，说：“老师，是

我家豆豆丢三落四的，总是把试卷忘在学校。下次，我一定多多督促他。最近，他考试进步很大，多谢老师的教导啊！”老师疑惑地看着豆豆妈妈，说：“进步很大？我正想跟你说呢，豆豆这次期末考试连月考的八十多分都没有达到，只考了七十六分。”听了老师的话，妈妈瞠目结舌。经过一番沟通，她才知道自己被豆豆骗了。不过，她没有急着批评豆豆，而是反思自己的教育方式，意识到豆豆是担心受到惩罚，所以才撒谎的。因而，她改变了教育的方式。当天晚上，她语重心长地对豆豆说：“豆豆，妈妈首先向你承认错误，不应该每次考试之后都罚你抄写试卷。以后，只要你订正完并且掌握知识点，错误就可以翻篇。不过，妈妈希望你以后不要再撒谎，这样妈妈会很伤心的。我自己养大的儿子都不信任我，我多么失败啊！”听了妈妈的话，豆豆当即表态：“妈妈，放心吧，只要不让我抄试卷，我保证不再撒谎。以后，我会努力的，为妈妈脸上增光。”

上述事例中的豆豆，因为每次考试后都要痛苦地抄写试卷，所以想出了撒谎的办法应对妈妈的惩罚。实际上，考试出现错误并不是什么大不了的事情，因为考试的目的之一就是检测孩子们对知识点的掌握情况，起到巩固的作用。如果不是妈妈罚抄的次数太多，豆豆应该不会出此下策。豆豆妈妈还是非常明智的，意识到自己的错误之后，真诚地向豆豆表示歉意。豆豆在了解妈妈的态度以后，应该不会再撒谎了。

大多数情况下，孩子刚刚开始撒谎都是被迫无奈。如果父母能够给予孩子更多的理解和尊重，不要随意惩罚孩子，他们一定会权衡利弊，宁愿说出真相获得谅解，也不愿意提心吊胆地维系谎言。常言道，撒一个谎，就要再撒一百个谎来圆这一个谎。对于撒谎的孩子来说，心里的煎熬可想而知。父母们，你们愿意成为一个不逼孩子撒谎的开明家长吗？

# 健康身体，从养成良好的膳食习惯开始

当孩子小的时候，父母最发愁的就是孩子挑食。孩子原本体重基数就小，如果因为挑食导致胃口不好，只要几天的时间，就会变得面黄肌瘦。因此，父母一看到孩子挑食就会如临大敌，想尽一切办法也要让孩子吃饱吃好。很多父母会由着孩子的性子，只给孩子准备他喜欢吃的食物，导致孩子挑食的毛病越来越严重；有些父母呢，则强迫孩子吃他们不喜欢吃的食物，让孩子抵触心理越来越强，最终导致根本看都不愿意看那些食物一眼；还有些父母非常聪明，他们知道不能让孩子养成挑食的毛病，也不能强迫孩子吃他不喜欢吃的食物，因此想办法让孩子认识到，必须养成合理的膳食摄取习惯，才能拥有健康的体魄，最终让孩子心甘情愿地把碗里的饭菜全都吃光。

营养学家米勒是一家食品网站的管理者。作为两个孩子的妈妈，她经常为忙于工作的妈妈们提供饮食帮助，让她们更好地搭配食物，给孩子做出美味而又营养的一餐。米勒之所以从事这个行业，是因为她的姐姐死于厌食症。这种疾病，正是由于饮食失调导致的。在米勒的指导下，越来越多的妈妈帮助孩子养成良好的饮食习惯，保证身体的健康成长。对于孩子的饮食习惯，米勒认为父母的态度至关重要。她说：父母对食物的正确态度能够促使孩子养成健康的饮食习惯。随着社会的发展，越来越多的人开始关注厌食症、贪食症等关乎国民健康的病症。在对大概1000万名女性和100万名男性进行调查研究之后，美国国家饮食失调协会表明，最早在幼儿园时期，孩子们就会出现厌食症或者贪食症的症状。这也就意味着，要想避免孩子出现此类问题，在孩子的幼儿时期，父母就必须给予这方面足够的关注和重视。不管是厌食还是贪食，给孩子的身心发育带来的伤害都是非常严重的。挑食，其实也是一种厌食症，只不过是表现出对某一种食物的厌倦而已。要想让孩子拥有健康的体魄和快乐的人生，父母应该从小就培养孩子健康饮食的好习惯，做到营养搭

配，膳食均衡。

父母对待食物的态度，很大程度上影响了孩子对食物的喜好。例如，妈妈只喜欢吃橘子而不爱吃苹果，那么孩子从小就发现家里只有橘子，没有苹果，那么他也会习惯于吃橘子。再如，父母只爱吃肉，不喜欢吃青菜，孩子也会觉得肉比青菜好吃。既然如此，父母首先要以身作则，身先示范。切记，父母不能要求孩子吃青菜，而自己却只喜欢吃肉。否则，孩子就会感到言行不一，非常困惑。其次，引导孩子了解他们的身体。孩子还小，不知道身体是靠什么保持运转的。父母可以引导孩子了解身体的构造和新陈代谢的机制，让孩子知道身体需要多重营养，而不仅仅需要某一种单一的营养。最后，还要让孩子陪伴妈妈一起做饭。大多数孩子对于自己的劳动成果都会产生强烈的认同感。当孩子和妈妈一起在厨房辛苦地做好饭菜，即便只是家常菜，他们也会觉得来之不易，因为其中有他们的辛劳。面对自己的劳动成果，小家伙们一定会胃口大开，以此证明食物的美味。除此之外，妈妈们还可以多多学习菜谱，给孩子做出色香味俱全的菜品。很多奇特的动物造型，包括食材的新鲜搭配，都能让孩子觉得耳目一新，胃口自然也会好起来。总而言之，让孩子爱上每一种食物是需要用心才能实现的。从现在开始，爸爸妈妈们就行动起来吧！随着你们厨艺的提高，相信孩子们的胃口也一定会越来越好！

近来，原本从不挑食的涵涵不太喜欢吃青菜了。妈妈发现之后，并没有强迫涵涵吃青菜，而是大惊小怪地说："哎哟，涵涵，你看看，你的嘴唇怎么干皮了呢？还有，你的头发也有些干枯开叉了。"涵涵听到妈妈的语气，很紧张，说："妈妈，我是不是不漂亮了？"妈妈佯装严肃的样子，连连点头："的确，你的小脸蛋没有以前看起来水灵了。你是不是在学校的时候喝水不够啊？"涵涵赶紧说："没有啊，我喝水很多的，几乎每个课间都喝水。我还把你给我带的水果都吃完了呢！"妈妈装作沉思的样子，说："咦，那是为什么呢？你吃了水果，还喝了水，我记得你和我一样爱吃青菜，这都是对皮肤很好的呀，能够摄取足够的维生素，为什么嘴唇还是干裂呢？没关系，我先给你买

个唇膏吧，咱们再慢慢地找原因。”

经过这番交谈，准备晚餐的时候，妈妈特意炒了一个小青菜。果然，涵涵几乎把一盘青菜都吃光了。看着涵涵的吃相，妈妈不由得暗自窃喜：哈哈，我的计谋得逞啦！小涵涵，就因为妈妈说了不吃青菜的危害，她马上就知道自己应该怎么做了。

上述事例中的涵涵妈妈，无疑非常聪明。她发现涵涵不爱吃青菜之后，没有强迫涵涵吃青菜，而是通过关心涵涵的方式，把不吃青菜的坏处都罗列出来。涵涵呢，听完妈妈的话之后，自然知道自己应该怎么做啦。毕竟，小姑娘都很爱美。

这种方法，不仅仅可以用在女孩身上，也可以变通一下用在男孩身上。不但可以督促孩子吃青菜，也可以督促孩子吃肉，或者吃水果，定会百试不爽。爸爸妈妈们，如果你们家里也恰巧有个挑食的孩子，不妨试一试哦！

## 粗心是可以战胜的缺点

很多孩子都有粗心的毛病，尤其是在考试的时候，这个毛病暴露得更加明显。一旦试卷经过老师批改再回到孩子们手中，他们马上就会大呼小叫起来：“哎呀，这道题我会做啊！”“我记得我做对了啊，怎么写错了呢！”“这里居然有道题没看见，我也太粗心了吧！”当父母责怪他们考试成绩不够理想的时候，他们马上会说自己什么都会，只是因为粗心。难道粗心就不用承担责任吗？当然不是。不管你是因为真的不会，还是因为粗心，考试都只有一次答卷的机会。

面对孩子的粗心，很多父母会在不知不觉间强化他们这个弱点。例如，过年时，妈妈带着儿子去串亲戚。亲戚问儿子考了多少分，妈妈马上在一旁解释

说："他呀，一到考试就粗心，考得一般。"如果妈妈经常这么说，孩子就会觉得粗心是他考试失利的主要原因，是可以原谅的，毕竟他真正是会做那些题目的。如此一来，孩子就会更加放纵自己，不把粗心当毛病。实际上，粗心是可以战胜的。前提是，不管是老师，还是父母，都应该认真对待粗心，从而让孩子明白，粗心必须改正。

萱萱读一年级了，每天回家都会写作业。不过，萱萱家只有一居室，在他写作业的时候，妈妈会在一边做家务，有时还会和萱萱聊几句天。转眼之间，要期中考试了。成绩出来后，老师召开了一次家长会。在会上，老师特意指出几个孩子非常粗心，让父母协助改掉粗心的毛病，其中就有萱萱。老师说："孩子的粗心，一旦成为习惯，就很难改正。所以，父母务必督促孩子在写作业的时候要认真细心，只有平日里认真，考试的时候才能正常发挥，不会犯粗心的毛病。"家长会后，其他几个孩子粗心的情况都有所好转，只有萱萱，作业本上依然一片红叉叉。老师不得已把萱萱妈妈请到学校，了解情况。当听萱萱妈妈说，萱萱每次写作业都在客厅里时，老师提醒萱萱妈妈："家里小，孩子没有单独的空间写作业，你们一定要配合孩子，为他完成作业营造安静的空间。例如，他写作业的时候你不要干扰他，打断他的思路。通常情况下，不够专注的孩子更加粗心，而专注力是需要培养的。"老师的话让萱萱妈妈有所觉悟。也难怪，每次儿子写作业，她都在旁边做家务，还会和他说话，萱萱的作业当然也就错误百出了。一旦养成习惯，考试的时候想不出错都难啊！

回家之后，妈妈决定在萱萱写作业期间，她就在旁边看书，不发出任何干扰萱萱的声音。每次写完作业，妈妈还会陪着萱萱一起检查有没有错误，一旦发现错误就及时改正。就这样，萱萱的专注力越来越强，作业中的错误也少了很多。到期末考试的时候，萱萱的成绩有了很大的提高，会做的题目基本都保证做对了。

几乎每个孩子都或多或少会有粗心的表现，作为父母，一定要尽力为孩子创造一个良好的学习环境，让孩子专心致志地完成学习任务。这一点，很多父母都没有意识到其重要性。幸好老师和萱萱妈妈一起找到了萱萱粗心的原因，并且及时改进。否则，一点粗心的缺点变成习惯，必然会影响萱萱未来的学习。

父母们，你们是否也常常因为孩子的粗心而感到无奈呢？与其抱怨孩子，不如从现在开始和孩子一起努力改掉粗心的毛病吧！

## 胆量是练出来的

在生活中，很多妈妈都抱怨孩子胆子太小，遇到危险的时候只会哭泣，不能做到冷静地想办法。尤其是和小朋友一起玩的时候，表现得很害羞，不愿意融入团体之中。如果受了欺负，就只会哭着找妈妈，一点男子汉的气概都没有。现代社会竞争如此激烈，虎妈猫爸们也希望把孩子培养成勇敢、果断、性格坚毅的孩子。其实，孩子并非天生就是胆大的。他们的胆量，需要慢慢地锻炼。尤其是父母，要想孩子变得勇敢，就要有意识地引导孩子，让孩子更加独立。

在现在的家庭生活中，大部分教育孩子的责任都落在妈妈身上。妈妈和孩子接触的时间最长，关系也最亲密。要想让孩子变得胆大，妈妈首先要勇敢。有很多妈妈都很胆小，看到虫子、老鼠等都会失声尖叫。试想，这样的妈妈能培养出勇敢的孩子吗？另外，很多妈妈都喜欢宅在家里，导致孩子很少进入公众场合，因此看到陌生人会感到害怕，认生，这也是在所难免的。要想让孩子胆大，妈妈首先要带着孩子多多接触外界社会，这样才能让孩子的胆量得到锻炼。俗话说，一回生，二回熟。很多孩子之所以胆小，是因为缺乏锻炼的机会。妈妈们总是给予孩子过度的保护，生怕孩子磕了碰了，稍微危险

一些的项目就不让孩子碰。长此以往，孩子就会变得畏手畏脚，缺乏探险精神。如果妈妈经常带着孩子参加体育活动，或者去野外郊游，孩子一定会变得更加勇敢。当然，不可否认的是，每个人都有自己害怕的东西，孩子也不例外。有些孩子天生怕黑，那么就应该带着他熟悉黑暗，感受置身于黑暗中的感觉。日久天长，孩子对黑暗的恐惧心理就会越来越弱，直到最终能够接受黑暗。这种有意识地训练，应该针对孩子的实际情况展开，有的放矢，循序渐进。

这个周末，妈妈带着乐乐去商场玩的时候，看到一个室内的攀岩项目。这个项目不仅是攀岩，还综合了很多其他的技能训练，例如行走木桩等。整个项目由下到上分三层，难度也越来越大。看到其他小朋友玩得那么嗨，乐乐也跃跃欲试。为了锻炼乐乐的胆量，妈妈当即表示支持。刚开始时，乐乐只敢在底层玩耍，那里是最简单的项目。妈妈在一旁不停地鼓励他，说："乐乐，你的这一层已经玩得非常熟练了哦！妈妈觉得，你可以去中间那层试一试。没关系的，你的腰上系着安全带，旁边还有教练保护。你看，那个小妹妹也在中间层呢！"乐乐很犹豫，妈妈看出他有些害怕，便继续鼓励他，但是乐乐始终不敢去中间层。这时，妈妈有些不耐烦了，说："你是男子汉，怕什么呢？人家小妹妹都很勇敢。"激将法似乎起到了一点点作用，乐乐慢慢吞吞地爬到中间层，准备开始历险。走到半途的时候，乐乐不敢从独木桩上经过。这时，教练伸出手，扶着他，他才颤颤巍巍地走过去。

就这样，乐乐足足用了二十分钟才走完一圈，途中被好几个小朋友超越。等到第二圈的时候，乐乐的胆子明显变大了。他越走越快，也不再那么害怕了。看到乐乐短短时间里就有这么大的进步，妈妈高兴极了。后来，乐乐看到有个小朋友去了最高层，就对妈妈说："妈妈，我可以等下次来的时候再去最高层吗？"妈妈毫不犹豫地说："当然，你今天进步已经很大了。最高层，留着下次征服吧！"

上述事例中，为了锻炼乐乐的胆量，妈妈先是用鼓励法，后来又用激将法，终于让乐乐鼓足勇气，爬到中间那层。在乐乐不敢去最高层的情况下，妈妈没有再给乐乐施加压力，而是认可乐乐的进步，对乐乐的勇敢表示赞赏。在这样的锻炼中，乐乐不但胆量增强，而且很有成就感。

其实，生活中有很多机会可以锻炼孩子的胆量。只要是有心的父母，就能抓住这些机会，循序渐进地锻炼孩子，让孩子变得勇敢坚强。需要注意的是，在锻炼孩子胆量的过程中，千万不要急功近利，急于求成。孩子的身体和心理发育都需要过程，只有给予孩子足够的耐心，才能帮助孩子更好地成长起来。

## 孩子为什么“不听话”

当孩子还是你怀抱中的小婴儿时，他（她）什么都听你的。你给他吃什么，他就张开小嘴等着，就像是嗷嗷待哺的小雏儿。不管你去哪里，他（她）都高高兴兴地在你的怀抱里，从不会提出抗议。随着孩子渐渐长大，他（她）不再是你的小尾巴，而要求你变成他（她）的小尾巴。他的计谋得逞了。刚刚学会走路的他（她）总是肆意妄为，想去哪儿就去哪儿，根本不管你有没有在身后跟着他（她）。于是，你只好目不转睛地盯着他（她），寸步不离地跟着他（她）。孩子会说话了，你欣喜万分。你每天都在期待，他从会说一个字变成会说两个字，直到能够流畅地表达自己的意思。然而，你的苦恼随之而来，孩子会说话了，却不再听话。有段时间，他简直就是一个小魔头，你让他往东，他偏偏要往西。不管你说什么，他都有一大串的话如连珠炮般反驳你。这可怎么办呢？难道，辛辛苦苦养大的是个冤家？

其实，孩子不听话是个好现象，这说明孩子越来越独立，有自己的思想和主见，有自己的想法和决策，不再一味地听从父母的安排。父母养育孩子，归根结底，是为了让孩子拥有属于自己的生活，而孩子独立生活的前提条件就是思想和精神上的自主。孩子为什么不听话呢？因为他不喜欢吃你强迫他吃的东西，不喜欢你未经他同意就买回家的衣服，也不喜欢你代替他做出很多决定。如果你能学会尊重孩子，把孩子当成独立的个体平等对待，像关心朋友一样关心孩子的思想和情感，你就能再次了解孩子，走进孩子心里。

近来，贝贝一点儿都不想练习钢琴。每次的钢琴课，他都想办法和老师请假，不愿意去上课。刚开始的时候，妈妈毫不知情。直到老师给她打电话，问家里究竟有什么事情，导致贝贝无法继续上课时，她才知道贝贝借口家里有事已经一个多月没去上课了。

当天晚上，妈妈质问贝贝："贝贝，妈妈用辛苦挣来的钱给你交学费，你为什么不去学钢琴呢？"贝贝说："妈妈，我不喜欢学钢琴。"妈妈很生气，说："贝贝，你知不知道妈妈一天挣多少钱啊？妈妈每天只能挣一百块钱，但是你的钢琴课一个小时就要一百二十块钱呢！"贝贝还是不为所动，坚持不去学钢琴。妈妈马上发起怒来，责令贝贝必须去上钢琴课。这时，贝贝哭着说："就因为我知道你一天只能挣一百块钱，所以我才不愿意上钢琴课。我本来就不喜欢钢琴，你逼着我去学，我也学不好。既然我学不好，为什么还要浪费家里的钱呢？你和爸爸每天都那么辛苦地工作，我不想让你们的钱白白浪费掉。"原来，贝贝真的是不喜欢钢琴，又心疼爸爸妈妈为了供他上钢琴课花这么多钱。所以，他就自作主张请假了。看到贝贝委屈的样子，妈妈很后悔对贝贝发火。她问："贝贝，那你想学什么？"贝贝说："妈妈，我想学习吉他。我喜欢边弹吉他边唱歌，而且吉他很便宜，课时费也不贵。"

妈妈选择尊重贝贝的意见，为他买了一把吉他，报名参加吉他的兴趣班。果然，贝贝进步堪称神速，因为他早就想学弹吉他了。每个星期，他都盼望着学吉他的日子，根本不用妈妈提醒和督促。

在这个事例中，妈妈虽然为了贝贝好，为他报名参加昂贵的钢琴兴趣班，但是贝贝根本不喜欢弹钢琴。这就像成人参加工作一样，如果是做自己感兴趣的工作，一定会事半功倍。相反，如果从事的是自己不喜欢的工作，那么就会很不快乐，进展也定然很慢。幸好，妈妈尊重“不听话”的贝贝的意见，让贝贝如愿以偿地学习吉他。

父母们，当孩子不听话的时候，一定要找到孩子不听话的原因。千万不要觉得孩子年纪小，就不管什么事情都应该听从父母的安排。记住，孩子也是有想法的。只有尊重他们的想法，他们才能心甘情愿地服从你的安排。

## 面对鬼精灵，不要留“空子”

用人小鬼大这句话来形容孩子，真是再合适不过了。孩子虽然小，却常常表现出心思细腻。很多时候，他们能够从父母的话里发现漏洞，甚至将父母的军。对于这种鬼精灵的孩子，父母必须打起十二分的精神来，与其斗智斗勇。当然，孩子鬼精灵并非是坏事。从智力发展的角度来说，只有智力发展到一定程度，他们才会用小小的心思，与父母玩“捉迷藏”。

很多时候，父母都会小瞧孩子的心思。他们总觉得孩子还小，肯定不会玩花样。殊不知，在不知不觉间，孩子已经长大了。作为父母，也应该随着孩子的成长与时俱进，不断调整教育的方向和方式方法，满足孩子的需求。

最近，心心特别爱缠着妈妈。只要妈妈一下班回到家里，心心再也不让奶奶抱，总是跟在妈妈屁股后面寸步不离，甚至妈妈去洗手间，他也站在一旁候着。为了满足心心的需要，妈妈只好尽量陪伴心心。然而，妈妈还要吃饭啊，心心也还是赖在妈妈怀里，不愿意下来。为此，妈妈只能在心心的调皮捣蛋下仓促吃饭。心心不停地催促妈妈：“妈妈，快吃，快吃！玩，玩！”这句话的意思是让妈妈快点儿吃，吃完饭好陪他一起玩。妈妈囫囵吞枣地吃完饭，就被心心揪着一起去看动画片了。睡觉前，妈妈去洗漱，心心在客厅里玩摇摇马。

突然，心心不小心摔倒了，马上哭了起来。妈妈听见哭声，顾不得擦干净脸上的水，就冲过去抱起心心，哄起来。这下子，心心可发现妈妈的弱点了。之后的几天，原本走路很平稳的心心总是摔倒。他时而被椅子绊到，时而从沙发上掉下来，有的时候走在好好的地板上，也会摔倒。每次，妈妈都会冲过去抱起他，耐心地哄他。在心心又一次摔倒的时候，因为妈妈正在洗澡，所以只好由奶奶去抱心心。然而，心心拒绝被奶奶抱起来，而是不停地喊着：“妈妈抱，妈妈抱！”就这样，心心一直坐在地上，等到妈妈洗完澡才出来抱他。奶奶看透了心心的心思，说：“这个狡猾的家伙，我本来就发现他只在妈妈在家的时候才经常摔倒。现在，摔倒了居然不让别人抱，只让妈妈抱，就更加印证了我的猜想。他呀，肯定是在‘假摔’。”听了奶奶的分析，家人虽然觉得很有道理，但是怎么也不相信小小的心心居然如此用心。

后来，经过几次验证，发现心心之所以摔倒，果然是为了让妈妈抱他。看到小家伙这么煞费苦心，妈妈不由得笑起来。后来，心心再摔倒的时候，妈妈就不那么紧张地跑过去抱他，而是让心心自己爬起来。渐渐地，心心觉得“假摔”的办法不能奏效，就不再故伎重演了。

小小年纪的心心，为了享受妈妈的怀抱，宁愿假装摔倒。可见，心心是多么喜欢妈妈呀，在他稚嫩的心灵里，只有用这种办法，才能与妈妈更亲近。识破心心的心思后，妈妈并没有揭穿心心，而是改变策略，让心心知道跌倒了必须自己爬起来。如此一来，心心自然也就没有再次摔倒的必要了。

父母们，你们是否也曾经看穿孩子的小心思呢？其实，不管孩子用什么样的心思，一定都有自己的目的。这些目的大多善良美好，父母应该保护孩子的自尊心，以委婉的方法让孩子认清真相，接受真相。

# 有奖有罚，才能树立规矩

常言道，没有规矩，不成方圆。大到世界范围内的各个国家，小到一个小小的家庭，都必须树立规矩，才能有秩序、有规则。教育孩子也不例外，虽然孩子还小，不懂得规矩和规则的真正含义，但是作为父母，也应该循序渐进地让孩子了解规矩。当然，每个人都追求自由，孩子也是这样，一旦被规矩和规则约束，他们刚开始时必然觉得难以适应。不过，随着时间的推移，只要习惯了规矩的约束，他们就会更快地成长。

孩子每天都要接触大量的信息，学习很多知识，还要和小伙伴们一起尽情玩耍。因此，对于从心底就很抵触的规矩，在执行之初，为了避免孩子把规矩抛之脑后，父母可以制定奖励和惩罚的制度，帮助孩子牢记规矩，遵守规矩。不过，孩子还小，奖励和惩罚的力度都应该适中，只要能够起到激励和警醒的作用即可，不必过于严厉。

每天晚上催促豆豆上床睡觉，都是一个浩大的“工程”。妈妈先是好言好语地和豆豆商量：“宝贝，已经八点半了，你该洗漱，准备睡觉了。”看到豆豆依然眼睛瞪得大大地盯着电视，妈妈只好作罢。然而，时间一分一秒地过去，眼看着马上就要九点了，妈妈不得不提高声调，对着豆豆大声说：“豆豆，快要九点啦！”豆豆这才抬起头，央求妈妈：“妈妈，再给我看一会儿吧！”看着豆豆可怜的样子，妈妈心软了，说：“好吧，只能再看五分钟哦！”然而，五分钟到了，豆豆的屁股还是牢牢地像粘在了沙发上，不愿意抬起来。这时，妈妈有点沉不住气了，大喊：“豆豆，你再不洗漱睡觉，明早就该懒床迟到啦！”豆豆的眼泪像断了线的珠子般掉下来，恳求妈妈：“妈妈，还有十分钟就结束了，就让我看完吧！”就这样，直到九点半，豆豆才去洗漱，上床睡觉的时候已经十点了。次日清晨，困倦的豆豆因为睡眠不足，根本不愿意起床上学，又是一番斗争。如此日复一日，妈妈简直快要崩溃了。为此，妈妈想了一个好办法。

这天晚上，刚刚吃完晚饭，妈妈就问豆豆：“豆豆，你想看动画片吗？”豆豆连连点头，妈妈说：“你可以看动画片，不过咱们必须约法三章。”豆豆很好奇，问：“妈妈，什么叫约法三章？”妈妈向他解释：“约法三章，就是咱们说好规矩，彼此都按照约定好的规矩做事情。”豆豆一听说自己看动画片都要定规矩了，赶紧点头表示同意。妈妈说：“每天吃完晚饭到八点半期间，你可以自由地看动画片。但是，一到八点半，你必须准时去洗漱，九点之前上床睡觉。如果你等到妈妈提醒，每次提醒，第二天就提前十分钟洗漱，也就是说你要少看十分钟动画片。如果提醒两次还没有按时洗漱，那么就取消第二天看动画片的时间。当然，如果你从周一到周五都表现很好，周末就可以晚睡一个小时，以示奖励。”在妈妈耐心的解释下，豆豆明白了规矩。第一天晚上，豆豆过了八点就紧张地看着时钟，提前五分钟就去洗漱睡觉了，妈妈不由得暗自窃喜。然而，第二天晚上，豆豆必须经过妈妈提醒两次，才恋恋不舍地去洗漱。第三天，看着豆豆可怜巴巴的样子，妈妈有些心软，犹豫着要不要取消他看动画片的时间。然而，理智告诉她，如果这次不狠心，规矩就会变得形同虚设。就这样，妈妈严令禁止豆豆看动画片。果然，第四天晚上，豆豆又变得很守规矩，还拜托妈妈提醒他注意时间呢！从此之后，妈妈再也不用为了豆豆的休息问题而烦恼了。

每个孩子都不喜欢睡觉，恨不得一直玩下去。豆豆也是这样，他在晚上的时候不觉得困倦，但是早晨又觉得很累。妈妈呢，一而再、再而三地催促豆豆，却总是因为心软，让豆豆抓住把柄，把时间拖延到十点钟。对于年幼的孩子来说，要想早起去上学，十点钟睡觉显然太晚了。幸好，妈妈想出了用奖励和惩罚的方式定立规矩的办法，这样，豆豆就会有所顾忌，最终主动遵守规矩。

在很多方面，父母都可以给孩子定立规矩。虽然让孩子遵守规矩很不容易，但是一旦孩子接受了规矩，就会主动遵守，父母也可谓一劳永逸。父母们，你们是否也经常因为孩子的苦苦哀求感到为难呢？赶快定立规矩吧，一切都可以按规矩办事哦！

# 第十一章

# 表扬让孩子更出色

## ——用激励照亮孩子的成长之路

关于孩子的教育问题，越来越多的人意识到对孩子应该多表扬，少批评，这样才能鼓励孩子不断进步，帮助孩子树立信心。然而，理想和现实之间总是有很大的差距，很多父母虽然说起来头头是道，做起来却总是一头雾水。到底该什么时候表扬孩子，以怎样的方式表扬孩子，这些都是需要不断地在教育实践中摸索的。下面，就让我们一起来针对教育孩子的具体问题展开探讨吧！

# 不要总是拿孩子和他人比较

在夫妻生活中，有一幕经常发生，妻子总是挤兑丈夫：“你看看，你干了十几年还是个科员，人家张娜的老公都是科长啦！”“你有本事买大房子给我住啊，我妹夫都买别墅啦！”“你就别埋怨孩子没出息了，你要是有本事，直接把孩子送出国，那岂不是省心啦！”生活不如意十之八九，每个家庭的生活都会有些不如意，当妻子感到对生活不满意的时候，就总是埋怨丈夫。这样的埋怨，常常换来丈夫的反唇相讥：“你觉得谁好，你找谁去啊，还在这里待着干吗！”由此，家庭大战爆发。这样的情形，在夫妻生活中时有发生。其实，不仅仅是在夫妻生活中，父母对孩子，也常常犯同样的错误，就是把孩子和其他孩子进行比较，尤其是会拿孩子的弱点和其他孩子的优点进行比较。

以自己的短处，比他人的长处，这是一种非常愚蠢的做法。尽管大多数人都不愿意承认自己很愚蠢，但是这样的蠢事他们却时常会做。尤其是拿孩子的短处比其他孩子的长处，父母在这么做的时候，一定想不到这样的做法会给孩子带来多大的伤害。孩子的自尊心很脆弱，需要父母小心地呵护，精心地培养，孩子才会更加有自信。如果父母总是肆无忌惮地揭开孩子的伤疤，把孩子的弱点暴露在他人面前，那么，孩子如何能够树立自信呢？最坏的结果是，孩子非但信心全无，而且还会自暴自弃。后果如此严重，父母们，赶快反思自己的做法吧，千万不要犯了亲子教育的这一条大忌！

玉玉和萌萌家住楼上楼下，再加上她们俩是同学，所以玉玉妈妈张嘴闭嘴就会把玉玉和萌萌比较。这次期中考试，玉玉又没考好，萌萌却考了全班第三。妈妈看着女儿的成绩单，说："玉玉啊，你怎么总是考不过萌萌呢，这让爸爸妈妈的脸往哪里搁啊！你看看，你爸爸是萌萌爸爸的领导，咱们家哪个方面不比他们家强呢！就是你拖后腿！"看到妈妈不满的样子，原本觉得没考好很愧疚的玉玉，居然反驳妈妈："你觉得萌萌好，去找萌萌当女儿啊！你觉得我给你丢人了，我这就走，离开这个家，省得你们看我不顺眼。"看到玉玉真的收拾东西要去爷爷奶奶家，妈妈不由得紧张起来。她拦住玉玉，说："你这个孩子，怎么不分好坏呢？！妈妈说你，还不是为了你好吗？你学习好，将来考个名牌大学，你自己不也享福吗？"玉玉不以为然地说："你才不是为了我好呢！你根本不爱我，你爱的是你的面子！你让我学习好也不是为了我，是为了你的好名声！"看到女儿如此误解自己，妈妈也伤心起来。

后来，妈妈把这件事情告诉爸爸，爸爸责怪妈妈："前些年，你总是说我比不上谁谁，现在，你又开始说女儿。你知道吗，你完全是虚荣心在作怪。你总是把女儿和萌萌比较，女儿怎么会不伤心呢！你应该看到女儿的优点，她舞蹈那么好，也许以后会考上艺校呢？萌萌虽然学习成绩好，但是没有任何艺术细胞啊，气质哪里有咱们女儿好呢！而且，女儿除了学习上不够优秀，平日里那么乖巧懂事，也很孝顺，这不都是优点吗？"妈妈听了爸爸的话，才知道自己擅作主张的比较，对女儿伤害多么大。第二天，她真诚地向女儿道歉，并且说出了女儿的很多优点。最后，她告诉女儿："玉玉，爸爸妈妈永远都是爱你的。在爸爸妈妈心里，你是最优秀的。妈妈以后不会再拿你和别人比较了，因为谁也无法取代我的女儿。"从此以后，玉玉和妈妈的关系越来越融洽了。

把孩子和其他人比较，父母的初衷当然是激励孩子更加努力，赶超他人。然而，一味地贬低自己的孩子，突出其他的孩子，会让孩子稚嫩的心灵误以为父母不爱自己，因为自己不够优秀。不管采用何种方式教育孩子，一定要让孩子确信，父母永远爱他。

父母们，如果你们还在使用比较的方法激励孩子，那你们就外行啦！从现在开始，赶紧瞪大眼睛发现孩子的优点吧，好孩子都是夸出来的！

# 让孩子学会迎难而上

人生的道路上，很少有一帆风顺的坦途，大多数人都要面对坎坷的命运，迎接生命的挑战。如今，很多家庭都只有一个孩子，不但父母疼爱，爷爷奶奶、姥姥姥爷也将其视为命根子。从小被当作掌上明珠长大的孩子们，根本没有机会面对挫折，迎接挑战。然而，长辈们不可能陪伴孩子一直到老。当孩子长大成人，父母就会渐渐老去，无法再像年轻的时候一样为孩子撑起一片晴空。既然如此，明智的父母不会一味地宠溺孩子，而会选择合适的时机，让孩子独自面对困难，锻炼孩子知难而上的胆量和勇气，也教会孩子如何面对挫折，百折不挠。

其实，对孩子而言，生活中的难题很多。例如，一次竞赛，就需要孩子付出加倍的努力；再如，孩子第一次独自去上学，对他而言也是挑战；说到第一次，那么孩子需要面对的第一次可就太多了，第一次独自出远门，第一次做饭，第一次洗衣服，第一次参加运动会……这么多的第一次，如果每次都擅加利用，孩子一定会更加勇敢、坚强。

自从上二年级之后，数学学习中加入了奥数课程，每周一次课。这对于从外地转学来的潇潇而言，是个很大的难题。潇潇在此之前从未接触过奥数学习，对于奥数的思维，他完全是空白。因此，开学之初的奥数题目上，潇潇只考了五十多分。潇潇感到很懊恼，因为他之前考试成绩从来都是一百分。看到潇潇失落的样子，妈妈说："潇潇，没关系的啊。你以前没有学过奥数，所以还不了解奥数的解题思维。一旦你掌握了奥数的思维和解题方法，思路打开了，你就会马上追赶上来的。"即便妈妈这么说，潇潇还是很沮丧。

又一次考试之后，潇潇的奥数成绩还是没有起色。潇潇哭丧着脸对妈妈说："妈妈，我不想学习奥数，为什么要学奥数呢？"妈妈耐心地解释："奥数的解题思路，能够帮助小朋友们形成发散性思维，以后具有创造力。你看看，你刚刚转学来的时候不适应这里的教材，考试不太理想，现在半个学期过去，不是又变成全班前几名了吗？学奥数也不要着急，妈妈相信，你这么聪明，而且很用心，一定也能把奥数学好的。”在妈妈的鼓励下，潇潇终于鼓起勇气，他大声说：“放心吧，妈妈，我一定会努力把奥数学好的。”

消除畏难情绪之后，潇潇的奥数成绩一路直线上升。他渐渐地了解了奥数的解题思路，举一反三，很快就对奥数学习轻车熟路了。经过这次之后，他高兴地对妈妈说：“妈妈，我连奥数都能学好，我一定什么都能学好。奥数那么难，都被我战胜了。”

上述事例中的潇潇，如果在奥数面前败下阵来，那么在未来的学习中，必然会在更多的困难面前败下阵来。妈妈非常有耐心，没有给潇潇压力，反而经常鼓励潇潇，最终帮助潇潇从心理上战胜困难，直至学好奥数。

孩子在学习和生活中遇到困难是正常的，在这种情况下，父母一定不要逼迫孩子，而要给予孩子足够的鼓励和支持。只有这样，孩子才能鼓起勇气，迎难而上，战胜困难。记住，任何时候，责备或者埋怨都于事无补，只有与孩子一起面对，事情才会往好的方面发展！

## 兴趣，是孩子真正想做的事情

如今，随着每个家庭对于孩子的教育程度越来越高，各种各样的培训班、兴趣班如雨后春笋般层出不穷，只为了满足望子成龙、望女成凤的家长朋友们。到了周末，孩子们再也无法像以前一样享受无忧无虑的玩耍，只能跟随父母在各个培训班之间奔波。其实，你报名的培训班、兴趣班，真的是孩子需要的吗？如果说培训班由父母做主选择还情有可原，因为培训班是作为学校学习的补充，那么兴趣班也由父母说了算就让人想不通了。兴趣，兴趣，就是孩子感兴趣的事情。现实情况是，很多孩子的兴趣班都是父母根据自己的兴趣选择的，完全不在乎孩子真正喜欢什么，想做什么。

试想，如果你所做的工作，是你完全不感兴趣的领域，那么你为了生活而日日工作，能坚持多久呢？反之，如果你所从事的工作恰恰是你的兴趣所在，那么你每天早晨都无比期待新的一天开始工作，你在工作上的表现必然出类拔萃吧。孩子也是如此。强迫孩子学习他不感兴趣的东西，还美其名曰兴趣班，只会让孩子感到万分沮丧。只有给孩子报名他真正喜欢的兴趣班，孩子才会高高兴兴地去上课，发展自己的兴趣，最终学有所成，收获快乐。

周末，原本是乔乔最喜欢的日子，因为经过一周紧张的学习之后可以彻底放松，忘乎所以地尽情玩耍。然而，现在乔乔很不喜欢周末，就因为妈妈给他报名参加了跆拳道。乔乔不喜欢练习跆拳道，因为他比较胖，很多动作都做不好，教练还会狠狠地批评他。但是，妈妈却说：“就是因为你胖，所以才让你学习跆拳道。你再不运动，就会变成小胖墩啦。只有多加运动，你才能保持身体健康、结实呢！”乔乔喜欢打篮球，请求妈妈：“妈妈，你能让我参加少儿篮球队吗？篮球也可以锻炼身体啊，而且还有很多小朋友可以一起玩。”其实，乔乔是喜欢篮球的自由自在，无拘无束。相比篮球，跆拳道练习必须严格规范动作。不过，妈妈已经给乔乔交了一年的学费，乔乔只能学习跆拳道。为此，每个周五的时候，乔乔就开始发愁周六和周日的跆拳道课程，甚至说：“哎，为什么要有周末呢？每天都上课，多好啊！”渐渐地，随着学习的深入，教练的要求也更加严格，乔乔对跆拳道课程更加抵触。有一次，他居然在家里大哭起来，一边哭一边喊道：“我不想去学跆拳道，不去，死也不去！”看到乔乔这么排斥，妈妈却坚持要拖着他去上课，爸爸说：“不想去就不去吧，他这么抵触，去了也学不好。”

有了爸爸这句话，乔乔更加不愿意去上课了。无奈之下，妈妈只好退掉学费，尊重乔乔的意思为他报名参加了少儿篮球队。现在，周末又变成了乔乔最期盼的日子。他不但可以和小朋友们一起学习篮球，还可以和小朋友们在学习之后自由玩耍。看着如今每天开开心心的乔乔，妈妈很庆幸没有再逼着乔乔学习跆拳道。

和成人相比，孩子缺乏理智。对于不喜欢做的事情，成人尚且能够权衡利弊去做，但是孩子却只能凭借兴趣爱好去做。很多父母都出于功利的目的逼着孩子参加各种兴趣班，即使遭遇孩子的反抗也不管不顾，依然逼着孩子去参加，这样做的结果只能是适得其反，导致孩子更加抵触。与其花费同样的钱让孩子不快乐地学习，为什么不能还原兴趣班的初衷，让孩子快乐地学习和成长呢？孩子的快乐，才是家的快乐！

## 教会孩子面对挫折

在这个世界上，没有一帆风顺的人生。纵观古今中外，大凡是有所成就的伟人、科学家，大多数都命运多舛。诸如贝多芬，在双耳失聪之后，依然不甘心被命运打倒，而是奋起与命运抗争，最终成为举世闻名的音乐大师；张海迪，因为患病而高位截瘫，但是她从未自怨自艾，而是鼓足勇气，坐在轮椅上走出自己的人生之路，成为对社会有用的人；海伦，从很小的时候就失去听力和视力，生活在无声的黑暗世界里，然而她不但凭借努力读完大学，还以自己亲身经历鼓舞无数青年勇敢地面对生活的磨难……诸如此类的悲惨经历，很多伟人都有。然而，这一切都没有阻挡他们前进的脚步，他们不但活得比健康人更加精彩，也为社会做出了卓越的贡献。

如今，很多孩子都从小娇生惯养，衣来伸手饭来张口，不管什么事情都在父母的安排下顺利度过。这么平顺的人生，对孩子来说真的是好事吗？其实不然。没有经历过挫折的孩子，就像是始终养育在温室里的花朵，一旦遭遇风吹雨打，马上就会凋落。常言道，宝剑锋从磨砺出，梅花香自苦寒来。要想让孩子变得勇敢坚强，不畏人生的风雨，就应该常常教育孩子，让孩子学会面对挫折，摔倒之后马上爬起来，拍拍身上的泥土继续前行。只有这样一颗勇敢的心，才能帮助孩子走出自己的人生之路。否则，父母在孩子小的时候娇生惯养，等到孩子长大了父母渐渐老去，孩子却依然不能独立面对生活，那岂不是莫大的悲剧。

前段时间，雯雯作为班级代表参加了学校的作文比赛，获得同年级组第一名。后来，学校又派雯雯代表学校参加县里组织的作文比赛，雯雯信心满满，对妈妈说："妈妈，我上次比赛就是第一名，这次肯定还是第一名。"看到雯雯踌躇满志的样子，妈妈提醒她说："雯雯，这次的对手可比上次更有实力啊，你可别轻敌！上次，你只是参加了学校的年级作文比赛，这次，你的对手里不但有三年级的小朋友，还有四年级的大哥哥大姐姐呢！而且，他们都是从各个学校选拔上来的，都和你一样是本校的冠军呢！"雯雯不以为然地说："放心吧，妈妈，我一定会战胜他们的！"

没过多久，比赛的日子到了。雯雯早早地起床，让妈妈送她去比赛点。雯雯看到，每个参赛的同学都很有信心，不由得有些心虚，说："妈妈，我能行吧？"妈妈笑着鼓励她："别想那么多，正常发挥就好！"很快，一个半小时过去了，雯雯走出赛场。等待结果的一个星期过得很漫长，等到比赛结果出来，当得知自己根本没有进入前三名时，雯雯不由得大哭起来。妈妈没有打扰雯雯，一直等到她哭完，妈妈才说："雯雯，天外有天，人外有人，这下子你知道了吧。虽然你的写作能力很强，但是一定会有人比你更优秀。这次比赛失利没关系，只要你接下来奋发图强，继续努力，也许明年就能提高名次啦！"雯雯失望地说："我已经努力写好了，为什么还得不到认可？"妈妈看到小小年纪的雯雯心思这么重，安慰她说："每个人都在进步啊，你在进步，别人也在进步。你只有进步更快，才能缩短与他人的差距。你知道吗？"在妈妈耐心的安抚下，雯雯终于接受了这次挫折。不过，她并没有对自己彻底失望，而是被妈妈的鼓励唤起了信心。她对妈妈说："妈妈，放心吧，我一定继续努力，多多看优秀的文学作品，提高自己的写作能力。明年我还要参加作文比赛。”

面对挫折时，孩子一时的失望沮丧都是正常的。很多父母在孩子受到挫折的时候，会依靠转移注意力等消极的办法解决问题，这是不对的。人生，不可能永远在逃避中度过，只有让孩子直面挫折，孩子才能更好地迎接人生的挑战。

上述事例中的雯雯妈妈，在面对雯雯作文比赛的成绩时，给了雯雯很好的引导。相信，经过这次挫折，雯雯的心理一定会更加成熟，知道人生并非永远一帆风顺。那么，再次遇到挫折的时候，雯雯的心理承受能力自然会更强。

## 心理健康的孩子才能坦然面对人生

前段时间，有个大学毕业生在即将拿到毕业证书的情况下，留了一封遗书，跳楼自杀。在自杀之前的一周之内，他根本没有表现出任何异常，却在遗书上说压力太大，不想活了。由此可见，这个大学生的心理承受能力是多么脆弱。人这一生，怎么可能时时事事都顺心如意呢？如果一遇到看似无法迈过的坎，就选择结束生命，那么全世界的人口最起码要锐减一半以上吧。曾经有位少年成才的博士，从小就不断跳级，小小年纪就取得了博士学位。然而，他却在电视台的采访上，公然埋怨爸爸给他的钱太少，并且说自己学习这么好，爸爸理所应当给予他经济上的支持。上述这两个孩子，都是心理不健康的孩子。一个轻易地选择结束生命，一个面对生养自己的父亲索求无度。这样的孩子，不管学习多么好，也不管在学业上的成就多么大，都不是一个合格的人，因为他们没有健全的心智。

人活着是为什么？自古以来，无数哲学家都在思考这个问题。对于普通百姓来说，活着，就是养育孩子，就是吃饭穿衣，就是和家人团聚在一起。如果没有健全的心智和丰富的感情，人活着又有什么意义呢？就像那个跳楼的孩子，在跳楼之前难道就不会想到父母辛苦大半辈子，才盼到他长大吗？就像那个博士，难道在埋怨爸爸给他的钱太少时，就不会想到爸爸已经竭尽所能，才供养他到今天吗？现代社会的生存压力的确成倍增长，相比较几十年前，人们即使每个月拿着微薄的薪水也不用担心诸多问题，现代人几乎每天都生活在压力之中。由此，聪明的父母也会顺应时代的潮流，找准教育孩子的重点。很多父母一味地盯着孩子学习，却没有想到如果孩子心理不健康，学习再好也依然不能坦然面对生活。既然如此，为什么不把更多的精力用于引导孩子健康成长呢？记得有位妈妈曾经说：“我对孩子没有过高的期望，在学习方面，他的天赋决定了他的成就，我只能保证给他创造合格的成长环境和条件。其实，如果他心智非常成熟，心理健康，能够承受生活的压力，即使从事卑微的工作，没有很高的成就，也同样能获得幸福。”妈妈这样的育儿观念，让我们感到很欣慰。的确，我们尽一切的能力为了孩子好，不就是希望孩子获得幸福吗？

小雨和强强是好朋友，不过，小雨是单亲家庭的孩子，嫉妒心理很强。有一段时间，小雨突然间不理强强了，爸爸问他为什么，他说：“强强有妈妈，我没有。我不和他当好朋友。”听到小雨的回答，爸爸觉得非常心酸。他抚摸着小雨的头，说：“小雨，强强妈妈对你很好啊。你看，每次她买什么好吃的，都会给你也准备一份。因为她知道小雨暂时没有妈妈，所以她就代替妈妈，对你和强强一样好。你应该感谢强强的妈妈，也和强强成为好朋友呢！”不想，小雨突然哭起来，说：“为什么强强有妈妈，我没有呢？”

随着年纪渐渐长大，小雨因为从小缺乏妈妈的爱，嫉妒心理变得更强。每次，只要看到其他同学考试成绩比他好，他就会说：“他是个坏孩子，他虽然学习好，但是其他方面都很差。他根本比不上我。”每当小雨这么说的时候，爸爸就会说：“小雨啊，你不要只会嫉妒。你必须努力，超过同学才行。只有好好学习，将来考上好大学，你才能拥有美好的人生。”就这样，小雨长大之后，也总是愤愤不平，始终难以怀着平静的心态生活。大学期间，他因为妒忌同宿舍的舍友，居然在舍友的饭里投毒，伤害舍友的生命，因此锒铛入狱。

小雨的悲剧，是让所有人都感到心痛的。如果有父母的关爱和正确的引导，他又怎么会在人生的路上走入歧途呢？父母们，在望子成龙、望女成凤的同时，一定要多多关注孩子的心理，引导孩子心理健康地成长。孩子的成长就像是一棵大树，一旦根长歪了，即使枝繁叶茂，也难以成才。孩子也是如此，健康的心理和优秀的品质，是孩子成长的根本。如果脱离了这两样的支持，孩子如何能够真正成才呢？

阳光、空气、水和土壤，缺少哪一种营养元素，幼苗就不能长成参天大树。父母们，在给孩子提供优越的物质条件和学习条件时，不如多多关注孩子的情感和心理，让孩子获得真正的幸福和快乐。

# 第十二章

# 杜绝语言暴力

## ——给孩子一个温暖的童年

孩子，是天使和魔鬼的综合体。乖巧的时候，他们瞪着清澈的大眼睛，无辜地看着我们，就像是楚楚可怜的天使；邪恶时，他们无恶不作，鸡蛋里头挑骨头，无缘无故就能哭上大半天，简直让妈妈头痛欲裂，就像是无理搅三分的魔鬼。当遇到孩子无厘头地吵闹时，或者当孩子执拗地违背父母的心意我行我素时，也可能他还会给你惹出各种灾祸，让你无计可施，你会不会突然间变得歇斯底里，恨不得口不择言地大骂他一通。现实生活中，原本深爱孩子的父母的确会在盛怒之后，不顾一切地对孩子开展语言暴力，给孩子幼小的心灵留下阴影，甚至是难以磨灭的伤害。从现在开始，如果您真的爱孩子，请净化语言，给孩子一个温暖的童年吧！

# “唠叨”，让孩子无处可逃

成为父母的我们，再回忆妈妈曾经的唠叨时，会感到无比的温暖，因为那一句句琐碎的话，重复的都是对我们深深的爱。然而，在我们小时候，并不知道妈妈为什么唠叨，唯一的感受就是妈妈太烦，总是没完没了地说那些无关紧要的事情。甚至，有些孩子在妈妈唠叨的时候堵上耳朵，不想再听。对于孩子稚嫩的心灵来说，他们还无法以包容之心对待妈妈以唠叨的方式表达关心和爱，那么，妈妈为什么不能改变方式对待孩子呢？与其用唠叨把孩子逼得无处躲藏，不如认真地倾听孩子的心声，说些能够打动孩子心灵的话，成为孩子真正意义上的良师益友，岂不是更好？

从现在开始，妈妈们不要再唠叨了。也许有的妈妈会说，孩子总是丢三落四，和他讲道理也时常抛之脑后，不唠叨怎么行？其实，你们太小看孩子了。孩子之所以丢三落四，就是因为有个帮他记住很多事情的妈妈。如果妈妈能够狠下心来，让孩子自己去牢记一些事情，一旦忘记就受到惩罚，那么他的记性一定会越来越好。例如，有个妈妈每天晚上都会帮孩子收拾书包，检查各种文具和书本有没有都收纳进去。有一次，妈妈出差，没有人给孩子收拾书包，孩子不但没带书本，连铅笔盒也忘在家里。由此可见，孩子的依赖性多么强。只有逼迫孩子独立的父母，才能帮助孩子养成良好的习惯，对自己的学习和生活负责。在给孩子讲道理的时候，完全没有必要一遍又一遍地说。孩子的理解是需要过程的，也许当时理解不了的深奥道理，他在生活中会慢慢了解，有所感悟。妈妈再三唠叨，只会让孩子心生叛逆，反而不利于孩子的心理健康成长。

妈妈很爱唠叨，这一点，欣欣早就发现了。每天从早晨起床开始，妈妈就进入唠叨程序：“欣欣，多穿一件衣服，今天降温了，小心着凉！”“欣欣，抓紧时间洗漱啊，不然上学就要迟到了。”“欣欣，你的课本都放进书包了吗？路上记得注意避让车辆。”“欣欣，在学校要多喝水啊，小心上火。”……欣欣觉得，自己的耳朵都听出老茧了，但是妈妈每天依然乐此不疲地唠叨这些老生常谈的话。无奈，她只能听着。

今天，是欣欣小升初考试的日子。早晨起来，妈妈的唠叨更加严重了：“欣欣，多吃点儿，考试时才有充足能量！”“欣欣，再吃一个鸡蛋吧！”“欣欣，你的钢笔和墨水都带了吗？”“欣欣，这是草稿纸，记得带好。”……欣欣检查考试所需用品的时候，妈妈一直在旁边唠叨。不想，这次唠叨却犯了大错，欣欣一时因为妈妈的唠叨心烦意乱，居然把准考证忘记塞进书包里了。快到考场的时候，欣欣才发现准考证不见了，不由得急得哭起来。她一边哭，一边埋怨妈妈：“都是你，一早上起来就唠叨，害得我准考证都忘记放进书包了。本来，我可以按照备忘录把每件东西都收拾好，都是你打断了我的思路，这可怎么办呀？”妈妈只好让欣欣步行去考场，自己则返回家里拿准考证。妈妈骑着电动车跑得飞快，生怕耽误欣欣考试。路上，因为着急还摔了一跤。看着一瘸一拐赶到考场的妈妈，欣欣顾不得问什么，赶紧进去参加考试。幸好，欣欣的心理素质还是比较好的，临场发挥并没有因此受到影响。她考完之后，看到妈妈正在学校门外等她，才问：“妈妈，你的腿怎么了？”妈妈一瘸一拐地走着，说：“没事，刚才不小心磕了一下。你考试发挥还好吗？妈妈最担心的是你因为着急，影响正常发挥。”欣欣关切地说：“妈妈，我已经长大了，你就别总是把我当小孩了。其实，我昨晚就准备好了一切东西，就是早晨被你一打岔，忘记把准考证放进书包了。我已经长大了，您就放心吧！”妈妈不好意思地说：“今天都怪我，以后我不会瞎唠叨了。”欣欣挽着妈妈的胳膊，说：“妈妈，我知道你是为我好。不过，您也该相信我能处理好很多事情了。”

因为唠叨，原本好心的妈妈打扰了欣欣收拾用品，导致准考证忘在家里了。幸好发现及时，妈妈骑着电动车飞奔回家去取，才没有耽误考试。其实，对于已经小升初的欣欣来说，已经有足够的能力处理好自己的事情了。妈妈之所以总是唠叨，就是因为担心欣欣不能把一切处理好。只要欣欣把每件事情都做得很好，并且让妈妈放心，妈妈自然就不会再唠叨。

父母们总是万分紧张孩子，这是人之常情。很多时候，也要学会适当放手，培养孩子的独立能力。父母即使再爱孩子，也不可能陪伴孩子走完漫长的一生。只有让孩子学会自己照顾自己，才是长远之计。妈妈的唠叨是对孩子的爱，这一点，也许只有等到孩子也有了孩子才能深切体会。当然，一个不唠叨也深爱孩子的妈妈，无疑会更受欢迎。

## 语言暴力伤害孩子稚嫩的心灵

在各种各样的武器中，哪种武器对人的杀伤力最大呢？某心理研究所通过研究证明，杀伤力最大的武器是暴力语言。提起暴力语言，很多人最先想到的就是诅咒，用最恶毒的诅咒咒骂仇人。如果说父母对孩子经常使用语言暴力，你信吗？尽管你不停地摇头，但是只要你认真地回想一下，就一定听过甚至是自己也亲自对孩子说过以下这些话：“你可真是笨蛋啊，这么简单的题目都不会做！”“你太丢人了，我的脸都被你丢光了！”“你真是个饭桶，每顿饭吃这么多，学习上你怎么没这个本事呢！”“我不是你妈妈，你以后别叫我妈妈！”“再调皮捣蛋，看我不揍死你！”“你根本不是画画的料，别白费劲啦！”诸如此类的话中，一定有你所熟悉的。看到这里，很多父母都会情不自禁地反思自己。的确，这些父母原本觉得无关紧要、脱口而出的话，在孩子的心里都是暴力行为，都会给他们造成难以磨灭的伤害。

所谓语言暴力，指的是人们在说话的时候带有侮辱、蔑视的意味，给听者的心理造成很大的压力和难以恢复的创伤。如果说打架是粗俗野蛮的，伤害人的心灵，那么语言暴力则显得文雅许多，但是给听者带来的伤害远远超过肉体的痛苦。这样一句话，很可能在听者的耳畔，甚至是心里，盘旋很久都不会消散。曾经有研究团体证实，很多青少年罪犯之所以内心冷漠，肆无忌惮，就是因为童年时期长期遭受语言暴力。不可否认的是，孩子的天赋是不相同的，能力也有强有弱。当我们不能正视孩子的弱时，就会因为失望或不满而对孩子开展语言暴力。殊不知，语言暴力把孩子从“弱者”变成了“失败者”。因为父母的否定和冷嘲热讽，他们甚至放弃努力，不再竭尽所能地提升自己，而是理所当然地认为自己本就是无可救药的。对于孩子而言，这样的想法会使他们一生都滞缓，是多么可怕的事情啊！在日常生活中，不但有显而易见的语言暴力，还会有语言软暴力的存在。所谓语言软暴力，就是指父母在和孩子说话的时候，总是给予孩子负面的暗示，不是一句话堵死孩子，就是一句话吓死孩子，甚至是一句话憋死孩子。孩子们长期在这样的环境中长大，心理问题日益凸显。

为什么会这样呢？根本原因在于，很多父母都在潜意识里把孩子视为比自己差的弱者，从语言到行动，都非常蔑视孩子，最终使孩子产生深深的挫败感。尤其是当孩子的表现不能使父母满意时，父母就会更加否定孩子，强化孩子“失败者”的形象，让孩子自暴自弃。甚至有些心急的父母，看到孩子的表现不如意，就会把孩子拽到一边，完全代替孩子做所有事情。如此恶性循环下去，孩子就越来越自卑，越来越找不到自我，更无从谈起自信了。归根结底，要想终结语言暴力的现象，父母必须深刻意识到语言暴力给孩子带来的不良影响，也要正确剖析自己的内心，让自己更加尊重、理解和爱孩子。唯有如此，才能改善现状。

学校门口有一排门面房，都是卖文具和玩具的。每天放学之后，皮皮总是喜欢去这些小店转转看看，流连忘返。大多数情况下，他不会要求妈妈买玩具，因为他知道妈妈不会同意给他买的。这一天，他看到了心仪已久的变形金刚，因此再也走不动路了，就定定地站在那里看着。看了很久，他怯生生地问妈妈："妈妈，我可以买这个变形金刚吗？"妈妈当即拒绝了，但是皮皮实在太想要这个变形金刚了，因此缠着妈妈非得要买。妈妈使劲拽着他往外走，说以后再也不许他放学后来玩具店。听到妈妈的话，皮皮拖拉着屁股，更加拒绝往外走。但是他人小力气也小，眼看着就要拗不过妈妈了，居然一屁股坐在地上，赖着不肯走了。

围观的人越来越多，妈妈觉得很丢脸，便使劲拉皮皮起来。然而，皮皮满脑子都是变形金刚，大有不达目的誓不罢休的劲头，居然躺在地上撒泼打滚。看到皮皮的样子，妈妈咬牙切齿地说："你就躺在这里吧！你这么不听话，我就把你送到别人家，再也不要你了。"原本闭着眼睛使劲哭闹的皮皮，听到这句话后马上从地上爬起来，用脏兮兮的小手擦了擦眼泪，眼睛里充满了恐惧。他流连忘返地看着变形金刚，和妈妈一起回家了。之后的几天，皮皮都很乖巧，妈妈还表扬他表现很好呢！然而，一天晚上，皮皮胆怯地问妈妈："妈妈，你还会把我送人吗？妈妈，你别把我送给别人吧！"看到皮皮担忧的样子，妈妈这才意识到自己生气时说的那句话给皮皮的心理造成了多大的恐惧。妈妈懊悔不已，一把将皮皮揽在怀里，说："宝贝，妈妈说的是气话。妈妈不会把你送人的，你是妈妈的好儿子！"从此以后，妈妈即使再怎么生气，也没有说过把皮皮送人的狠话。

孩子的心思很简单，他们还不会区分父母的哪句话是气话，哪句话是玩笑话。只要是父母说的话，他们都会记在心里，信以为真。所以，皮皮才会很担心妈妈真的把他送人。这一句话带来的阴影，皮皮也许需要很长时间才能再建立从妈妈那里得到的安全感，真是损失巨大。

父母们，在对待孩子的时候，不管他多么调皮捣蛋或者让你们失望，都不要说出让孩子伤心或者心生恐惧的话。常言道，说出去的话如泼出去的水，再也收不回。所以，父母更要谨言慎行，小心呵护孩子们稚嫩的心灵。

# “真老虎”才能屹立在孩子心中

在孩子面前，几乎每一个父母都在追求威严。因为只有在孩子心目中树立威信，孩子才能尊重父母，听从父母的训诫。正因为如此，父母们总是想方设法地在孩子面前保持自己的威信，树立自己的高大形象。有些父母在和孩子说话的时候总是一本正经，很少与孩子打成一片。这样虽然与孩子拉开了距离，却让孩子失去了与父母亲密接触的机会。还有些父母树立威严的方式更加可笑，即对孩子恶言恶语，吓唬孩子。殊不知，孩子虽小，也有自己的小小判断。如果父母总是凭借一时语言的犀利吓唬孩子，他们总会知道父母其实是“纸老虎”。

为了保持教育的一致性和连贯性，父母千万不要总是脱口而出地吓唬孩子，而要言出必行，把自己变成真老虎，才能真正在孩子心目中树立威信。那么，如何从“纸老虎”变成“真老虎”呢？首先，父母不要随意吓唬孩子，因为吓唬孩子的话往往不能兑现，一旦让孩子知道只是口头上的逞英雄，那么下次当父母再说出严厉的话时，他们也不会相信。其次，和孩子说的话一定要兑现。每个孩子都是个鬼精灵，如果父母之前说的惩罚措施或者奖励措施没有及时兑现，而是将其变成“空头支票”，那么在不久的将来，父母的话在孩子心里就会毫无分量。再次，父母说话的时候要量力而行，不说大话、空话。父母要想树立威严，不仅依靠惩罚孩子，也依靠兑现承诺。千万不要轻易承诺孩子什么，也不要失信于孩子。承诺一旦做出，就要兑现，否则就将会变成假大空的话。总而言之，父母对孩子只有做到言必出行必果，才能在孩子心目中树立威信，成为“真老虎”，让孩子心服口服。

最近，爸爸在琪琪那里遭遇了信任危机。这次信任危机源于很多日常生活小事的积累，让琪琪再也不愿意相信爸爸。原来，一个月前，爸爸曾说如果琪琪期中考试成绩优秀，就奖励琪琪一辆自行车。然而，期中考试已经过去整整一个月了，爸爸也没有兑现承诺。在此前，爸爸也经常失信于琪琪，所以，当爸爸承诺琪琪，如果在期末考试中成绩依然优秀，就真的奖励自行车时，琪琪不以为然地说：“切，我才不相信你说的话呢！”

这次信任危机，不但让琪琪不再相信爸爸会兑现承诺买礼物，就连爸爸对她的管教，她也毫不放在心上。有一次，琪琪作业没写完，老师联系她的爸爸，爸爸回家之后询问琪琪：“琪琪，你的作业为什么没有完成？”琪琪嘴巴一撇，说：“我不想写。”爸爸当即严厉批评琪琪：“琪琪，作为学生，怎么能不完成作业呢？如果你总是不完成作业，学习成绩一定会一落千丈的。你赶快把作业认真写完，不然我就扣掉你这个月的零花钱。”琪琪不以为然地说：“我学习成绩下降是我自己的事情。你作为爸爸，连自己的承诺都无法兑现，又有什么权利扣掉我的零花钱呢？”女儿的话，让爸爸哑口无言。第二天，爸爸赶紧去给琪琪买了辆自行车，兑现对琪琪的承诺。琪琪看到漂亮的自行车，非常高兴。爸爸问她：“我是个信守诺言的爸爸吗？”琪琪笑着说：“嗯嗯！虽然晚了点儿，不过，爸爸你还是遵守诺言了。”爸爸接着说：“所以，如果你不认真完成作业，我一定会扣掉你的零花钱。”这次，琪琪认真地点了点头，说：“爸爸，放心吧，我一定会认真完成作业的。我可不想被你扣掉零花钱！”

上述事例中，如果爸爸始终没有兑现承诺，那么琪琪一定也会不停反抗，对爸爸的任何决议都表示质疑。这就是威信的力量。一旦失去威信，父母在孩子眼中马上就会变成“纸老虎”。作为父母，尤其是在孩子面前，一定要遵守自己的承诺，不管是惩罚还是奖励，都要及时实施，这样才能在孩子面前树立威信。父母们，你们准备好当“真老虎”了吗？

# 选择爸爸还是妈妈，对孩子最残忍

随着社会的发展，人们的各种观念竞相开放，对于婚姻，也变得更加自由和自主。回想起几十年前，我们的父辈离婚的时候，必须要经过单位、街道居委会、七大姑八大姨等重要人士的协调和调节，实在不行还要经过法院，才能解除婚姻关系。现在呢，简直是不折不扣的“闪离”。只要夫妻双方同意，一分钟的时间就可以拿到离婚证。对于相爱之后又不再相爱的情侣来说，如此神速的离婚当然是非常便捷的。然而，如果婚姻生活中有孩子，那么这样的离婚就是完全不负责任的。可以毫不夸张地说，不管夫妻离婚的原因是什么，离婚导致受到最大伤害的，一定是无辜的孩子。哪个孩子不想拥有相爱的父母呢？所以有位名人曾经说过，父亲给孩子的最好礼物，就是爱他（她）的母亲。当然，母亲给孩子最好的礼物，也是爱他（她）的父亲。父母给孩子的最好礼物，就是他们彼此相爱，给孩子一个充满真挚之爱的家庭。然而，随着离婚率的节节攀升，很多孩子都不能再拥有完整的家庭了。

如果夫妻能够不吵不闹地协议离婚还好，只需要写好离婚协议去民政部门用结婚证换离婚证即可。遗憾的是，曾经相爱的男男女女，在离婚的时候却恨不得闹得全天下的人都知道。无疑，与父母的婚姻关系息息相关的孩子也知道了。离婚时，偶尔会有父母不要孩子，互相推脱的。大多数时候，孩子也被父母视为家庭财产的一部分，争来抢去。最后，法院也无法判决，只好让孩子自己站出来，选择跟爸爸一起生活还是跟妈妈一起生活。这样的情形，是谁都不愿意看感觉的。当年幼的孩子站在法庭上，当着法官的面宣布跟爸爸还是跟妈妈时，每一个有血有肉的人都会感觉到，孩子的心在流泪。为什么爸爸妈妈不能一起生活？为什么我不能既拥有爸爸也拥有妈妈？为什么我不能拥有一个完整的家？记得有一个典故，讲的是亲生母亲和偷孩子的女人当着县官的面抢夺孩子，因为县官说谁抢到孩子谁就能拥有孩子，所以两个女人都很尽力地抢。

后来，有一个女人听到孩子吓得撕心裂肺的哭声，流着泪放弃了。县官判定，放弃的人才是孩子的亲生母亲，偷孩子的女人被识破了。同理，在离婚的时候，如果非要闹到法庭，让孩子也出庭做出选择，那个放弃的人一定是更爱孩子的。他知道，对于年纪小小的孩子而言，上法庭意味着一生都难以磨灭的伤痛。所以，为人父母，不管婚姻关系走到何种地步，都要记住，永远不要让孩子在爸爸妈妈之间做出选择，因为这么做对于孩子来说太残酷了。

最近，嘟嘟的爸爸妈妈正在闹离婚，原本活泼开朗的嘟嘟就像变了一个人。他整日都不再说话，变得沉默寡言，即使老师在课堂上讲很可笑的笑话，他也从来不笑。看着嘟嘟伤心的样子，妈妈很心疼。原来，嘟嘟爸爸在外面有了第三者，尽管妈妈苦苦哀求他不要离婚，给嘟嘟保留一个完整的家，他却冷漠地说："嘟嘟跟我，依然有爸爸有妈妈。"妈妈不愿意让嘟嘟跟着后妈生活，她说："嘟嘟只能跟我，我不能让他被后妈虐待。"但是爸爸也很想要嘟嘟跟自己生活。为了争取嘟嘟，妈妈只能告诉他真相："嘟嘟，爸爸不爱妈妈了，他爱另外一个女人了。爸爸要和妈妈离婚，和那个女人结婚，你选择跟谁一起生活呢？"嘟嘟哭了，他喊道："我要妈妈，我也要爸爸，我不许爸爸离开我们。"妈妈哭得更加伤心，向嘟嘟解释："爸爸不想再和妈妈一起生活。如果你选择和妈妈一起生活，爸爸就会离开。如果你选择和爸爸一起生活，就会有一个新妈妈。""我不要新妈妈，我不要新妈妈，我只要我的亲妈妈。"嘟嘟的话，句句让人泪下。

由于爸爸坚持要获得嘟嘟的抚养权，妈妈只得和他闹上法庭。根据各方的经济实力，法庭的确觉得爸爸适合抚养嘟嘟。但是，爸爸马上要再婚，孩子能得到很好的照顾吗？无奈，他们只好让嘟嘟自己选择。此时的嘟嘟已经知道了爸爸妈妈要离婚意味着什么，他恨爸爸。他一字一句地对法官说："我不会抛弃妈妈，我要跟妈妈在一起。"从此之后，嘟嘟和妈妈一起生活。但是，自此之后他小小的脸上总是非常严肃，再也没有无忧无虑的笑容了。

让孩子在爸爸妈妈之间做出选择，无疑是最残忍的事情。如果不是因为爸爸有了新欢，马上要再婚，妈妈一定不忍心让嘟嘟去法庭上当众选择。跟着妈妈一起生活的嘟嘟，脸上再也没有了笑容，就是父母离婚带给他的伤害。也许，直到长大成人，他依然会记得自己站在法庭上的时刻。父母们，不管婚姻走到哪一步，千万不要伤害孩子稚嫩的心灵。如果能够好合好散地离婚，最好依然让孩子同时拥有爸爸和妈妈的爱，这样他们的人生才不会残缺。

## 永远不要说放弃孩子的话

孩子就像是一个小魔头，再乖巧的孩子，也会有让父母气急败坏的时候。这种情况下，父母千万不要因为一时愤怒，就对孩子说：“你不是我儿子，我也不是你爸爸！你别管我叫爸爸！”等诸如此类的话。要知道，孩子的心思非常单纯，他很难分清楚父母的哪句话是气话，哪句话是玩笑，哪句话是真话。如果他们误以为父母真的不要他们了，那么就会做出很多让人意想不到的事情。所以，父母们，即使被孩子气得七窍生烟，也要坚定不移地当他们的爸爸妈妈，千万不要逞一时的口舌之快，就把孩子拒之门外。

豆豆是个特别调皮捣蛋的男孩子，上课从来不认真听讲，作业从来不认真完成。这些都只是影响自己的学习，最重要的是，他还总是打其他小朋友，导致爸爸三天两头就会被老师“请”去学校，接受“教育”。这不，爸爸今天又来学校了，原因是豆豆用小石子砸到了另一个小朋友的头，人家家长不依不饶的，老师也没办法，只能把豆豆爸爸请过来解决问题。

事情的起因很快就弄清楚了，豆豆就是因为顽皮，把小石头四处乱扔，其中有一块就扔到了这个小朋友的头上。小朋友的头缝了两针，也许以后还会落下疤痕。爸爸一到学校就忙着向对方家长道歉，对方家长说：“你家的孩子真是太捣蛋啦，上次还把我家孩子的手给挠破了。再这样下去，如果学校不责令你们退学，我们就真的只能转学了。难道惹不起还躲不起吗？你家这个不折不扣的小魔头，你们就不能想想办法管管吗？”爸爸被说得面红耳赤，却无言以对，只能一连声地道歉。好不容易安抚了对方家长，老师也说爸爸：“豆豆爸爸，我们真的是很为难。如果豆豆总是这么调皮，连正常的教学秩序都不能保证了。”爸爸强忍心中的怒火，才保持面色平静地被老师训完。刚刚走出校门，他就狠狠地踹了豆豆一脚，说：“从今天开始，我不是你爸爸，你也不是我儿子。”说完，爸爸就气呼呼地走了。

回家之后，爸爸和妈妈发了好一通牢骚。眼看着时间过去了一个小时，豆豆还没回家，妈妈有些担心：“豆豆怎么还没回来呢？”爸爸安慰妈妈：“也许是怕回来挨揍，估计等会儿就回来了。”但是，一直等到天黑，豆豆依然没有回来。爸爸也慌了，赶紧叫上邻居一起去找。邻居们找了两个多小时，都没有看到豆豆的身影。突然，爸爸接到奶奶的电话，说豆豆在爷爷奶奶家。原来，豆豆听到爸爸的话之后，就默默地一个人走了好几个小时，去了郊外的奶奶家。刚刚看到奶奶，他就号啕大哭，说：“奶奶，爸爸不要我了，我无家可归了！”了解事情的原委后，奶奶狠狠地批评了爸爸。从此之后，爸爸再也不说放弃豆豆的话了。

上述事例中，爸爸顶着气说的一句话，让调皮捣蛋的豆豆真的感到害怕。他想到爸爸不要她了，所以才会步行去奶奶家。如果途中遇到坏人，后果不堪设想。这次事件，无疑给所有的父母一个警示：在任何情况下，都不要吓唬孩子说放弃他们。孩子原本就是有着各种各样的脾气秉性，偶尔调皮捣蛋也在所难免。即使孩子长大了，依然犯错，父母也要成为孩子最坚实的依靠。只有爸爸妈妈在的家，才能让孩子迷途知返，感受到温暖和亲情。

# 不要对孩子逞一时的口舌之快

现代社会，很多家庭中都由妈妈负责养育孩子，或者全职妈妈，或者边工作边照顾家庭和孩子，而爸爸则主要负责赚钱养家。亲自抚养过孩子的妈妈们都知道，孩子真的是状况百出。很多时候，他们小小的脑袋瓜里不知道装了些什么稀奇古怪的想法，转眼之间就会折腾得鸡飞狗跳，谁也不得安宁。然而，即便如此，他们也依然是妈妈的小宝贝。妈妈们生气过，唠叨过，但还是会很爱很爱他们，不忍心让他们受到任何伤害。

然而，在气头上的时候，妈妈也难免会失去理智，恨不得给予孩子一个一针见血的狠话，让孩子马上顿悟开来。殊不知，教育孩子是一个漫长而艰辛的过程，不可能一蹴而就。很多孩子看起来那么优秀，不但学习好，也彬彬有礼，知识面非常开阔，都是因为父母在他们身上倾注了足够的爱、尊重和耐心。只有循循善诱，孩子才更容易明白事理，朝着我们所期待的方向发展。

悠悠读小学三年级了，伶牙俐齿，最喜欢和妈妈讲道理。这不，他刚刚帮妈妈的忙，为妈妈找到了一个掉到床底下的电池，就吵着让妈妈感谢他。妈妈说：“你看看，你小时候，一直都是我们为你服务，供你吃喝拉撒，还要给你交钱上学。现在，你刚刚能做点儿小事情了，马上就追着妈妈要感谢。”悠悠也有自己的道理：“我帮你的忙，你当然应该感谢我啊！”“那我养你这么多年，你感谢我了吗？”妈妈反驳道。悠悠一时之间不知道该说什么，想了一会儿，才开始说：“好吧，你们养我辛苦了，你们全都辛苦了，我就是个废物，从来没有用，只会给你们拖后腿。”其实，这只是悠悠不知道如何继续和妈妈理论后采取的耍赖皮方法，然而，妈妈的火气蹭的一下子就上来了。她生气地说：“你这个白眼狼。怎么着，爸爸妈妈辛辛苦苦养你这么大，你就不能真诚地感谢我们，只会说这些无赖话吗？”看到妈妈生气，悠悠恼羞成怒，喊道：“我就是白眼狼，我就是无赖，你怎么着？你不想养我，就把我扔进垃圾桶啊！”原本愉快的交谈，最后因为妈妈和悠悠互不相让，都想逞口舌之快，导致不欢而散。妈妈伤心欲绝，觉得自己辛苦养大的孩子是个不知感恩的家伙，悠悠呢，也很失落，觉得妈妈养他根本不是心甘情愿的，还总是要提醒他要报养育之恩。

在这个事例中，如果妈妈能够体察孩子的心理，给予孩子一个“感谢”，那么孩子以后一定会更加主动积极地帮妈妈做些力所能及的家务活。和小孩子来谈论养育之恩，未免有些太过深奥。只要让孩子健康快乐地成长，他们有朝一日一定会了解父母的辛苦付出，理解父母的用心良苦。

父母们，你们是不是也曾经和孩子在交谈过程中互相较真呢？其实，一家人之间不用计较付出与收获，只要彼此理解，彼此体谅，幸福和美，就是最好的。

# 第十三章

# 别用否定的话语评价孩子

## ——你的信任是孩子信心的来源

当孩子还小的时候，父母几乎是他们的整个世界。父母的一言一行，父母的评价，对于孩子而言都是至关重要的。孩子是那么在乎父母看他们的眼光，所以，他们每当有一点点进步，都会第一时间告诉父母，让父母为他们高兴，真心地赞赏他们。父母呢？千万不要用否定的话语评价孩子，不然，就会让孩子失去信心，也失去前进的动力。

# 不要用负面评价系统对待孩子

虽然每个父母都望子成龙，望女成凤，也知道要多多鼓励孩子的道理，然而，有多少父母能够真正做到呢？因为年纪小，经验不足，很多孩子在生活中都会接连不断地犯错误，做事情的时候也无法尽善尽美。现实情况是，大部分父母都在否定孩子，诸如：“哎呀，你就别跟着帮倒忙啦，快去玩会儿吧！”如果妈妈正在做家务，孩子会很热心地跑来，想要尽一份力量。然而，妈妈却很不耐烦，仿佛孩子是一颗炸弹，会把她的领地炸得乱七八糟。“你怎么这么点小事情都做不好呢？”看着孩子洗过的袜子，简直和没洗之前一样脏。很多妈妈都会当即发表埋怨，只有少数聪明的妈妈才会背着孩子偷偷把袜子再洗一遍，因为她们相信只要多多锻炼，孩子肯定会把袜子越洗越干净的。“你看看你，这次考试又没考好。你看看人家小强，每次都是班级前三名，多给他妈长脸啊！”这句话的言外之意是，你妈的脸都被你丢尽了，你怎么总是给妈妈丢人呢！“你呀，根本就不是学习的料，不如退学去打工吧！”也许，孩子还在学习的道路上不断努力，但是你却压根不给孩子时间和机会，就彻底打碎了孩子的求学梦。

生活中，诸如此类的负面评价太多太多，似乎每个父母都是充满抱怨和憎恨的，一点儿也看不到孩子带给他们的快乐。还记得小天使降临时的情形吗？家里的每个成员都充满期待，紧张地等待他的到来，似乎他是一切幸福的起源。还记得那个在你怀抱里露出牙齿冲你笑的小家伙吗？他总是那么天真无邪，让你心里的阴霾一扫而空。遗憾的是，随着孩子渐渐长大，从他出生到渐渐长大的一切事情都渐行渐远。尤其是当孩子无法满足父母因为虚荣或者是好强而提出的过高要求时，他几乎就成了父母的众矢之的。其实，并非孩子不够优秀，而是父母的心太贪婪。

这段时间，宇宇的劳动热情非常高。以前，他的臭袜子都要妈妈洗，现在，他脱掉袜子就自己洗了。但是妈妈总是说："放着，放着，你洗不干净。"后来，妈妈还当着宇宇的面，把他刚洗完的袜子再重新洗一遍。宇宇还很爱拖地，也许是因为家里买了新的旋转拖把，宇宇每次都和妈妈抢着拖地。不过，宇宇拖过的地就像是一个大花脸，总是一道一道的，妈妈只好再拖一遍，并且埋怨宇宇："你呀，你呀，总是给我帮倒忙。你看看你拖的地，比不拖还脏呢！"看到妈妈做饭，宇宇也会凑过去帮忙择菜洗菜，妈妈总嫌弃他弄得满地都是水。就这样，宇宇渐渐地不喜欢劳动了。他在日子里写道："不管我做什么，妈妈都觉得我做不好，说我是给她添乱。妈妈那么能干，根本不需要我帮忙，我是不是应该什么都不干呢？虽然老师让我们回家给妈妈帮忙，但是我不能只听老师的话，也要看看妈妈的想法。我看，我什么都不干更好，最起码妈妈不会埋怨我。"

转眼之间，宇宇升入初中了。妈妈因为工作很忙，很想让宇宇分担一部分家务。但是妈妈每次让宇宇洗菜，宇宇都会说："我不会洗。"妈妈让他拖地，他也会说："我越拖越脏，还是你拖吧。"看到宇宇这么懒，妈妈很生气地说："你呀，真是个大懒蛋！"宇宇反驳妈妈："从小你就什么也不让我做，所以我才什么也不会做。我可不想给你帮倒忙，落你的埋怨。"

因为妈妈的否定，宇宇最终养成了什么家务也不做的习惯。其实，如果妈妈能够在他热衷于做家务期间，多多鼓励他，那么他一定会越来越自信，把家务干得很好。这就是生活的现状，很多妈妈都不想让孩子做家务，因为孩子刚刚学着做家务的时候很难做好，需要妈妈跟着收拾残局。殊不知，不让孩子做家务虽然能避免孩子帮倒忙，却也让孩子养成了不爱劳动的坏习惯。

在教育孩子的过程中，父母一定不要急于否定孩子，而要以足够的耐心，

给孩子时间去慢慢练习。没有人生来就什么都会做，什么都能学好，那些熟练的人都是经过大量练习才有所成就的。从现在开始，赶快给孩子更多机会锻炼吧，只要多多肯定孩子，相信孩子终有一天会让你刮目相看的！

## 冷嘲热讽，让你们的亲情变淡

当孩子惹你生气的时候，你会怎么做？是狠狠地揍孩子一顿，还是不搭理他，让他进行自我反省？抑或是对孩子冷嘲热讽，极尽挖苦？毫无疑问，最后一种办法是最糟糕的，甚至不如揍孩子一顿，让孩子遭遇皮肉之苦。常言道，说出去的话就像泼出去的水，是收不回来的。当你在盛怒之下挖苦或讽刺孩子，那么孩子就会感受到你的恶意。没错，就是恶意。很多时候，即使你打骂孩子，孩子也能知道你是为了他（她）好，但唯独冷嘲热讽，一定是处于恶意才会说出来。

父母对孩子冷嘲热讽是为什么呢？很多孩子不争气，恨铁不成钢的父母就会嘲讽他们。殊不知，孩子也是有自尊心的，而且非常敏感。诸如，有些妈妈说孩子："你呀，肯定是捡来的，要不怎么没有继承我和爸爸的任何优点呢？"与其这么说，给孩子带来心灵的伤害，不如直接告诉孩子："你应该学习我和爸爸的优点，才能进步更快。"同样的意思，不同的表达，带来的结果也迥然不同。如果是稍微大一些的懂事的孩子，在听到妈妈的第一种说法后，一定会在很长时间内都记住妈妈的话，甚至感觉到妈妈根本不爱他（她）。在第二种说法下，孩子们会表现得更积极，因为妈妈是在督促他（她）进步。如此一来，他（她）自然能够感受到妈妈的爱意和好心。聪明的父母很少嘲讽孩子，因为随着孩子一天天长大，一定会从父母的冷嘲热讽中感受到冷漠。由此，亲情也会越来越淡，岂不是父母与孩子之间的悲哀吗？

正处于青春期的章章，叛逆心理非常重。最近，他和妈妈的关系特别紧张，也是因为叛逆心理导致的。这不，马上要周末了，妈妈说带章章一起去参加英语培训班，章章却说：“我不想去！”妈妈当然不愿意，她依然坚持己见：“章章，英语学不好，将来中考的时候，一定会拖后腿的呀。你必须听妈妈的话，妈妈都是为了你好。”章章瓮声瓮气地说：“你为了我好？我看你完全是为了你的面子。你不就是想在那些外人面前显摆你儿子的学习成绩吗？你根本不是为了我。”听到章章这么说，妈妈很伤心。她坐在沙发上掉眼泪，说：“你这个孩子真是白眼狼啊！从你小时候，我就一把屎一把尿地拉扯你长大，你爸爸常年出差在外，你知道我养大你多么辛苦吗？你这么反对我，为什么不住到楼下垃圾桶里呢？你反正是靠着喝西北风长大的，有妈和没妈一个样！”看到妈妈突然把话题扯到这里，章章很无奈。原本只是在讨论是否上英语培训班的事情，妈妈总是这样，一下子就能变成苦大仇深的无产阶级，恨不得把抚养章章长大的过程说上个三天三夜。

章章背起书包走了出去，连头都没回。他已经厌倦了妈妈的冷嘲热讽，不愿意再留在家里继续听下去了。他的梦想是成为一名运动员，对英语根本没兴趣。他急迫地想要长大，离开牢骚满腹的妈妈。

上述事例中的章章，原本只是想表明自己不想参加英语培训班的立场，却被妈妈将话题直接转移到不顾念妈妈的养育之恩上。其实，这原本就是两个八竿子都打不着的话题，妈妈却总是能偷换概念，让章章无可奈何。

其实，孩子当然会知道自己是怎么长大的，父母虽然辛苦养大了孩子，也没有必要总是拿着这件事情作为要挟孩子的理由，对孩子冷嘲热讽。尽管父母养大了孩子，也没有权利安排孩子的一切。不管什么时候，孩子都是独立的个体，有权利决定自己的人生。

# 人人都会犯错，孩子也是如此

在这个世界上，有人从未犯过任何错误吗？当然没有。没有任何人是完美的，绝对正确的。只要是人，就总会犯错误。如果认可这个道理，你还要求孩子不能犯错误吗？孩子当然可以犯错误，而且孩子完全有理由也有权利犯错误。刚刚出生的孩子，就像是一张纤尘不染的白纸。对于成长，他们从未知晓，也不理解。因此，除了父母的指引之外，他们只能在摸索中前行。对于一个在实践和摸索中努力成长的孩子，我们有什么理由要求他们不犯错呢？别说孩子会犯错，即使是成人也经常会犯错。毕竟时代在发展，社会在进步，只有不断探索，人们才能跟得上世界日新月异的脚步。曾经有人说，成功就是一次又一次的失败积累起来的。我们也要说，正确的经验，也是通过一次次错误的摸索总结出来的。

孩子的错误有时很可爱，例如，很多孩子喜欢喝牛奶，那么看到白色的液体，他们会以为是香甜的牛奶。再如，孩子很爱吃糖，所以医生就会把很多小药丸也做成糖果的样子，再包上糖衣，让孩子们高高兴兴地把它吃下去。不过，随着孩子的年龄越来越大，他们探索的脚步涉足的地方也更加广泛。在此期间，他们还是会不停地犯错。因为他们尚且不知道危险为何物，所以父母这段时间是最为紧张的，他们甚至必须寸步不离地跟着孩子，才能保证孩子的人身安全。长大之后，孩子懂得的道理越来越多，然而这依然无法阻碍他们犯错。很多错误，他们都是明知故犯，这是最让父母生气的。因为根据父母给他传授的道理和讲述的经验，他完全可以绕过一段弯路，让自己少受伤害，但是他偏偏要以身试险，很有股不到黄河不死心的勇气。其实，对于孩子的成长来说，这个阶段同样是必不可少的。对于父母说的话，他们总是半信半疑。既然如此，在结果可控的情况下，为什么不让孩子自己拥有更多的机会去实践呢？！相信吧，孩子只有不断犯错，才能加快成长！

翔翔是个很乖巧的孩子，一向都很让妈妈省心。对于妈妈说的话，他都能牢牢地记住，并且按照妈妈的提示去做事。不过，翔翔只有五岁，正处于对一切事情都很感兴趣的阶段。所以，虽然妈妈告诉他502强力胶不能涂抹到手上，他还是趁妈妈不留神亲自试验了。

果然，他涂抹少量胶水的拇指和食指粘到一起了，很牢固，就算他紧张地使劲拉扯，也没有丝毫松动。他很害怕，不由得大哭起来。一则，他害怕手指再也弄不开了；二则，他害怕妈妈会批评他。不想，看到翔翔哭花的脸，妈妈居然乐不可支地笑了起来。翔翔不明白妈妈的意思，担心地问：“妈妈，你是不是要揍我？”妈妈看到翔翔那么紧张，温柔地说：“不会的。妈妈不会揍你。妈妈只是看到你的样子，就想起了自己小时候把手指粘起来的情形。”“啊，妈妈小时候也把手指粘起来啦？”翔翔很惊讶。妈妈毫不犹豫地回答：“当然，和你一样，把拇指和食指粘起来了。”“那你是怎么把手指弄开的呢？”翔翔迫不及待地问，听妈妈说不会揍他，他最担心的问题就变成了弄开手指。妈妈故作神秘地说：“我用水冲洗啦！不过——”翔翔紧张地看着妈妈，妈妈继续说：“不过，没有用。”翔翔这才不好意思地说：“我刚才也用水冲了，也没用。那么，你的手指后来到底怎么开的呢？”“别紧张，它自己会开的。时间长了，就开了。也许你睡一觉，明天早晨就开了。”妈妈不以为然地说。

看到妈妈始终没有批评他，翔翔反而有些不踏实。他问妈妈：“妈妈，你为什么不批评我，我犯错误了呀？”妈妈笑着说：“我知道你犯错误了呀，不过小朋友都会犯错误。我想，你犯过这次错误之后，一定不会再犯同样的错误了吧？”翔翔点点头，说：“嗯，我肯定不会再把手指粘起来。这下，我可知道502胶水的厉害啦！”

翔翔说得很对，他以后肯定不会再次用502胶水把手指粘起来。这也是妈妈没有批评他的原因，既然事情已经发生，孩子也认识到错误，为什么还要批评他呢？很多时候，批评除了让孩子心情更加紧张和糟糕之外，根本于事无补。既然如此，不如友善地告诉孩子道理，孩子一定会牢记心怀。

父母们，你们是否也曾被孩子犯下的啼笑皆非的错误弄得很尴尬呢？不管怎样，孩子犯错都是因为他有一颗执着于探索的心。原谅他们的好奇心吧，因为好奇心永远是孩子探索未知世界的源动力。

## 永远不要给孩子贴“标签”

曾经获得36次冠军的刘翔，在2008年奥运会上，因为伤痛，选择退赛。从那一刻开始，人们忘记他曾经夺得36枚金牌，而只记得他在比赛前退缩了。因此，很多人都给他贴上“刘跑跑”的标签。殊不知，这对于曾经被荣誉和光环围绕起来的刘翔而言多么心痛。刘翔曾经以“超人”的形象出现在赛场上，如今却处于舆论的旋涡中。谁说曾经的冠军就不能有软弱的时候，谁说曾经的冠军就永远不会老去？什么时候我们才能以对待自己的宽容之心，对待身边的每一个人，我们才真正做到宽容。我们自己本就不完美，何必苛求别人呢？对待孩子，也是如此。从他作为新生儿呱呱坠地的一刻开始，我们就在他身上寄予了无限希望。随着他的成长，我们发现自己越来越失望，因为他不会像我们期望地那般完美。因此，我们开始妄自评价这个一天天成长的小家伙，当他考试不理想时说他是笨蛋，当他因为胆小而退缩时说他是胆小鬼，当他吃饭又香又甜胃口大开时说他是大胃王，当他调皮捣蛋打哭同学时说他是捣蛋鬼。这一系列的标签，就这样于我们不经意间贴在他的身上，直到有一天，他真的变成了标签所表示的样子。这一切都为什么呢？因为你给他贴上了标签，所以他要符合你的定义。

很多人都曾经有过粘贴的经历。在决定把一张纸贴到墙上时，你选择用钉子、胶水还是双面胶？不管用哪种方式，当你撕下这张纸，都会发现墙上留有痕迹。给孩子贴标签也是如此，孩子稚嫩的心灵会永远记得你给他贴的标签，甚至会理所当然地认为他就应该是你所说的样子。原本，父母给孩子贴标签只是因为一时气愤，殊不知，却真的无意间引导孩子向坏的方面发展，不得不说是莫大的讽刺。现代的教育学家主张，在给孩子指出错误的时候，应该具体，就事论事，而千万不要给孩子贴上标签。否则，孩子的心理发育一定会受到禁锢。

莉莉和茜茜是一对双胞胎姐妹。在很小的时候，她们就睡在一张床上，吃着同样的食物，穿着一模一样的衣服。除了父母，几乎没有人能够一眼认出她们。然而，随着她们渐渐长大，每当向别人介绍她们的时候，妈妈总是说："莉莉非常好动，性格外向，热情开朗；茜茜则完全不同，她很内向，很害羞，就像含羞草。"果然，长大之后的莉莉的确很有张力，不管什么事情都像男孩子一样不甘示弱。茜茜呢，真的变成了一株含羞草，性格内向，沉默寡言，还很害羞。

泽泽从小很聪明，而且思维敏捷。不过，自从上了小学一年级，因为没有提前学过拼音和阿拉伯数字，所以他在学习上显得有些吃力。要知道，其他小朋友在幼儿园大班的时候就已经学过这些知识啦！一次考试，泽泽才考了八十多分，是全班倒数第一，其他很多小朋友都是满分。习惯了泽泽表现优秀的妈妈很失望，脱口而出："你这个小笨蛋，什么时候才能追上其他小朋友啊！"不想，一个学期过去了，泽泽的成绩依然徘徊在全班倒数几名。期末考试之后举行了家长会，会后，妈妈专门和老师针对泽泽的学习问题进行沟通。老师也很纳闷，因为泽泽总是说："老师，我很笨，不会做这道题。"这时，妈妈想起自己曾经开玩笑说泽泽是小笨蛋，懊悔不已。回家之后，她努力给泽泽补课，并且时常夸奖泽泽很聪明。果然，一个寒假之后，泽泽的成绩有了大幅度提高。现在，他最喜欢问妈妈："妈妈，我聪明吗？"妈妈总是回答他："你很聪明。不过，光有聪明是不够的，还要努力认真，才能学习好。"

第一个事例中，原本性情相仿的姐妹俩，因为妈妈总是在强化他们的特征，所以莉莉真的变得非常外向，而茜茜呢，正如妈妈所说，越来越内向。这

说明，父母贴上的标签对于孩子是有很强的心理暗示作用的。所以，父母千万不要给孩子贴标签啊！在第二个事例中，泽泽因为妈妈的嗔怪“小笨蛋”而处处都觉得自己很笨，学习上也产生了懈怠心理。幸好，妈妈及时意识到问题所在，改变教育策略，帮助泽泽树立信心，最终才让泽泽在学习上一日千里，进步神速。

父母们，不管孩子是否能够如你们预期般优秀，都不要给孩子贴标签。人生，尤其是对孩子而言，有着无限的可能性。不管是谁，都无法裁定孩子的人生。从现在开始，把孩子人生的主动权交到他们自己手里吧！

## 你难以想象“闭嘴”给孩子带来的伤害

在幼儿时期，孩子对于说话有着莫大的热情。他们每天去幼儿园之后，总是在放学时分，喋喋不休、不厌其烦地把在幼儿园里一天的生活经历讲述给爸爸妈妈听。然而，当爸爸妈妈工作很累的时候，也许累到不想说话，只会敷衍了事地应付孩子。这时，孩子会感受到父母的情绪，倾诉的欲望也大大降低。有的时候，爸爸妈妈也许正好很心烦，孩子却依然就一个不值一提的问题不停地说，那么，心烦意乱的爸爸妈妈会说什么呢？——“闭嘴！”虽然只有简单的两个字，却像是生硬地拉上闸门，把孩子正在一泻千里的语言之河流突然间截断了。在这种情况下，孩子心里的沮丧和失望，不亲身经历的父母是绝对无法体会的。试想，如果你正在和上级领导汇报你绞尽脑汁想出来的一个选题，你自己非常看好这个选题，因此说起话来如滔滔江水不停歇。然而，领导非但对你的选题不感兴趣，而且甚至懒得敷衍你，直接对你大喝一声“闭嘴！”你会作何感想？这就像是在一团熊熊燃烧的火焰上浇了一大桶冷水，火焰瞬间熄灭，连点儿火星都不剩。在孩子心里，你对于他的重要性，远远超过你的领导对你。那么，你知道被粗暴打断的孩子会怎么想了吧！

如果父母让孩子闭嘴，除了那些消极的情绪，孩子还会感到深深的落寞。因为那意味着父母既不关心他在想什么，也不关心他的想法。最重要的是，“闭嘴”带着呵斥和侮辱的意味，让孩子丝毫感受不到父母的尊重。如此一来，孩子的心里一定会留下阴影，在再次和父母倾诉的时候，肯定会心有余悸，甚至因此而无法顺畅地表达自己。很多时候，父母希望孩子给予自己足够的尊重，那么，你同样应该尊重孩子，因为尊重永远都是相互的。想想看，如果你的孩子让你“闭嘴”，你会作何感想？从现在开始，不要再让孩子“闭嘴”了。

自从洋洋开始上幼儿园，到现在已经一个月了。然而，这一个月的时间里，洋洋去幼儿园的时间加起来总计不超过两个星期。如今，洋洋对幼儿园这三个字十分敏感，万分抵触。原本，爸爸妈妈一直以为这是孩子进入幼儿园的正常反应。然而，在一次饭后闲聊中，爸爸妈妈才弄清楚真正的原因。

这天晚餐，洋洋胃口很好，吃了一碗米饭。这说明洋洋的感冒彻底痊愈了，去幼儿园再次被提上日程。为了让洋洋对幼儿园不那么抵触，爸爸妈妈试图多聊点儿幼儿园的事情，想找到让洋洋开心的话题。爸爸问：“洋洋，老师表扬过你吗？”洋洋摇摇头。的确，才去几天，优点还没表现出来呢，哪里来的表扬。爸爸顺口又问：“洋洋，老师批评过你吗？”洋洋赶紧点头。看到洋洋入学几天就受到批评，妈妈赶紧问：“老师是怎么批评你的？”洋洋用稚嫩的声音，斩钉截铁地说：“老师说：‘闭嘴！’”听到洋洋的回答，爸爸妈妈不由得面面相觑，原来，这才是洋洋不愿意去幼儿园的原因。

为了尽量还原真相，爸爸用各种不同的声调说“闭嘴”，让洋洋辨识哪一种是老师曾经说的。洋洋几乎毫不犹豫地指认出，老师是大声地说“闭嘴”。说完，她居然哭了起来。这么小小的人儿，因为在幼儿园受到严厉的批评，想了这么多天，都没有忘记，还始终耿耿于怀。由此可见，“闭嘴”带给她的伤害多么严重。爸爸妈妈一晚上都在向洋洋传递一个信息：老师爱每一个小朋

友，只不过有时候一着急，也会批评小朋友。但是，她还是很爱小朋友的。然而，不管爸爸妈妈怎么说，洋洋就是不想去幼儿园。

上述事例中，幼儿园的老师给刚刚入园的洋洋带来了很严重的心理阴影。说话是孩子的权利，对于刚刚入园的孩子来说，他们并不知道什么时候可以说话，什么时候要保持安静。针对入园的孩子，老师最重要的任务就是教会他们遵守秩序。恰恰在这个时间段，也许是因为洋洋课堂上说话，老师就粗暴地责令她“闭嘴”。

父母们，幼儿园不好还可以更换，如果“闭嘴”这两个字是由父母口中说出，并且给孩子带来伤害，那么孩子该怎么办呢？不管什么时候，只有给予孩子足够的关爱，孩子才能健康成长。从现在开始，让“闭嘴”彻底从我们的词典中消失吧！

## 沉默，有时是最严厉的批评

当我们的身体受到伤害，我们一定会感到疼痛。伤害的程度不同，疼痛也分成不同的等级。和我们一样，孩子在犯错之后，心里也会感到难过，尤其是当他们意识到自己的错误时。如果他们感到很惭愧，已经进行了深刻的反思，那么，我们还有必要大声呵斥或者责骂他们吗？这个时候进行严肃的批评教育显然是不合时宜的，孩子或者会为了维护面子而拒不承认，或者会为了维护自尊而表现出毫不在乎，甚至，他们会公然反驳我们的言论，明明知道是自己错了也拒绝认错。孩子也是有自尊的，只要爱护他们的自尊，他们才会更加自省、内敛。很多父母一旦发现孩子犯错，不是打孩子就是骂孩子，毫不顾惜孩子的尊严。有这样的父母，孩子难免会变得散漫、暴躁、叛逆……其实，很多时候，沉默才是最严厉的批评。

沉默，把错误推到孩子面前，让他们真正地自我反思，深刻认识错误。如此一来，他们怎么还会再犯呢?

孟子小时候很贪玩，每天放学之后都和小伙伴一起玩到很晚才回家。有一次，他放学之后又准备去玩，途中路过家里，便走进院子，想把书包放回家。这时，正在织布的妈妈问他：“今天学习怎么样？”孟子毫不在乎地随口回答：“和昨天一样。”

看到孟子对学习一点儿也不追求上进，妈妈很恼怒。她一句话也没有说，而是拿起剪刀，当着孟子的面，把刚刚织好的布匹整齐地剪断了。孟子很害怕，不知道妈妈为什么这么做。妈妈严肃地说：“你在学习上一点也不用心，就像布被我剪断一样，知识不连贯，变得毫无用处。为了拥有好名声，让自己学识渊博，品德高尚的人总是勤奋好学。正因为如此，他们才有见识，平安度日。即使做什么事情，也能够高瞻远瞩，躲避灾祸。如今，你既然不思进取，以后肯定要做苦力活，而且还终将惹上灾祸。”听了妈妈的话，孟子这才意识到问题的严重性。在此之后的几天，妈妈始终不和孟子说话，这让孟子更加反思自己哪里做得不够好。后来他变得非常勤奋，每天废寝忘食地读书学习，最终学有所成，成为一代圣人。

在中国的教育史上，孟子的母亲留下了很多值得后人借鉴的教育方法。如果当时不是她狠心剪断自己辛辛苦苦织好的布匹，也许就没有孟子后来的成就，甚至中国传统文化中也就看不到儒家经典《孟子》。正是利用“沉默”的方法，孟母才让孟子意识到自己的错误，进行了深刻的自我反省。音乐艺术上有“此时无声胜有声”的绝妙乐章，教育上同样有“此时无声胜有声”的妙招，这就像是水墨画的留白，能够给人以无穷无尽的想象空间。

父母们，在教育孩子的时候，你们是选择喋喋不休、惹人生厌呢还是选择适时保持沉默，让孩子们自己去思考、去反省呢？聪明的父母，一定会做出正确的选择。尤其是对于比较自觉、懂事的孩子，这种“沉默”的教育方法，往往更能起到良好的效果。

# 第十四章

# 别哄骗孩子

## ——家长的言行是孩子最好的老师

每当和孩子相处遇到突发状况时，父母们总是为了应付孩子，随口编造一些理由，让孩子或者听话，或者情绪平复。然而，当事情过去之后，他们就会忘记自己曾经说过的话，或者即使记起，也因为是随口一说，而丝毫不放在心上。其实，虽然孩子年纪还小，也会不自觉地学习和模仿父母的言行。在孩子面前，父母不管什么时候都应该认真对待自己和孩子的所言所行，成为孩子真正意义上的老师。

# 言听计从的孩子未必好

很多妈妈聚集在一起的时候，除了炫耀孩子的学习成绩和诸多优秀之处，就是炫耀孩子如何如何听话，对妈妈言听计从。对父母言听计从的孩子真的好吗？从父母的角度来说，孩子听话，能够避免他们因为教育孩子而感到心烦，只需要告诉孩子哪些可以做、哪些不可以做就好，甚至连督促孩子的工作都省了。从孩子的角度来说，如果习惯了按照父母的旨意生活，那么他们就会渐渐失去自己的思想，不管什么都听从父母的安排，也从而失去了主宰人生的权利。

在孩子小的时候，父母还年轻尚且还好，因为父母有能力让孩子过上最好的生活。然而，青春易逝，时钟一秒也不停地滴滴答答地走着，孩子长大了，父母却老了。他们的思想总有一天跟不上时代的潮流，他们的身体总会日渐衰老，这时，如果孩子已经养成了依赖父母的习惯，父母却无力再为子女出谋划策，那么孩子该如何生活呢？从近处来看，即使在孩子小时候，也是有想法的孩子更有创新性，而对父母言听计从的孩子很少能想出好主意。既然如此，父母们，再也不要夸耀孩子对你言听计从了。为了孩子的长远考虑，也为了孩子更加具有创造力和创新性，从现在开始，让孩子拥有独立的人格和自主意识吧！也许现在的他会因此而让你在教育的过程中更加劳神费力，但是未来的他也一定会给你惊喜，让你刮目相看！

杰杰从小是由爷爷奶奶带大的，奶奶负责一切家庭事务，所以杰杰养成了听奶奶话的好习惯。每次爸爸妈妈回家探望杰杰，奶奶都会向他们夸耀：

“杰杰可听话啦，从来不让我操心。除非生病了让人担心，平时表现都特别好。”爸爸妈妈发现，杰杰的确很听奶奶的话，奶奶说什么就是什么，从不反驳。

有一次，杰杰的叔叔回家看望父母，奶奶又在夸耀杰杰听话，叔叔看到杰杰畏首畏尾的样子，说：“孩子太听话了不是好事，以后会没有主见的。”果然，叔叔的话很快就印证了。叔叔想给杰杰买个新书包，便带杰杰去县城的超市。看来看去，杰杰的确喜欢其中的一款书包，叔叔准备付款，杰杰却犹豫了。他说：“叔叔，先别付钱吧。等明天让奶奶来看看，奶奶说好，咱们再买。”叔叔哭笑不得地看着“听话”的杰杰，说：“杰杰啊，只是买个书包，不用经过奶奶的同意吧？况且，这个书包是叔叔送给你的，只要你自己喜欢就行啦。”杰杰还是不想马上就买，坚持说：“如果奶奶不喜欢，会生气的。还是等奶奶看过再买吧！”叔叔拗不过杰杰，只好带着杰杰回家了。

回家之后，叔叔对奶奶说：“妈，你看杰杰都被你带成什么样子了？那个书包他明明很喜欢，却非要等你看过再买。”奶奶却笑了，说：“他就是听话么！”叔叔严肃地说：“他这可不是听话啊。他这叫没主见。你再这么处处控制他，他以后就只能跟在你屁股后面转，不能去外面的精彩世界里啦！”看到叔叔说得这么严重，奶奶才意识到也许杰杰太听话了。后来，在叔叔的建议下，杰杰的爸爸妈妈把杰杰接到身边养育。很快，杰杰就学会了思考，也拥有了主见。

在这个事例中，杰杰对奶奶真正做到了言听计从。不管奶奶说什么，也不管奶奶说得是对是错，他从来不加以思考，只是听话照做。这样的孩子，也许对于养育他的奶奶来说，是非常省心的。但是，对于杰杰未来的发展而言，这样的状态是特别不好的。幸好，叔叔敏锐地指出这个问题，让杰杰回到父母身边生活，学会思考，学会为自己做主。

父母们，你们还在因为孩子的听话而沾沾自喜吗？赶快收起喜悦，仔细观察孩子是否能够独立思考，是否拥有自己的主见，在接受别人安排的时候能够动脑筋想一想吧！只有拥有独立主见的孩子，才能在人生之路上走得更好、更远！

## 不要以“为你好”绑架孩子

在教育孩子的过程中，尤其是当孩子表现出明显的抗拒意识或者行为时，父母们总是以笼统的以一句“为你好”为由，逼迫孩子接受他们的安排，压迫孩子们自己的意志。不可否认，父母的经历、阅历和经验，都决定了他们的确在很多方面都站得比孩子高，看得比孩子远，也比孩子更加明智。他们对孩子的爱，也使他们在做决定的时候，初衷的确是为了孩子好，或者是保护孩子不受伤害，或者是提醒孩子少走弯路。然而，归根结底，父母做出的决定只能代表父母，而不能代表孩子的意愿。孩子的成长过程是不可取代的，大多数情况下，他们会绕过父母年轻时走的弯路，有些时候，他们也会不到黄河心不死。即使父母再怎么言传身教，他们也必须亲身体会之后，才能领悟到其中深奥的道理。

归根结底，孩子需要拥有自己的人生，而不是作为父母人生的复制。即使父母的出发点很好，但是如果总是以“为你好”为由强迫孩子处处都听你们的，那无疑就是用爱心绑架了孩子，相当于在说“你必须听我的”。尤其是很多感情充沛的妈妈，一旦孩子有任何不听话的地方，她们马上就会泪眼婆娑，一边向孩子诉说自己这么多年来养育孩子的辛苦付出，一边以情动人，让孩子听信她的“为你好”，并且完全照做。这样以爱的名义进行的捆绑，肯定会导致孩子在生活之中无比沉重。因为既然父母说了是“为你好”，而且无怨无悔地“为你付出”，你还如何拒绝父母煞费苦心的好意呢？不听，伤了父母的心；听，伤了自己的心。如此两难的选题，必然让孩子陷入纠结和犹豫之中，时间长了烦恼也油然而生。

高中文理科分班的时候，杜杜和父母的意见产生了极大分歧。杜杜本人很热衷于文科，他喜欢读书、写文章，但是父母一致要求他报名参加理科班。爸爸振振有词："学好数理化，走遍天下都不怕。这可是铁饭碗，不管怎么样，都不会失业的。文科太虚头巴脑了，没意思！"作为化学专业毕业的爸爸，始终对理科情有独钟。妈妈呢，虽然态度没有爸爸那么强硬，也不停地在杜杜耳边唠叨："杜杜啊，爸爸妈妈这都是为你好啊！你看看，我们吃过的盐比你吃过的饭还要多呢，你就听爸爸的吧！文科毕业以后不好找工作，而且也不算有什么特长。"杜杜对此有不同的看法，他振振有词："我不喜欢理科，对于自己不感兴趣的东西，怎么可能学有所成呢？我喜欢文科，只有文科才能激发我的创造力和灵感。我相信，我会把文科学好的。"爸爸有些生气了，说："你这孩子，你现在根本什么也不懂。我和妈妈都是为了你好，你怎么就不能听我们的呢？我们只是担心，等到你自己意识到应该学理科的时候，已经开弓没有回头箭了！"杜杜不耐烦地回答："放心吧，我不会后悔的！"

这样的争执，最近总是在家里不时上演。最终，杜杜还是遵从爸爸妈妈的"为你好"，选择了理科。然而，他每次看到数理化都很头疼，恨不得找个地缝钻进去，再也不用翻开数理化的教材。开学之后，他的成绩直线下降，每次上课对他来说都是一种折磨。看到杜杜的状态这么差，爸爸妈妈才意识到他们所谓的"为你好"，让杜杜变得很厌倦学习，也逐渐失去了信心。他们又委托班主任联系学校，给杜杜调到文科班。果然，杜杜在文科班如鱼得水，高考时顺利考入北京大学汉语言文学系。

杜杜被爸爸妈妈的"为你好"绑架了，不忍心伤爸爸妈妈的心，只好勉为其难地进入理科班。然而，他真正的兴趣在于文科，看到数理化就头痛不已。在这样的状态下，他怎么可能学习好呢？幸好，爸爸妈妈还算开明，看到杜杜真的对理科一窍不通时，及时让杜杜转回文科班，学习自己喜欢的语言文学。

生活中，有太多的父母以各种各样的契机用"为你好"绑架孩子。作为孩子，一定要勇敢地表达自己的想法，为自己争取合法权益。父母也要清楚地认识到，每个人都有属于自己的人生，孩子也不例外。当孩子有自己的主见和思想之后，父母所能做的就是引导孩子，给予孩子中肯的建议，而不是强迫孩子遵从自己的旨意，否则一定会好心办错事。父母们，从现在开始，学会放手吧！

## 威胁，是最愚蠢的教育方式

有的时候，孩子就像是个小魔头，总是以自己的方式无休无止地折腾父母，让父母无可奈何，歇斯底里。当被孩子气得七窍生烟却又无计可施的时候，很多父母就会放出“狠话”，威胁孩子，似乎他们此时此刻再也没有其他办法能够降服孩子。的确，威胁的话不负所望，能够让孩子暂时变得听话，向父母表示降服。然而，如果每次都以这样的方式结束亲子之间的斗争，还会取得预期的效果吗？很多人都听过《狼来了》的故事，放羊的孩子喊了三次狼来了，第三次就完全不管用了。所谓威胁，只是为了起到震慑孩子的效果，威胁的话并不是付诸实践。既然如此，也就和狼来了毫无区别。孩子虽然小，不会像《狼来了》中那些农夫和猎人一样两次就知道放羊的孩子在撒谎，但是次数多了，他们一定也会意识到：爸爸妈妈在盛怒之下说的话只是吓唬他们的，并不会变成现实。如此一来，威胁就失去了效力。

在诸多的教育方法中，威胁是一种很愚蠢的方法。首先，威胁会让父母变得面目可憎。尽管威胁并不会成为事实，但是父母往往是在盛怒之下才会无所顾忌地说出威胁的话。狠狠的语气、扭曲的神情，再加上威胁的话语，一定会面目可恨。其次，威胁会让孩子觉得害怕。父母说出威胁的话时，如果能起到震慑的效果，孩子一定是信以为真了。既然把威胁的话当真了，可想而知孩子心里有多么害怕。孩子的心灵很简单，他们无法区分真话与假话，气话与玩笑话，因此都通通将其视为真话。如此一来，他们小小的心灵一定会因此而害怕。最后，威胁很愚蠢。前文说过，威胁就像是“狼来了”，喊几遍之后就再也没人相信了。一旦威胁失去效力，甚至连父母辛苦树立的威信都会受到影响。如此得不偿失的做法，还是尽早停止的好！

父母们，从现在开始不要再威胁孩子了，否则，威胁一旦失去效果或者让孩子养成不良的行为习惯，就会影响孩子的一生！

## 不要把世界向孩子关闭

在讨论家庭大事的时候，如果孩子凑过来问父母：“爸爸妈妈，你们在讨论什么事情？”“爸爸，你的工作怎么了？”“妈妈，姥姥是不是生病了？”“妈妈，买房子可以让我选吗？”“爸爸，买车可以选择我喜欢的颜色吗？”大多数父母一定会毫不犹豫地回绝孩子：“小孩子懂什么，这是大人的事情，你不要瞎操心！”只是这么简简单单的一句话，就把孩子拒之门外，让孩子感到深深的失落。他们会觉得父母不尊重他们的意见和看法，也没有把他们当成是家庭重要的一员，甚至还会觉得父母根本不爱他，不愿意和他分享快乐和悲伤。孩子虽小，也需要寻找存在感。只有给予孩子足够的尊重，把孩子真正当成是家庭的一员，孩子才能真正感受到自己是家庭的小主人，油然而生小主人翁的自豪感。有了快乐的事情告诉孩子，孩子也会感到高兴；有了为难的事情如果被孩子知晓，与其掖着藏着，不如大大方方地告诉孩子，让孩子了解父母的苦恼，学会为父母分担。

总而言之，世界是成人的，也是孩子的；家是父母的，同样也是孩子的。只要向孩子敞开怀抱，孩子才会热情拥抱世界，拥抱家庭。

最近，爸爸妈妈正在四处看房，准备买房，珉豪也想跟爸爸妈妈去看房。不过，由于他需要上学，所以只有周末的时候才有时间。每天晚上回家，珉豪都会热心地问妈妈：“妈妈，今天看了什么房子，把图片给我看看吧！”每当这时，看房累了一天的妈妈总是不耐烦地说：“累死我了，你就别折腾我了！”珉豪不死心，继续和妈妈要图片看，爸爸就会说：“你呀，关心好你的学习就行了。买房的事情不用你关心，在哪里买你去哪里住就行。”听到爸爸妈妈的话，珉豪很伤心。

好不容易等到周末，珉豪放假了。爸爸妈妈又准备出去看房，爸爸让珉豪也收拾收拾一起去，珉豪却不吭声。爸爸很纳闷，问：“你不是早就想看房了吗？怎么看起来一点儿也不积极呢？”珉豪这才说：“你不是说让我不要关心房子的事情，你们买什么房子就住什么房子吗？”爸爸这才想起自己前几天无意间说的话，不由得笑起来，说：“爸爸就是随口一说，你这个小家伙还记仇！”珉豪一本正经地说：“你才不是随口一说呢，你这是不尊重我，你们根本不把我当家庭成员看待。”看到珉豪对这个问题的认识如此深刻，爸爸也意识到严重性，赶紧向珉豪道歉：“宝贝，对不起，爸爸当时太累了，所以就随口说了你一句。买房子这么大的事情，你作为咱们家最重要的家庭成员，怎么能不发表意见呢？必须你看完了并且很喜欢，爸爸妈妈才能交钱买下来啊！”听到爸爸的话，珉豪才高兴地收拾东西，和爸爸妈妈一起出发去看房。

孩子虽小，但是自尊心却很强。有的时候，父母无意间的一句话，就会伤害他们的自尊。珉豪之所以不高兴，就是因为爸爸妈妈不尊重他的意见，也不想让他表现出对买房大事的关心。不过，幸好爸爸及时补救，让珉豪认识到爸爸妈妈其实很在乎他的意见，这才转怒为喜。很多父母都抱怨孩子从来不关心家里的事情，究其原因，就是孩子小的时候就很少有机会参与家庭大事。只有让孩子学会以主人翁的身份参与到家庭的各项事务中来，他们才能养成关心家庭和亲人的好习惯。

父母们，要想孩子变成家里的甩手掌柜，一定不要拒绝孩子参与家务事。

在家里，不管大事还是小事，作为家庭成员，孩子都是有权利了解和参与的。

## 当警告失效时，怎么办

对于孩子，教育方法是多种多样的。有些性格温柔的父母，喜欢用讲道理的方式，耐心地和孩子讲道理，让孩子明白道理后选择正确的做法；有些父母脾气暴躁，遇到孩子不听话的时候，也许会狠狠地揍孩子一顿，当然，这种方法很容易让孩子产生叛逆心理，并不可取；还有些父母心思细腻，会想出各种各样的方法寓教于乐。然而，再耐心的父母都有厌烦的时候，也许感到无计可施的时候，父母们就会采取警告的方法，吓唬孩子。

然而，警告的方法并非每次都管用。通常来讲，最初发出警告的时候，也许会有立竿见影的效果，然而一旦警告的次数多了，警告就会失去效力。因为如果孩子意识到警告只会停留在口头警告的阶段，那么孩子就不会再感到害怕，父母的警告自然也就失去威慑力了。在这种情况下，要想继续保持警告的威慑力，父母应该把警告落到实处。例如，警告孩子如果不把饭菜吃光，下顿饭就不许吃饭，只能饿着。这样的警告在前几次也许很有效果，孩子担心会被饿肚子，所以努力把饭菜吃光。然而，等到几次之后，孩子发现即使偶尔没吃完饭，也没有被饿肚子，或者就算真的被饿肚子了，一顿饭不吃也没关系，那么警告就失去了效力。这样的话，一定要及时落实警告，让孩子真正饿肚子。很多父母因为心疼孩子，说出这样的话来只是为了吓唬孩子，不管怎样，都不会真的让孩子挨饿。这样的仁慈，恰恰让孩子看透了父母的底牌，不相信父母的警告。一旦真的饿肚子之后，孩子才会知道父母的警告是真的，而且是会落到实处的。现在的孩子，很少有机会感受到挨饿的滋味，只要饿过一次，一定能够牢记很长世间。如此一来，警告的效力又会增强，达到预期的效果。当然，这么做的前提是父母能够理智一些，狠下心来对待孩子一次。亲子教育中的很多警告之所以失效，就是因为父母狠不下心。如果把这个办法普及到各种情况，都是能够起到预期效果的。

进入冬天以来，也许是因为天气寒冷，闹闹起床越来越困难。有的时候，妈妈从七点半喊他，一直喊到八点钟，他还是赖在被窝里。虽然幼儿园课业不重，但是每天都当迟到大王，妈妈还是觉得不好意思。怎么样才能让闹闹按时起床呢？妈妈想出了一个好主意。妈妈喊了闹闹一会儿，闹闹依然蜷缩在被窝里。妈妈警告闹闹："闹闹，再不起床要迟到了哦！老师说了，迟到的小朋友会被罚站的，不能做游戏。"听了妈妈的警告，闹闹一骨碌爬起来，说："妈妈，快点儿，快点儿，不能迟到！"妈妈暗自窃喜。接连几天，妈妈都在用这个招数让闹闹起床，原本沾沾自喜地以为就这样解决了闹闹的起床问题，不想，没过几天，这个办法就不管用了。尽管妈妈一次又一次地提醒闹闹迟到的小朋友要被罚站，不能做游戏，闹闹依然无动于衷地蜷缩在被窝里，说："不能做游戏就不能做游戏。豆豆迟到了，我看老师也让他做游戏了。就算真的不能做游戏，也没什么大不了的。"原来，闹闹是因为这个原因才又不按时起床的。

第二天，妈妈和老师进行了沟通，唱起了双簧。果然，迟到的闹闹不但被罚站，也不能参加游戏。最重要的是，老师还为那天的游戏节目准备了小礼物，是闹闹最喜欢吃的巧克力糖果。第三天，闹闹不等妈妈喊呢，就主动起床了。他不停地催促妈妈："妈妈，快点儿，现在做游戏还有小礼物呢！"看到闹闹这么早就起床，妈妈心里简直乐开了花。当然，小朋友的自制力总会差一些，虽然闹闹后来又赖床几次，不过都被老师罚站且真的不能参加游戏。渐渐地，他养成了按时起床的好习惯。

上述事例中，妈妈的警告常常失效，就是因为迟到的豆豆也参加了游戏。为了帮助闹闹按时起床，妈妈只好提前与老师沟通好，唱起了双簧。这个办法果然奏效，后来闹闹上学很少迟到了。在现实生活中，很多警告都会随着时间的推移失去效力。只有真正落实警告的后果，并且让孩子形成良好的行为习惯，警告的效力才能持久。

父母们，你们是否也曾经为警告在孩子那里失效而苦恼呢？单纯的警告并不能给孩子形成长久的威慑力，而只能起到短期的效果。父母们应该配合生活的实际情况，尽量延长警告的有效期，并且在此期间帮助孩子形成良好的习惯，这才是长久之计。

## 当孩子与他人产生矛盾，你会如何做

孩子们在一起玩耍的时候，很容易就变得熟悉起来，就像是相交多年的老朋友。不过，鉴于他们翻脸比翻书更快的情绪特点，他们也很容易就会产生矛盾，尽管起因只是些鸡毛蒜皮的事，他们也会不惜力气地打起架来，或者闹得天翻地覆。每当这个时候，孩子作为每个家庭心肝宝贝的地位就凸显出来了。很多父母都护犊子，自己可以打骂孩子，但是绝对不能吃别人的“亏”，哪怕对方也是孩子，也一定要说出个子丑寅卯来。如此一来，孩子的矛盾很容易就会转化成家长间的矛盾。也许，那边原本打得天翻地覆的孩子泪痕还没干呢，又在一起玩了，这边家长之间横眉冷对，恨不得也抱在一起扭打成一团。这又是何苦呢？

现代社会，大多数家庭只有一个孩子，孩子从小就在父辈、祖辈的呵护下长大，从小捧在手里怕摔了，含在嘴里怕化了，不知道如何疼爱才好。如果时间往后倒退几十年，在我们的父辈，每家每户都有几个孩子，甚至多的还有十几个，孩子们哪天不打架呢？可以说，诸多的孩子几乎天天都打架。不管是亲生的兄弟姐妹之间打架，还是和邻居家的孩子打架，没有父母会因此而反目。相反，他们觉得孩子打架是再正常不过的事情，如果在一起玩耍和和睦睦从不打架，那就不叫孩子了。想到这里，现代的父母难道不应该反思吗？我们都太重视孩子之间的纠纷和争执了。孩子吵架就让他们吵去吧，还可以顺便练练嘴皮子呢！孩子打架就让他们打去吧，打打更结实。只要父母们把心态放轻松，相信孩子们有自己的游戏规矩，能够合理解决问题，那么孩子之间的争吵和打架就是非常正常的事情。

前段时间，豆豆在公园里和小朋友玩耍的时候，因为争夺一块美丽的小石子，打了起来。看到两个小朋友扭打在一起，豆豆妈妈赶紧冲过去，把小朋友们拉开。弄清楚事情的原委后，妈妈让豆豆把小石子先给小朋友玩。不想，听到哭声赶来的小朋友妈妈非常生气，非说豆豆打了他们家孩子。原本淡定的豆豆妈妈看到对方气势汹汹的样子，说：“我比你先过来，虽然孩子的手也都被挠破了，但是我已经给两个孩子都用湿纸巾擦过了，还让我的孩子把小石子给你家孩子先玩。你这么不依不饶的，真是不适合带孩子在这里玩。咱们带孩子来玩，不就是因为孩子都是独生子女，一个人在家太寂寞吗？你想想，你小时候和兄弟姐妹之间，难道从来没有争执吗？”豆豆妈妈的一席话，说得那个妈妈脸上红一阵白一阵。她却死鸭子嘴硬，依然不依不饶地说：“不行，你孩子必须向我家孩子道歉。他那么大，还和这么个小不点打架！”豆豆妈妈说：“孩子都才几岁，就算一个两岁，一个四岁，能有多大的区别呢？四岁的不也是不懂事吗？您要是还这样，那只能说您不讲道理了！”那个妈妈看到豆豆妈妈态度很坚决，又愤愤不平地说了几句，就气冲冲地带着孩子走了。原本，豆豆妈妈觉得孩子之间打架是很正常的，拉开了就好了，一会儿还能在一起玩，但是看到这个妈妈的态度如此难缠，她决定叮嘱豆豆以后不要再和这个小朋友一起玩耍。

学龄前的幼儿，包括刚刚进入幼儿园的小孩，在一起玩耍的时候开心起来不管不顾，完全是自来熟。不过，因为他们还小，常常觉得一根冰棒棍、一块小石子都是好的，所以为了争夺这些捡来的小宝贝，他们又会发生争吵，甚至打架。这些小状况对于孩子的天性来说都是很正常的，如果父母看到孩子扭打在一起，只需要及时把他们分开就好，完全没有必要为了讲个你输我赢，非要弄得大人之间没法再见面。要知道，大人是记仇的，孩子却是不记仇的。尤其是经常在一起玩耍的孩子，往往是刚刚打完架，泪痕还没干呢，就又和好了。既然如此，父母还有必要介入孩子之间的争执吗？

父母们，如果想让孩子拥有好人缘，当发现孩子和其他小朋友有争执的时候，一定不要偏护自己的孩子。只有让孩子学会宽容地和他人相处，他们才会拥有更多的朋友，也才会收获更多的快乐！

# 第十五章

## 学会引导

### ——孩子的梦想是需要鼓励的

每个孩子都有很多梦想，在爱做梦的年纪，他们几乎每时每刻都会产生新的想法。这些想法或者转瞬即逝，或者扎根在孩子心里，指引孩子的人生之路。能够实现梦想的孩子是幸福的，因为他完成了自己的夙愿。有些孩子在实现梦想的道路上遭受挫折，所以调整梦想，最终走出属于自己的人生之路，也是很幸运的。最遗憾的是，当孩子说出自己的梦想时，在父母无情的打击下信心全无，最终走上了平庸之路。对于孩子的梦想，父母一定要尽力呵护。梦想是照亮人生之路的灯塔，只有在梦想的指引下，人生才会不断地攀登高峰，无所畏惧，永不放弃！

# 重视孩子的每一个问题

记得在我们小时候，《一千个为什么》这本书销售非常火爆。只有家里有钱的同学，父母才会给他们买这本书。每当课间休息的时候，当他们捧着书就像一个大学者一样考每一个同学，其他同学都是多么羡慕地看着他们啊。在我们曾经稚嫩的心里，这本书简直太神奇了，囊括了那么多稀奇古怪的事情，简直就是神奇之事的大合集。拥有这本书的同学在其他同学心目中的地位瞬间提高，只有讨好他们，才能得以看一眼这本书。现在想来，出版这本书的出版社真是太了解孩子的心理了。他们总是那么好奇，心里有着无数的疑问。这些疑问，问父母，父母或许会因为忙于工作无暇解答，当然更有可能是根本不知道答案；问老师，老师如果不知道答案，一定会故作玄虚地对孩子说“你自己开动脑筋想想吧”；问同学，除非有《一千个为什么》，不然在信息那么闭塞的年代，简直不可能知道答案。回想起曾经，现在的孩子简直太幸福了，各种各样与“为什么”有关的书籍层出不穷，让孩子们就像海绵吸水一样，可以吸取大量的信息和知识。即便如此，孩子们依然不知道满足。在看书过程中产生的疑问，他们还是会问父母。

当被孩子问倒的时候，因为更加重视对孩子的教育，所以很多父母都会选择查找资料，或者询问万能的“度娘”“狗狗”。这当然是合格父母的做法。更多不合格的父母呢？对于孩子的提问，他们大多数采取不耐烦的态度。的确，现代社会的生存压力越来越大，大多数父母不但要养育孩子，照顾家庭，还要争取在工作上有出色的表现。然而，这一切都不是漠视孩子提问的理由。

孩子为什么提问呢？如果一个孩子从来不思考，也不愿意开动脑筋去探索，那么他（她）一定不会有任何问题。与此相反，只有孩子勤于思考，有着强烈的好奇心和求知欲，他们才会提出问题。既然如此，父母当然要重视孩子提出的每一个问题啦！孩子的问题问到哪里，就说明他们的自主学习进展到哪里。与其挖空心思强迫孩子去上各种培训班等，不如跟随孩子的节奏，以他们的提问为线索，引导他们发展自己的兴趣，发掘自己的特长。这才是因势利导，因材施教。

小鹿是个非常可爱的孩子，好奇心很强，不管遇到什么不明白的事情，都会打破砂锅问到底。幸好，小鹿妈妈是位老师，可以满足她无休无止地提问。不过，也可以说，正是因为妈妈总是耐心地回答小鹿的提问，她才越来越勤思好问。幼儿园里的老师们都夸小鹿很聪明，殊不知，这都是妈妈的功劳。

一个周末，妈妈和平日里一样带小鹿去公园里散步。小鹿看到一个大树桩，喊道："妈妈，快来看呀，快来看呀，这里的大树不见了。"果然，前几天还矗立在那里的大树被锯掉了，只剩下一个粗壮的树桩。小鹿眉头紧皱，脸上写满了问号，肯定又有满肚子的问题等着问呢！她问妈妈："妈妈，大树去哪儿了？"妈妈说："大树已经长成材了，也许是被锯掉，然后运到工厂里了。""为什么呢？大树好好地生长着，为什么要杀死它？""不是杀死它，有些大树就是作为木材使用的。就像我们睡觉的床、放衣服的衣柜、餐桌等，都需要用木材才能做成啊！""还有什么是木头做的？""你开动脑筋想想，生活中有很多东西都是用木头做的。我想，只要你开动小脑筋，一定能够想出来。"小鹿不停地想啊想啊，突然兴奋地喊道："我的书桌，还有筷子，还有咱们家的楼梯，都是用木头做的。还有……还有……还有板凳！"小鹿一下子说出了好几种木制品，妈妈很满意。

说完，小鹿蹲下来，开始认真地观察木桩。没过多久，她就惊喜地喊道："妈妈，你看树桩上有一圈一圈的花纹，这是什么呀？"看着小鹿充满渴求的眼睛，妈妈抚摸着她的头，告诉她："这是大树的年轮，记载大树的年龄。你数数看，一共有多少圈？”小鹿认真地数起来，告诉妈妈：“一共六圈。这棵大树六岁了吗？”“小鹿真聪明。这棵大树的确六岁了。”得到妈妈的认可，小鹿开心极了，一路蹦蹦跳跳地唱着歌儿回家了。回家之后，她一头钻进书房，很久才出来。她跑到爸爸面前，问爸爸：“爸爸，看看我的手腕，知道我几岁了吗？”爸爸笑着说：“我不看你的手腕也知道你四岁了呀，不过，你手腕上一圈一圈画的是什么呢？”只见小鹿得意地说：“这是我的年轮。四圈，代表我四岁。大家以后一看我的年轮，就知道我几岁了。”看着聪慧可爱的小鹿，爸爸妈妈都开心地笑起来。

小鹿这么聪明可爱，求知若渴，就是因为妈妈总是给予她耐心的解答。这样及时而又积极的回答，让小鹿越来越喜欢提问。相反，有很多父母都无视孩子的提问，或者不重视为孩子解答问题，时间长了，孩子对提问的兴趣就会越来越弱，甚至根本不想提问。

父母们，当你们羡慕别人家的孩子勤思好学时，可曾问问自己：我有没有耐心解答孩子的提问，给出让孩子满意的回答？我可曾保护孩子喜欢提问的积极性，让孩子变得更加勤于思考？孩子刚刚出生的时候天赋相差无几，很多优秀能力的培养都是在教养过程中展开的。只有耐心、细心的父母，才能用心呵护孩子的成长，让孩子获得进步！

## 不要因为无心的错误责备孩子

孩子的成长过程总是伴随着一个又一个错误，这是因为他们对这个世界原本是懵懂无知的，所有的经验都需要靠积累和不断犯错才能获得。孩子的错误分为两种，一种是故意犯错，明知故犯，这种情况当然要严肃对待，严厉批评，才能防止孩子再次犯错。还有一种是无心的错误，孩子是因为生活经验不足或者没有意识到后果的严重性才犯错，这样的错误是孩子成长过程中必然要付出的代价。当孩子犯下无心过错的时候，父母不应该责备孩子，而是应该宽容地对待孩子，告诉孩子谁都会犯错。只有这样，孩子才不会因此而承受心理压力，在需要探索的时候不至于变得畏手畏脚。反之，如果父母对孩子的无心过错也进行非常严厉的批评，那么孩子在探索未知世界的时候，一定会惴惴不安，生怕自己再犯错。

对于孩子的成长来说，强烈的好奇心正是推动他们进步的源动力。如果孩子不犯错，那还叫孩子吗？如果因为孩子的无心过失，就锁住孩子探索的脚步，让孩子对未知的事情心生恐惧，那可就太得不偿失了。聪明的父母不会因为孩子无心的过错而责备孩子，相反，当看到孩子犯错之后惊慌失措的样子时，他们会鼓励孩子，让孩子变得更加大胆，更加富有创造力和创新性。

时值假日，爸爸妈妈带着妞妞去饭店吃火锅。这家饭店妞妞已经来吃过几次了，似乎失去了新鲜感，因此在爸爸妈妈吃饭的时候，她不愿意好好待着，坐在婴儿椅上玩碗碟和勺子。妈妈在家里为妞妞准备的勺子都是不锈钢的，看到饭店的瓷器碗碟和勺子，妞妞觉得很新奇。她刚刚两岁半，对看到的一切未曾经历的事物，都很新奇。看着妞妞玩得正高兴，妈妈和爸爸赶紧吃饭。不想，没过多久，爸爸妈妈就听到了碗碟掉在地上摔碎的声音。妞妞有些惊愕，还不知道是怎么回事呢，爸爸脱口而出："妞妞，你怎么把碗碟摔碎了呀！"也许是因为爸爸的表情和语气都很凝重，妞妞害怕得哭了起来。看到妞妞害怕的样子，妈妈赶紧安抚妞妞。然而，妞妞还是不停地哭着。即使服务员给她拿来了新的餐具，她也不敢再碰了。

后来，爸爸说："妞妞，你看，这个碗和碟子是瓷器制作的，和你家里用的不一样。这种碗很脆，一旦掉到地上，就会摔碎。你只要注意别掉到地上，就不会摔坏了。"在爸爸耐心的解释下，妞妞似懂非懂，小心翼翼地又拿起了碗筷。至此，爸爸妈妈才松了一口气。如果不让妞妞情绪恢复，也许她以后看到瓷器就会很害怕，甚至不愿意再来饭店吃饭了呢！

妞妞的错误是不小心才犯的，因为妈妈在家里给她准备的是不会摔坏的不锈钢碗碟。在爸爸耐心解释之后，妞妞知道了瓷器制造的碗碟和家里的不锈钢碗碟不同，再拿起的时候明显变得很小心。这是妞妞无心犯下的错误，爸爸妈妈都没有批评妞妞，爸爸因为一时着急而大声说话，也马上改正了。这样一来，妞妞以后在面对新鲜事物的时候，才有胆量和勇气继续探索。

只要孩子平安无事，犯错付出的代价都是可以弥补的。既然如此，就不要因为孩子无心犯下的错误批评孩子，而让孩子因为恐惧而畏手畏脚。这个世界对于孩子而言都是完全新鲜的，只有不断探索和了解，孩子才会变得更加勇敢，同时，经验也能获得增长。

## 让孩子爱上学习

当父母承受的生存压力越来越大，父母对于孩子们的期望也自然水涨船高。现代社会，学生们虽然衣食无忧，但是却很辛苦。他们不但周一到周五要在校学习，周六日还要四处参加培训班。成人上班，每周还有休息时间，更何况是孩子上学呢？很多孩子去培训班都是被父母逼的，其实，他们心底里根本不想参加培训班。这样的情形，不但孩子累，父母也很累。好不容易熬过一周的工作，周末也不能休息，而要作为监督的角色押解孩子奔赴各个培训点。孩子愿意去还好，如果不愿意去，又哭又闹，父母简直是心力交瘁。

古人云，授人以鱼，不如授人以渔。这句话的意思是说，送给别人鱼，不如教会别人捕鱼的方法，这样，学会了捕鱼随时都可以抓到鱼。学习也是同样的道理，与其逼迫孩子学习，整日跟着孩子进行片刻也不放松的监督，不如让孩子从心底里爱上学习，对学习感兴趣。如此一来，父母一劳永逸，再也不用天天盯着孩子了。那么，如何让孩子爱上学习呢？如果学习是痛苦的、劳累不堪的、毫无乐趣的，别说孩子了，就算成人也很难有毅力坚持下去。因此，让孩子爱上学习的第一点，就是让孩子感受到学习的快乐。从什么也不懂的小屁孩，到能够独自看书，行走旅途中看得懂指路牌，甚至妈妈买菜的时候还可以一下子就把账目算得清清楚楚，这些看似不起眼的生活小事，都会让孩子感到莫大的成就感。那么，让孩子爱上学习有哪些好处呢？首先，学习能使孩子独立，也能使他们的生活半径更大，生活空间更开阔。其次，学习还可以帮助孩子实现梦想，实现心愿。孩子的心里总是充满着奇思妙想，与其父母帮助孩子实现梦想，不如鼓舞孩子多多努力，将来凭借自己的能力实现梦想。最后，学习本身就是一件乐趣无穷的事情。人的脑袋越用越灵光，如果总是不动脑，那么脑袋一定会变得僵硬。哪个孩子不想拥有聪明的脑袋瓜呢？要想让自己变得聪明，就必须从现在开始，努力学习，经常动脑。

自从进入三年级，学习压力陡然增大，馨雅的学习成绩也有了一定的滑落。原来，馨雅在一、二年级的时候学习很轻松，每次考试轻而易举就能考到满分。不想，进入三年级之后，接连几次测验的成绩，馨雅都只考了八十多分，这让她的自信心备受打击。看到馨雅的成绩，妈妈也很着急，不由分说地就为馨雅报名参加了培训班。从此之后，馨雅每天放学之后都要去培训班继续学习一个多小时，这让馨雅苦不堪言，因而更加抵触学习。这次考试，馨雅的语文只考了82分，妈妈看在眼里，急在心里，不由自主脱口而出：“馨雅，你的学习怎么越来越退步了，我给你抱培训班真是白报了，一点儿效果都没有。”妈妈这句无心的埋怨，让馨雅低下了头，很久都没有抬起来。眼看着培训班毫无效果，妈妈决定换一种方式鼓励馨雅。

又一次，馨雅拿着八十多分的成绩单回家，妈妈不再紧皱眉头。她看了看馨雅的试卷，突然惊喜地说：“馨雅，你的作文考了28分啊，只扣了两分。”馨雅落寞地说：“是的。但是，我的语文成绩很差。”妈妈安慰馨雅：“没关系的啊，只要文章写得好，语文学习就一定不会差。我想，只要你再把词语和要求背诵的课文记牢，就凭你的作文写得这么好，你的语文成绩一定会提高很多的。”“妈妈，为什么我的作文写得好呢？”“当然是你因为你平日里很爱看书啊！你看，你认识那么多字，还很喜欢看书。所以，你到写作文的时候就会有很多话要说，就写出好文章来了。”看到妈妈这么认可自己，馨雅高兴极了。她兴奋地说：“那我现在就去默写词语，背诵课文……”没过多久，馨雅的成绩果然有了很大的提高。她依然坚持阅读的好习惯，学习语文越来越得心应手。

很多孩子都不喜欢学习，认为学习是一件很辛苦的事情。不过，如果父母很细心，发现孩子在学习上擅长哪方面，以此为契机多多鼓励孩子，那么孩子一定会更加努力地学习，也就不再发愁学习啦！当孩子在学习上获得成就，拥有成就感，我们还担心他不认真学习吗？每个人都要证明自己的能力，获得别人的认可，孩子也不例外。

让孩子爱上学习，学习才会成为水到渠成的事情！父母们，加油吧！

## 教会孩子中肯地评价自己

自古以来，中国人都很含蓄。和西方国家的人们总是自信张扬相比，中国人更讲究深沉内敛，即使别人对我们表示赞赏，我们也会谦虚礼让一番。诸如，有人说：“张老师，你真是厉害，一年的时间里发表了这么多论文。”张老师有可能回答：“哪里，哪里，巧合而已！”如果有人当着父母的面夸奖孩子：“豆豆妈，你家豆豆简直太厉害了，每次考试都是班级第一名，其他方面也都表现特别好。这孩子，真是太优秀了！”妈妈一定会说：“哪里呀，他也是很贪玩的，常常需要我们督促，才能认真复习。小孩子都一样，玩心重，不想学习！”这样的回答，如果恰巧豆豆站在一边也听到了，会作何感想呢？他一定会暗暗地想：“哦，原来我也不是很优秀，也很贪玩。既然妈妈都说我贪玩了，我就没有必要表现那么好了！”这样的情形如果出现在西方国家，妈妈一定会毫不谦虚地说：“谢谢您的夸奖。豆豆的确非常优秀，每天放学回家都主动完成作业，从来不让我们操心。我们都以他为骄傲呢！”豆豆听到这样的话，一定会表现得越来越好，因为他不想让妈妈对他的褒奖变成空话啊！

偶尔适度的谦虚，的确能够表现出谦谦君子的风范。然而，如果父母不管什么时候都把自己的孩子说得很不好，那么即使孩子原本很优秀，也会放宽对自己的要求，甚至放纵自己。要知道，在孩子小时候，父母就是孩子的整片天地。不管父母处于何种原因贬低孩子，都会使他们的信心受到沉重打击，甚至自暴自弃。所以，父母一定要客观公正地评价孩子，有优点就表扬优点，有缺点就指出缺点。只有这样，才能使孩子学会中肯地评价自己，不那么迂腐地只知道谦虚。

鹏鹏是一个非常优秀的孩子，他不仅学习好，而且懂礼貌，很受老师和同学的欢迎。这不，期末考试结束后，鹏鹏又给妈妈捧回来一张三好学生奖状。邻居皮皮妈妈看到后，羡慕不已，说：“李丽啊，你可真是好福气，生了这么个好儿子，处处给你长脸。你看鹏鹏，不但学习好，还很有礼貌呢！”鹏鹏妈妈赶紧谦虚：“哪里哪里，他呀，也常常贪玩，而且心眼比较小。这些缺点，你们都没看到。其实小孩子都一样，哪里有让人省心的呢！”后来一段时间，鹏鹏果真变得贪玩了，而且小心眼的毛病也越发严重。有一次，皮皮去他家里玩，想摸一摸他的玩具汽车，他都不乐意。妈妈说：“鹏鹏，皮皮是你的好朋友啊，为什么不能和皮皮一起玩汽车呢？你要学得大方一点，这样才更像男子汉。”鹏鹏不以为然地说：“我本来就是小心眼，你不是知道嘛！”这时，妈妈突然想起自己曾经当着鹏鹏的面，在皮皮妈妈面前说的谦虚话，不由得笑着说：“咱们鹏鹏不小气，可大方了。妈妈那是谦虚客套呢！”鹏鹏说：“但是我真的很小气啊！”看着鹏鹏一本正经的样子，妈妈这才意识到闯了祸。

后来，每当有人夸奖鹏鹏的时候，妈妈再也不敢当着鹏鹏的面胡乱谦虚了。有一次，妈妈的同事来家里做客，夸奖鹏鹏得到了这么多三好学生的奖状，妈妈骄傲地说："是的呀，鹏鹏在学习上从来没让我们操过心，总是很自觉。现在，他不但学习好，还长大了。邻居家的弟弟妹妹们，常常来我家玩，鹏鹏总是拿出自己的玩具和零食招待他们呢！"听完妈妈的话，鹏鹏高兴得合不拢嘴。没一会儿，他就把自己最心爱的乐高积木，拿出来和妈妈同事家的小朋友一起玩了。妈妈暗暗表扬自己：这次可算没说错话！

孩子们总是有这样的表现，即别人越是夸奖他们，他们的表现就会越好。的确，谁愿意被批评呢！就像事例中的鹏鹏，在被妈妈说小心眼之后，果然变得小气起来。妈妈敏感地意识到自己的错误，所以及时纠正，说鹏鹏是个非常大方的孩子，鹏鹏就乐滋滋地把乐高积木拿出来和做客的小朋友一起玩。这样的现象绝非偶然，在很多小朋友身上都有所体现。

爸爸妈妈们，不管什么时候，我们一定要秉承客观公正的原则。一味的谦虚，会给孩子起到不好的示范作用，甚至误导孩子做出错误的言行。只有教会孩子中肯地评价自己，孩子才会客观对待自己的优点和缺点，扬长避短，不断完善自身！

## 让孩子学会拒绝

中国人很爱面子，尤其是当别人有求于自己的时候，很难说"不"。这个简简单单的字，似乎千斤重，就在我们嘴边流连徘徊，却怎么也说不出来。为什么拒绝别人这么难呢？是因为拒绝别人，会显得我们气量小，看似不会与人相处，也会显得我们人缘不好，貌似不愿意帮助别人。实际上，帮助别人是一件好事，但是如果自不量力，因为帮助别人而拖累自己，或者高估了自己的能力，最终没有帮助别人反而给别人惹下麻烦，那就事与愿违了。因此，在新时代的助人观念下，我们应该学会拒绝，学会向有求于我们的人说"不"。

说“不”，并不意味着自私自利，也不意味着没有爱心和同情心。事实上，泛滥的爱心和同情人，更容易让别人难堪。新观念下的助人为乐，应该是综合考量自己的能力，根据能力去帮助别人。以前，有些人为了帮助别人而苦了自己，其实现在也是不提倡的。我们自己做事情尚且要量力而行，又如何能超出自己的能力范畴，去帮助别人呢！

这几天，每天鑫鑫写作业都要写到很晚。鑫鑫是一年级的小豆包，为什么有这么多作业呢？妈妈很疑惑。后来，经过一番观察，妈妈发现鑫鑫不但写了自己的作业，还帮另外一个同学写作业。妈妈问鑫鑫：“鑫鑫，你为什么帮别人写作业呢？”鑫鑫笑笑说：“妈妈，他是我的好朋友。他的手受伤了，很疼，所以他让我帮他写作业。”“那你帮他写作业不累吗？”鑫鑫点点头，说：“当然累啊，妈妈，你看我的手指头都快磨出疱来了。”妈妈又问：“既然你不想帮他写作业，为什么不拒绝他呢？而且，如果他的手真的因为受伤不能写作业，他可以向老师申请不写作业啊，为什么让你写呢？”“妈妈，他不敢告诉老师。而且，他是我的好朋友，我怎么能不帮他呢？”鑫鑫的回答让妈妈啼笑皆非，妈妈说：“鑫鑫，你这样完全帮不到他啊，你写了作业，他一点儿也没有复习学习的内容，而且你也很累。你还是拒绝他吧！”鑫鑫沉默了，还是不好意思拒绝朋友。就这样，鑫鑫帮那个小朋友写了好几天的作业，每天都写到很晚。

后来，妈妈又几次试探鑫鑫，发现鑫鑫真的很不好意思拒绝别人。因此，妈妈特意找机会告诉鑫鑫，不是一味地帮助别人就能成为好朋友的，因为如果超出自己的能力范围，不但帮不了别人，还耽误了别人的正事，那么别人反而会生气，甚至因此影响友谊。妈妈举了好几个例子，才让鑫鑫明白其中的道理。这之后，鑫鑫渐渐学会了拒绝。他再也没有帮别人写作业了，哪怕是好朋友，因为他知道这是帮倒忙！

上述事例中，鑫鑫是个很可爱的孩子。因为不好意思拒绝朋友，就帮朋友写了好几天的作业。妈妈的做法也值得借鉴，虽然鑫鑫没有采纳妈妈的意见拒绝朋友，但是妈妈也没有介入这件事情，而是任由鑫鑫自己做出选择。不过，后来妈妈又找机会告诉鑫鑫拒绝的道理，让鑫鑫最终明白不能对所有事情都大包大揽。如此一来，鑫鑫再也不帮其他小朋友写作业啦!

孩子的友谊非常简单，他们没有功利心，对待朋友就是纯粹的友谊。很多孩子不好意思拒绝朋友，就会被动地接受很多事情。父母应该及早教会孩子拒绝，因为他们长大之后同样要面临拒绝别人的窘境。其实，所有的帮助都应该量力而行，想明白这一点，拒绝也就没什么可不好意思的了。

## 当孩子受到委屈时

即使被父母呵护着，被祖辈宠爱着，孩子在成长的过程中也难免会受到委屈。其实，每个人的成长过程中都会受到委屈，这是正常的，根本无须大惊小怪。那么，当孩子受到委屈时，应该怎么办呢？如果委屈来自外界，父母也许会挺身而出，为孩子出气。然而，如果这份委屈来自家庭内部，诸如父母或者兄弟姐妹时，又应该怎么办呢？当务之急，是让孩子拥有平静祥和的心态，只有这样，孩子才能坦然接受委屈，化解委屈。从本质上来说，委屈之所以能带给人伤害，恰恰是因为受委屈的人迈不过心里的坎。如果他们能够平静地对待受委屈这件事情，那么委屈对他们的伤害就会减弱到最低。

当孩子受到委屈时，父母首先要做的是表现出理解和体谅。当孩子在气头上时，如果父母还一味地讲大道理，让孩子不要斤斤计较，孩子无疑是听不进去的。只有当即理解孩子，体谅孩子这么生气，他们的愤怒之火才会渐渐熄灭。接下来，可以问清楚事情的缘由。人是很奇怪的动物，生气的时候恨得牙都痒痒，但是只要经过时间的沉淀，让当事人冷静下来，那么回头去看时，就会发现原本就是芝麻大点儿的事情，根本不值得计较。最后，还要晓之以理，动之以情。既然手心手背都是肉，如果是孩子之间发生矛盾，当然要让孩子知道手足之情的重要性。当然，如果孩子是因为父母受到委屈，那么弄清楚事情真相后，父母如果误解了孩子，当然要毫不犹豫地道歉。如果整件事情都是个误会，那么也要教会孩子冷静理智地处理问题，千万不要冲动。总而言之，当孩子受到委屈时，千万不要火上浇油，也不要不分青红皂白地就偏袒孩子。人在一生之中，总会受到各种各样的委屈。如果一味地纵容或者袒护孩子，那么他长大之后肯定会为此吃足苦头的。

乐乐有了一个小妹妹，这个小妹妹可是他请求爸爸妈妈，爸爸妈妈才决定要的。为此，在小妹妹诞生之初，乐乐每天都特别高兴。他去学校上学，也会向同班同学显摆：我有一个小妹妹，你们都没有吧！小妹妹似乎成了乐乐至高无上的光荣，他还告诉老师：小妹妹是我求爸爸妈妈才要的！然而，随着小妹妹渐渐长大，乐乐高兴的心情也逐渐减弱。尤其是小妹妹一岁之后，会走了，会和乐乐抢东西了。小妹妹两岁时，已经会和乐乐抢玩具，还会和乐乐打架了。这不，就在刚刚，小妹妹让乐乐帮忙放《熊出没》动画片，就因为乐乐不愿意帮忙，她居然用肉嘟嘟的小手揪着乐乐的头发，照着乐乐的脑袋打了起来。乐乐哭得伤心极了，虽然小妹妹打得没有那么疼，但是他怎么也想不明白，为什么小妹妹要打自己呢？

看到乐乐委屈的样子，妈妈首先批评了小妹妹：“甜甜小朋友，你为什么要打哥哥呢？哥哥对你多好啊，有好吃的就与你分享，有好玩的也和你一起玩，你简直太不应该啦！”小妹妹从妈妈严肃的表情上看出自己好像犯了错误，但是却很迷糊。看到妈妈批评小妹妹，乐乐的火气其实已经消了一半啦！接下来，妈妈又安慰乐乐：“乐乐，的确是甜甜不对。不过，她还小，还不懂事，和她讲道理她也不是很明白。她打你，可能以为很好玩呢！你知道吗，你小时候也是这样的。不过，你没有哥哥可以揍！”听了妈妈的话，乐乐破涕为笑。他一边笑，一边说：“妈妈，其实小妹妹打人也不疼。她对我也挺好的，我骨折不能动的时候，她还给我拿尿壶呢！”看到乐乐自我安慰，妈妈笑着说："这就是亲兄妹啊！"

对于乐乐的委屈，妈妈当然首先批评小妹妹一通。这样一来，乐乐就不至于感到妈妈有了妹妹之后，只顾着偏袒妹妹，不爱他了。当然，小妹妹也听不懂妈妈在说什么，只是从妈妈的表情上看出来自己似乎做了不该做的事情。其实，对于很小的孩子，也应该和他们讲道理。虽然他们暂时不知道妈妈在说什么，但是他们渐渐长大后，一定会知道的。妈妈很聪明，以批评妹妹的方法平复了乐乐的心情。之后，又告诉乐乐手足之情的重要。如此一来，乐乐当然不会再生妹妹的气了。

父母们，你们是否也曾经面对委屈的孩子不知所措呢？从现在开始，不如尝试着走进孩子的内心。只有真正了解孩子，才能帮助他们排解委屈。

# 第十六章

# 家长不要这样做

## ——给孩子成长的机会

古人云，天时地利人和，才能做成事情。其实，孩子的成长也需要各种各样的条件，只有各方面条件都适宜，孩子的成长才能更加顺利。现代社会，每个父母都会竭尽所能地给孩子创造更好的物质条件。需要注意的是，在提供优越的物质条件的同时，也应该为孩子创造更多的成长机会，让孩子得到历练，茁壮成长。

# 赞美，一定要具体

随着教育观念的推广，越来越多的父母和教师认识到赞美的重要作用。和以往教育孩子的时候非打则骂相比，现代社会的父母更加注重赞美对孩子的神奇效果。他们不再吝啬赞美孩子，而是抓住一切机会慷慨地鼓励孩子，多多表扬，少少批评。那么，赞美真的是越多越好吗？答案当然是否定的。凡事过犹不及。举个简单的例子，如果一个人特别爱吃红烧肉，然后每天都吃红烧肉，那么他很快就会吃腻的。相反，如果他每周或者每半个月吃一次红烧肉，肯定会觉得无比美味。赞美也是同样的道理，如果父母经常赞美孩子，几乎每天都给予孩子“蜜枣”，那么，孩子就不会觉得赞美是令他鼓舞的。相反，泛滥的赞美只会让孩子觉得乏味，从而导致赞美对孩子失去激励的效果。

赞美，一定要适当。如果事事都赞美，赞美就会变得寡淡无味。此外，赞美还必须具体。很多父母在赞美孩子的时候，总是说得很空泛，诸如“你真棒！”“你是最优秀的！”“你真是太厉害了！”等等。这些话不管用在谁身上，都是很合适的。因此，对于孩子来说，这种赞美并不真诚。父母赞美孩子的时候一定要用心，针对什么事情赞美孩子时，语言表达要具体、生动。总而言之，赞美要让孩子知道，你是真的认可孩子或者赞赏孩子做的事情，也经过了慎重的思考，才进行赞美。这样的赞美，更容易打动孩子的心，对孩子的激励效果也更好。

心心五岁了，正在读幼儿园大班。在日常生活中，为了鼓励心心，爸爸妈妈经常赞美心心。有一次，心心在广场和小朋友玩，玩着玩着，突然朱朱的鼻子流血了。其他小朋友都吓得大喊大叫，心心却很镇定。他没有找到朱朱的爸爸妈妈，就赶紧来到自己妈妈身边，说："妈妈，有个小朋友的鼻子流血了，但是他爸爸妈妈不在这里。你可以带他先去医务室处理吗？我会站在这里等他爸爸妈妈来找他的。"看到心心安排得这么合理，妈妈当即带着朱朱去医务室了。

没过多久，朱朱的妈妈买菜回来了。看到朱朱妈妈东张西望的着急样子，心心问："您是朱朱妈妈吗？朱朱去医务室了，他流鼻血，是我妈妈带他去的。"朱朱妈妈很感谢心心，说："小朋友，谢谢你啊。你和我一起去医务室找你妈妈吧？"心心很警惕，说："不用了，阿姨，您自己过去吧，我在这里等妈妈回来。"晚上，妈妈把白天发生的事情告诉爸爸，爸爸当即表扬朱朱："朱朱啊，你可真厉害啊，你长大了！"听了爸爸的赞扬，朱朱噘起小嘴，说："爸爸，你的表扬一点儿都不真诚！我厉害在哪里啊？"爸爸看着朱朱笑了起来，说："你这个小家伙！你听着啊，第一，你帮助朱朱，乐于助人；第二，你安排得很合理，让妈妈带着朱朱去医务室，自己留在广场告诉朱朱妈妈情况；第三，你没有跟着朱朱妈妈一起去医院，而是留在广场等妈妈，自我保护意识很强。"听了爸爸细说，心心高兴地笑了。

上述事例中，如果仅仅夸奖心心聪明等诸如此类的话，心心已经不满足了。幸好，爸爸很耐心，一一罗列出心心在这个突发情况中表现出的优秀素质，心心才感受到爸爸的赞赏是发自内心的。

父母们，你们在赞赏孩子的时候是不是也很宽泛呢？从现在开始，赞扬孩子一定要用心思考孩子表现出的优秀品质。你们要坚信，当你们一一说出孩子的优点时，尤其是在某件事情中的突出表现时，孩子一定会非常高兴，感受到你们的赞赏是完全真诚的！

# 对孩子，你看到什么很重要

很多人都抱怨孩子太过普通，甚至行为恶劣，是个有着劣根性的“朽木”。殊不知，在孩子还小的时候，几乎把父母当成是自己的整个世界。因此，当你说孩子是朽木的时候，孩子一定会感受到你对他们的评价。如此一来，他们还怎么能够认可到自己的优点呢？很多父母虽然很爱孩子，但却不能公正客观地评价孩子。正因为如此，很多父母在和别人讲述孩子的相关事情时，总是说：“这个孩子，在学校表现特别好，年年都是三好生，在家里却总是和我们胡搅蛮缠，就像个混世魔王。”这句话中，当然会包含着谦虚的因素，不过也说出了孩子的现状。为什么孩子在学校和家里的表现截然不同呢？就是因为在学校里，老师总是看到孩子的优点，给予孩子鼓励和赞赏，然而在家里，父母总是看到孩子的不足，再三提醒孩子，直至孩子信心全无，不再努力。

对于孩子，你看到什么很重要。曾经有位名人说过一句话，大概的意思是如果你想让一个人成为你所期望的样子，那么你就要经常把你的期望告诉他。还有位名人说，如果你想让一个人成为什么样子，你就按照你所期望的样子夸奖他。的确，人的可塑性是很强的。尤其是孩子，各个方面的品质和脾气性格都处于正在发展和塑性的阶段。你在这个阶段把他塑造成什么样子，甚至会对他的一生都产生深远的影响。诺贝尔奖获得者屠呦呦在回顾自己的前半生时，说到为什么能获得成功，将其得益于幼儿园时期养成的良好习惯。从此可见，即便是在孩子的幼年时期，也丝毫不能放松对孩子的教育。作为父母，千万不要戴着有色眼镜看孩子，更不要对孩子抱以偏见。你看到的孩子，恰恰能够折射出你的内心。如果你怀着欣赏的心态看孩子，孩子就会变成让你可喜的样子。如果你怀着憎恶的心态看孩子，那么孩子一定会让你憎恶。

琪琪小时候，总是因为调皮惹爸爸妈妈生气。甚至包括爷爷奶奶在内，都因为爸爸妈妈总是说琪琪是“淘气包”，居然理所当然地称呼琪琪为“小淘气”，甚至忘记了他的名字。就这样，琪琪的童年生活就在大家的“小淘气”的称呼中度过，简直没有一天不调皮，不挨批评。后来，进入幼儿园之后，学期结束时，琪琪居然拿了一张奖状。看到琪琪的奖状，爸爸妈妈高兴极了。但是，他们心里更多的是纳闷：琪琪这么调皮，怎么可能获得奖状呢！

怀着纳闷的心情回到家里，妈妈终于忍不住，在晚上给老师打了个电话。不想，老师对琪琪赞不绝口：“琪琪非常棒的。他总是照顾班级里更小的小朋友，还帮助老师分发牛奶给小朋友们！尤其是课堂上，琪琪特别遵守课堂纪律，有些小朋友坐不住的时候总会乱动，他每节课都坐得很好，从不让老师操心。偶尔，看到小朋友破坏课堂纪律，他还会帮助维持纪律呢！他是我们的小助手，每个老师都很喜欢他！”妈妈难以置信地问：“你说的是琪琪吗？你们班有几个琪琪啊！”老师笑起来，说：“当然是琪琪啊，我们班只有这一个大宝贝！”妈妈疑惑地说：“但是他在家里表现真的很差啊，很淘气！”老师说：“琪琪妈妈，这个我很早就知道，琪琪刚来学校时确实很淘气的，后来老师们为了让他更优秀，总是夸奖他，后来他就变得特别棒了。自从上次听琪琪说你们都叫他‘小淘气’，我就想给您打电话呢！您不能让家里人给琪琪这样的外号啊，尤其还每个人都这么叫他。您知道吗，孩子总是按照别人对他的评价完善自己，所以您尽可以稍微夸张地赞赏琪琪，但是却不要把他的小缺点变成标签贴在他身上。否则，他就很难越来越完美了哦！”在老师的提醒下，妈妈当即就通知所有家庭成员，以后都不许叫琪琪的外号“小淘气”。相反，全家人现在都尽量发现琪琪的优点，并且常常以此为借口表扬琪琪。

上述事例中的琪琪，在家里的表现之所以越来越差，是因为家人们全都只看到他淘气的缺点，还强化他的缺点，而没有看到他的诸多优点。幸好，老师发掘了琪琪的优点，并且常常以此为琪琪鼓劲，赞赏琪琪。正因为如此，琪琪才能把优点更加放大，得到奖状。

父母们，你们能不假思索地说出孩子的十个优点吗？如果不能，那么现在就静下心来想一想吧。也许在平日里你们觉得和孩子很亲，但是一旦细想起来，又会觉得和孩子很陌生。这是因为，我们日常总是凭着直觉了解孩子，而不够客观理性。只有中肯地评价孩子，多多发现孩子的优点，孩子才能更客观地评价自己，更好地规划自己的人生。

## 你知道孩子在想什么吗

每当孩子犯错误，大多数父母的第一句就会问“为什么”，诸如“为什么犯错误？”“为什么不按照爸爸妈妈说的做，导致闯祸？”“为什么总是长不大，一个错误接着一个地犯错误，什么时候才能长大？”对于父母这样的质问，孩子往往很难说出什么。父母的语气里包含着责怪的意味，孩子们根本无法为自己辩白。其实，如果父母能够换一种方式，也许亲子之间的沟通会变得顺畅，彼此之间的了解也会更加深刻。例如，父母看到孩子犯错，可以问：“你这么做，是怎么想的呢？”每个人做事时都有初衷，即他们的意愿。只有了解孩子的想法，你才能不问而知他们的目的。

遗憾的是，生活中太多的父母不关心孩子在想什么。他们总是以为，只要给予孩子足够的食物、玩具和学习的机会，对于孩子来说已经足够了。然而，对孩子来说真正重要的是什么呢？是父母在他们成长过程中的陪伴，是父母的理解和宽容。这一切的先决条件，就是了解孩子的真实想法。虽然孩子在小时候隶属于父母管辖，然而他们并非一个简单的物件，而是有自己思想的独立个体。孩子们小小的心思变化很快，因为他们正处于不断成长的过程中，所以变化日新月异。很多父母选择一年之中和孩子聊天一两次，这样的频率相对于孩子的成长速度来说，显然太低了。合格的父母，每周都会抽出时间和孩子好好聊聊，看看孩子的思想有什么变化，也看看孩子的精神上有无新的需要。只有这样，父母才能跟上孩子的脚步，更加贴近孩子的心灵。

思雨一生下来就住进了保温箱，很长时间身体发育都不达标。为了养活她，妈妈不知道掉了多少眼泪，操了多少心。可以说，她的成长过程，就是妈妈担惊受怕的过程。进入幼儿园之后，她更是不让妈妈省心。隔三岔五的，老师就会因为她的理解能力和表达能力太弱，无法掌握幼儿园教授的知识而找妈妈座谈。有一天，老师和接思雨放学的妈妈说："思雨的理解能力很弱，而且，似乎她的智力发育也有些缓慢。今天吃饭的时候，她吃了两碗，撑得肚子疼，还是要求添饭。而且，她总是喜欢玩刀子，很危险，我们说了好几遍也不管用，她总是偷偷地拿出刀子玩。"听到老师的话，思雨的心里很难受。

回家的路上，妈妈忍不住泪流满面。思雨抬起稚嫩的小脸，看着妈妈说："妈妈，不哭，不哭！"回家之后，心力交瘁的妈妈躺在床上，很快就昏昏欲睡。思雨轻轻地开门，看到妈妈在睡觉，又把门关上走了。妈妈听得到她窸窸窣窣的动静，却不想起身。没过一会儿，思雨又打开卧室的门，小声问："妈妈，你睡着了吗？"妈妈的情绪瞬间爆发，大喊道："我没睡，你一会儿开门一会儿关门，到底想干什么？！"思雨怯怯地说："妈妈，一个人如果杀了自己的手指，会死吗？"妈妈从床上一跃而起，看到思雨藏在身后的手指已经因为流血变得苍白。外面下着雪，妈妈拖着思雨深一脚浅一脚地往医院赶去。妈妈很生气，一句话也不说，思雨三步并作两步才能跟上妈妈。到了医院，缝合之后开始输液，折腾到半夜才回家。

一进家门，电话铃声响了起来。这么晚了，谁会打电话过来呢？妈妈很纳闷。大洋彼岸的爸爸此刻正在紧张地工作，不会打电话过来的。妈妈接起电话，听到老师的声音："思雨妈妈，我打了一晚上电话给你。要是你一直不接电话，我一夜都将不能安睡。你千万不要因为我下午说的话责备孩子。你知道吗，思雨同桌的爸爸听到我和你的交谈，专门来找了我。他说，思雨告诉同桌，她之所以吃那么多饭，就是想快快长大，身强体壮不再生病，这样妈妈就不会又工作又照顾她，那么辛苦。她之所以总是玩刀子，其实是在练习给你

削苹果。她说，妈妈太忙了，没时间吃苹果，削好了给妈妈吃。这个孩子太懂事了，咱们都误解她了。”听了老师的话，看着已经乖乖上床睡觉的她，妈妈忍不住号啕大哭：我的宝贝，你在手部缝合的时候都没有哭，还告诉妈妈说不疼，也是因为怕妈妈担心吧！妈妈却这么呵斥你，让你不小心伤害自己，妈妈不好！

这么一个懂事的孩子，却遭到妈妈和老师深深的误解，甚至在手被刀子划伤流血之后，也忍着痛一声不吭。妈妈知道真相后，该是多么心痛和懊悔。其实，人和人之间，当然也包括亲子之间，很多伤痛都是因为误解引起的。如果我们能够多多关心孩子稚嫩的心里在想什么，了解孩子的真实想法和初衷，那么我们就会发现，孩子比我们想象中更可爱。

父母们，不管工作多么忙碌，也不管一切多么仓促，都应该停下脚步，认真了解孩子的心里到底在想什么，到底需要什么。只有这样，亲子关系才会更加亲密无间，孩子的成长也才会走上更加健康的道路！

## 把孩子的进步看在眼里

望子成龙、望女成凤，这是天下所有父母的心愿。尤其是在当今社会，生存压力越来越大，父母们对孩子的期望也水涨船高。如今，各种各样的补习班、培训班，几乎充斥着孩子所有的课外时间，即使连正常的节假日，孩子们也要被父母押解着四处补课，只为了有朝一日能够出人头地。这样的生活父母累，孩子更累。也许这一代孩子在成长起来之后，回忆童年的时候已经再无乐趣，而只有无休止的学习记忆。父母们在强迫孩子一刻不停地学习时，美其名曰“不输在起跑线上”。实际上，每个孩子的天赋都是不同的，即使孩子每节课都没落下，可能也无法和同班级里拔尖的孩子取得相同的成就。当然，如果您家孩子正巧属于拔尖那一类，那么就太好了。也许可以说，即使其他孩子和您家孩子一起努力，亦步亦趋，但是也未必能够望其项背。归根结底，每个孩子的天赋不同，所擅长的领域也完全不同。

聪明的父母，不会带着孩子追风，因为孩子不是风，也永远达不到风度。他们会要求孩子进步，因为每个孩子成长的过程中始终在不断进步。但是，他们不会要求孩子以别人为榜样，强求孩子在很短的时间内变得像榜样一样优秀。相反，孩子进步的过程中，参照物应该是自己。举个简单的例子，有个孩子每次考试都是倒数第一，当然，他的父母做梦都想让他成为正数第一，然而短时间这是不可能的。孩子进步是一个循序渐进的过程，如果孩子通过努力之后达到了倒数第五名，那么这个孩子虽然距离正数第一还相差甚远，但是已经有了很大的进步。这样的情况下，父母理所当然应该赞扬孩子，给孩子鼓劲，让他再接再厉，继续努力。只有如此一小步一小步地往前走，孩子最终才能实现最大的进步。相反，一口想吃成胖子的瘦子，或者会被撑死，或者因为急功近利而放弃。

自从进入三年级后，原本一、二年级还能占据中等的牛牛，现在变成了班级里的差生，每次考试都是倒数第一。原来，牛牛不喜欢看书，因此语言表达能力很差，每次考试的作文都是空白卷。看到牛牛这样的情况，爸爸妈妈很着急。老师建议他们先从辅导牛牛写作文开始，牛牛很抵触写作文，爸爸妈妈只好先培养他的兴趣。

周末，爸爸答应带牛牛去向往已久的游乐场玩耍，牛牛高兴极了。清晨，他们早早起床，坐地铁赶往游乐场。到了游乐场才发现，游乐场要到十点钟才开门呢！就这样，牛牛着急地在门外等待着。好不容易等到游乐场开门，牛牛玩得开心极了。傍晚回家的路上，爸爸让牛牛把今天最喜欢玩的项目说出来，并且讲述游玩的体验。牛牛一路上滔滔不绝，几乎把每个项目都说了一遍。回家之后，爸爸又让牛牛把路上说的内容写下来，果然，这次牛牛没有发愁，而是趴在书桌上写了一晚上，居然写出了三百多字。爸爸趁热打铁，当即给牛牛修改作文。果然，牛牛言之有物，虽然有几个错别字，但是却写出了一篇“流水账”式的作文。尽管离一篇优秀作文还相差甚远，但是爸爸却真诚地赞赏牛牛：“牛牛，你的作文取得了很大的进步啊，居然写了三百多字。知道吗，爸爸像你这么大的时候，只能写出一百多字，还是七拼八凑凑来的呢！”听了爸爸的表扬，牛牛说：“爸爸，可是我的作文还不是最好的。”爸爸抚摸着牛牛的头，说：“没关系啊，咱们一点一滴地进步。这和你之前一个字也写不出来相比，已经是巨大的进步啦！”看到爸爸这么兴奋，牛牛也兴致高昂地说：“爸爸，放心吧，我的作文一定会越写越好的！”

这个事例中，虽然牛牛每次考试都是倒数，但是爸爸并没有因此责怪牛牛。在得知牛牛的成绩总是倒数的本质原因后，爸爸当即带着牛牛去游乐场，首先帮助牛牛写作文有话可说。毫无疑问，牛牛爸爸是个很称职的爸爸，也知道循序渐进的道理。最值得欣慰的是，看到牛牛作文写了三百多字，爸爸真是发自内心地高兴啊！

父母们，你们的孩子是否也有落后之处呢？在这个世界上，没有孩子是万能的，孩子有小小的落后很正常。当发现孩子落后之后，千万不要急于让孩子马上变得优秀。只要孩子和之前的自己相比较有所进步，那么就是值得赞赏的！

## 孩子永远充满无限的可能性

很多孩子的现状都不那么让人满意，也因此导致父母怨声载道。其实，孩子并没有定型，一段时间内的表现差强人意也是正常的。孩子处于生长发育的过程中，身体快速发育，心理也飞速发展。面对孩子暂时的表现，父母一定要给予足够的耐心，不要因为心急，就抱怨孩子，更不要给孩子下定义、贴标签，让孩子放弃自己。

纵观历史长河，那些如今光明璀璨的伟人，实际上小时候都很普通。例如，达·芬奇小时候画鸡蛋都画不好，通过坚持不懈的练习，最终才成为伟大的画家。再如，爱因斯坦小时候做小板凳，接连做了三个小板凳，都很丑陋，长大之后却成为伟大的发明家。对于年幼的孩子来说，人生的画卷还远未展开。当父母们发现孩子资质平庸或者淘气顽劣时，千万不要心急如焚，更不要因此否决孩子。成就人生，需要漫长的过程。那些伟大人物中，不乏少年老成者，更不乏大器晚成者。不管什么时候，只要帮助孩子树立信心，让孩子坚持不懈地努力，孩子就一定能够走出属于自己的人生之路。其实，人生没有必要比较。如果人人都以伟人为榜样，那么目标未免定得太高。生活中的大多数人，都是普通而又平凡的。只要自己对人生满意，拥有自己独特的人生，就不枉活一生。父母对于孩子的期望也应该变得更加平实，不要奢求孩子变成青史留名的伟人，而只要孩子平安健康，成为对社会有意义的人，就足够了。既然如此，也就没有必要因为孩子一时地误入歧途或者表现平庸而心急，要相信，只要假以时日，孩子就定能成才。反之，如果父母过早地定义孩子的人生，就会影响孩子，给予孩子心理暗示，甚至局限孩子的发展。试想，如果一个父母总是在孩子面前说："就凭你的资质，能考进普通大学，毕业之后凑合着找份工作就不错了。"那么，孩子还会有高远的志向和奋斗的动力吗？只怕最终连普通大学也考不上，甚至还会变成游手好闲的无业游民。不管孩子此刻是独特还是平庸，父亲都不要否决孩子，因为孩子永远充满无限的可能性。

伟伟读初中了，不过，他每天都游手好闲，不务正业。他从来不写作业，上课的时候不是睡觉，就是看闲书。看到伟伟的样子，老师很纳闷，对于初一的孩子，完全开始崭新的学习阶段，不应该如此颓废啊！老师决定和伟伟交谈一次，看看他到底是怎么想的。

一个周五的下午，同学们都在教室上自习课，老师把伟伟叫到办公室，问："徐伟同学，为什么你每次上课都心不在焉，而且从来不完成作业呢？"

伟伟不以为然地说："我妈妈说了，我是个笨蛋，根本不擅长学习。我只想着上完高中，就去挣钱。"老师感到很惊讶：有哪个妈妈会这么说自己的孩子呢？老师又问："那么，妈妈为什么这么说你呢？"伟伟依然漫不经心，毫不在乎："我从小学到现在，考试就从未及格过。现在能上初中，也是妈妈花钱给我办的。她说，她可没有闲钱陪着我。"听了伟伟的话，老师非常震惊。

第二天正好是周末，老师专程去徐伟家进行家访。看到老师居然来家里了，妈妈惊讶地问："老师，徐伟这个兔崽子是不是又闯祸了？"老师赶紧摆手，说："没有，没有。我来找您，是想和您沟通下，看看如何提高徐伟的成绩。"妈妈这才松了一口气，脱口而出："老师，您就别白费劲了，徐伟根本不是读书的料。"老师诚恳地说："徐伟妈妈，您可千万别这么说。我通过观察发现，徐伟还是很聪明的。他现在之所以心思丝毫不在学习上，就是因为没有信心，也看不到希望。如果咱们能和学校配合，我想，只要让他尝到学习的甜头，他就一定会改变自己的。"听了老师的话，妈妈说："他还能改变？"老师斩钉截铁地说："当然！您肯定不知道，如果他学习上的态度不能端正，以后不管做什么都做不好。"妈妈沉思片刻，说："您说怎么办？"老师苦口婆心地给徐伟妈妈讲了很多道理，她终于意识到徐伟现在自由散漫、自暴自弃的状态多么严重。后来，妈妈时常鼓励徐伟，并且说老师很看好他，一定能够学有所成。经过三年的努力，虽然徐伟初中毕业时没有如愿以偿考上重点高中，但是也上了一个不错的高中。只要高中时期不掉链子，上大学是没有问题的。

在这个事例中，徐伟之所以自暴自弃，是因为妈妈很早就放弃了他。其实，孩子需要的就是信心。只要让孩子鼓起信心，对未来充满希望，孩子就会充满无限的可能性。作为父母，即使心里对孩子有什么看法，也应该放在心里。人们常说不到长城非好汉，其实，父母对于孩子，永远都应该充满希望，不要轻易放弃。

父母们，你们可曾对孩子失望？无论如何，孩子的现状并不代表孩子的未来，而奇迹往往诞生于爱和希望之中。只有你们对孩子充满希望，孩子才会在人生的路上一往无前，坚定不移。

## “建议”比“命令”更有效

生活中，辛辛苦苦把孩子抚养成人的父母，似乎已经理所当然地把孩子当成了自己的私有品。对于孩子，他们动辄就颐指气使，下达命令，强迫孩子按照他们的想法去安排生活，而根本不在乎孩子内心深处真正想要的是怎样的生活。由此一来，亲子之间的矛盾频频发生，孩子一旦长大，有了自己的思想和主见，就必然和父母形成对抗。这种情况非常普遍，几乎每个家庭都或多或少地遇到过。

其实，如果父母能够改变一种方式和孩子交流，那么也许会有意想不到的效果。心理学家经过研究发现，当孩子们不假思索地对抗父母的命令时，他们并非是反对命令本身的内容，而是不喜欢命令这种形式。换言之，同样是父母的旨意，如果能够换一种方式表达出来，以“建议”的口吻给予孩子参考意见，那么孩子就不会有那么强烈的抵触心理，自然也就更加愿意理智思考父母的建议，做出合理的选择。由此一来，就避免了孩子一旦看到父母说话，就毫不犹豫地表示反驳。

豆豆就像是患了严重的“妄想迫害症”，不管爸爸妈妈和他说什么，他一概捂住耳朵不愿意听，似乎只要听到任何一个字，就会遭到“迫害”。这种情况起源于前几天的一次家庭冲突。原来，豆豆原本是在学校吃午餐的，吃完之后学校有床睡午觉，后来看到有几个同学每天中午都回家吃饭，也不用发愁睡午觉的事情，就动了回家吃饭的心思。爸爸妈妈都上班，家里哪里有人为他做午饭呢！因此，豆豆刚刚提出这件事，妈妈就斩钉截铁地说：“不行，想都别想，我可没时间做饭给你吃！”爸爸也在一旁帮腔：“豆豆啊，你能不能不添乱了。为了你，我和妈妈都快忙死了，你现在居然还要回家吃饭！你必须在学校吃饭啊！”听到爸爸妈妈的话，豆豆第一反应就是爸爸妈妈根本不爱他，要不然为什么不让他回家吃饭呢！所以，之后的几天他一直拒绝听爸爸妈妈说话。看到豆豆反应这么强烈，爸爸妈妈也反思了自己的言行，觉得的确有些伤害豆豆脆弱的自尊。这不，爸爸一直想找个机会再和豆豆谈谈呢！

几天之后，豆豆的情绪终于没有那么激动了。爸爸改变方式和豆豆交流。他问豆豆：“豆豆，你为什么想回家吃饭呢？”豆豆说：“我们班有三个同学都回家吃饭，中午想睡午觉就睡，不想睡就不睡。”爸爸又问：“那么，你是想睡午觉，还是不想睡午觉呢？”豆豆毫不迟疑地说：“当然是不想啊。”“其实，那些回家吃饭的同学未必有在学校吃得好呢！你看，你们学校是由营养师调配的营养餐，厨师给你们做。家里呢，就那么几种家常菜，也没有什么可挑选的空间。”“是啊，是啊。学校的饭其实还挺好吃的！”“我猜，你主要是不想睡午觉，是不是？你觉得，爸爸如果和老师商量下，让你中午在教室里坐着看书，怎么样？”“真的吗？可以吗？”豆豆高兴得两眼冒光。爸爸问：“如果可以，你是选择在学校吃饭还是回家吃饭呢？”豆豆毫不犹豫地说：“那就在学校吧！”爸爸也附和道：“恩，其实我也觉得你在学校吃饭更好。因为回家路上一来一回，也需要耽误很长时间。主要是妈妈从单位赶回来给你做饭的话，时间很仓促，肯定只能做得特别简单。你呢，吃完就要去学校，也没有时间看书，你觉得呢？”“那就在学校吧！”毫无疑问，爸爸改用“建议”的口吻，才打消了豆豆回家吃饭的想法，而且豆豆还很高兴。

每个孩子都有自己的小心思，很多时候，他们也非常委婉，不会把自己的小心思直白地表现出来，而是绕着弯子说。当爸爸妈妈不小心打破了他们的计划，他们一定会恼羞成怒，因为他们小小的自尊心受到伤害啦！要想避免这种情况的出现，最好的办法就是给予孩子足够的尊重，不管什么事情，都以建议的口吻向孩子表达意见。记住，强迫只会使他们更加逆反，命令的语气也是他们所不欢迎的。

父母们，你们是否曾经很喜欢对孩子下达指令呢？从现在开始，不要再给孩子们下命令啦！如果你们愿意以商讨或者建议的口吻说话，相信他们会更欢迎你们提供参考意见的！

# 参考文献


[1]张瑞然. 不打不骂培养男孩的100个细节[M]. 北京：电子工业出版社，2014.

[2]何艳娟. 妈妈这样定规矩，孩子最有自控力[M]. 天津：天津人民出版社，2014.

[3]尹建莉. 最美的教育最简单[M]. 北京：作家出版社,2014.

[4]柴一兵. 把话说到孩子心里去[M]. 北京：北京工业大学出版社，2014.